本书为国家社会科学基金项目"基于税收民主的新时代我国地方税体系构建研究"（批准号：18XZZ017)的前期研究成果。

现代税收制度在英法美三国

现代国家建构中的意义研究

A Study on the Significance of Modern Tax System in the Modern State Construction of Britain, France and the United States

陶欢英 著

中国商务出版社
CHINA COMMERCE AND TRADE PRESS

图书在版编目（CIP）数据

现代税收制度在英法美三国现代国家建构中的意义研究 / 陶欢英著. —北京：中国商务出版社，2022.5
  ISBN 978-7-5103-4218-9

Ⅰ.①现… Ⅱ.①陶… Ⅲ.①税收制度—研究—英国
②税收制度—研究—法国③税收制度—研究—美国 Ⅳ.
① F815.613.2 ② F815.653.2 ③ F817.123.2

中国版本图书馆 CIP 数据核字（2022）第 052712 号

现代税收制度在英法美三国现代国家建构中的意义研究
XIANDAI SHUISHOU ZHIDU ZAI YINGFAMEI SANGUO XIANDAI GUOJIA
JIANGOU ZHONG DE YIYI YANJIU

陶欢英　著

出版发行：中国商务出版社
地　　址：北京市东城区安定门外大街东后巷 28 号　　邮编：100710
网　　址：http://www.cctpress.com
电　　话：010-64269744（事业部）　64212247（总编室）
　　　　　　64266119（零　售）　64208388（发行部）
邮　　箱：bjys@cctpress.com
印　　刷：廊坊海涛印刷有限公司
开　　本：700 毫米 × 1000 毫米 1/16
印　　张：12.75
字　　数：213 千字
版　　次：2022 年 5 月 第 1 版
印　　次：2022 年 5 月 第 1 次印刷
书　　号：ISBN 978-7-5103-4218-9
定　　价：58.00 元

前　言

现代国家可能有许多标志，但从国家财政角度来看，现代国家应该是税收国家。在税收国家，税收是国家财政收入的主要来源，其主要职能是实现公共利益。税收国家的形成过程促使国家本身以及国家与社会的关系发生深刻变化，使国家成功地由传统走向现代。税收是私人财产的让渡，因此税收与私人财产之间存在此消彼长的矛盾，通常没有人乐意纳税。国家为使其税收收入最大化，不得不与私人部门进行讨价还价，形成民众必须缴纳税金的社会氛围，但是税收的支出和使用必须征求纳税人的意见，即现代税收制度的诞生。

现代税收制度承认税收是国家存在的物质基础。就现代税收制度的本质而言，现代税收制度所要解决的是国家税权的归属问题。详言之，如果税收事务经人民同意，税收保障人民权利，那就是现代税收制度；相反，如果税收不经过人民同意，税收不用于保障人民权利，那就不是现代税收制度。就现代税收制度的实践过程（经验层面）来看，现代税收制度通常以税的征收与使用须经议会同意，以及税权分立、政府预算、税收法治、税收事务公民直接参与等现代国家制度为支撑。

现代税收制度是现代国家建构中的题中应有之义，对现代国家而言，其意义重大：推动着现代国家的形成与发展。其一，通过现代税收制度，国家不仅获得了税收收入的最大化，而且提高了现代国家税收使用的效率，增强了政治统治的合法性。其二，通过现代税收制度，纳税人控制了国家征税权，这不仅避免了国家依靠其政治权力随意征税，而且更为重要的是，通过现代税收制度，可以使国家更好地保障人民的权利。总之，现代税收制度促使国家与公民之间形成良性互动，是现代国家发展的必由之路和国家治理的基本方式。至此，笔者认为，现代国家建构的核心内容是在税收国家的基础上建立现代税收制度。

现代国家必须是以现代税收制度为基础的国家，没有现代税收制度，就无真正意义上的现代国家。

在现代国家的建构史上，英国、法国、美国等国最早从传统走向现代。纵观英、法、美三国现代国家建构史，我们可以发现，英、法两国在传统国家时期是以家财型财政为基础的封建制国家，国王主要靠自己的收入生活，不能随意征税。家财型财政给这两个国家的发展带来了困境，迫使税收由封建税收逐渐成为国家税收，财政类型也由家财型财政逐渐转为税收型财政，税收由经封建贵族同意逐渐转为经议会同意。最初议会税收同意的形式、同意的内容都是不独立的，随着国王对税收的依赖越来越重，以及贵族掌握动产、纳税能力的增强，议会得到不断发展，须经议会同意的内容越来越多，最后议会夺取税收立法权与税收使用监督权。也正是议会获得了税收立法权与税收监督权，从而使政府必须为纳税人服务，使国家对于税的征收与税的使用必须严格围绕公共需要与公共产品而展开，从而保障了政府职能的实现，提高了政府的治理能力。同时，两国国民以税收同意为前提进而获得了其他政治权利，即现代税收制度促进了整个国家政治制度的发展。美国在现代国家建构之前，现代税收制度思想已经在北美英属殖民地人民心中生根发芽。当母邦英国对其所属的 13 个殖民地不经过他们同意就擅自乱征税时，北美人民发起了独立战争，实现了北美十三州政治上的独立。为防止税收专制，北美十三州在独立初期，各州议会享有独立的征税权，而松散的邦联并无征税权，其财政由各州分摊。然而，没有稳定财政收入来源的邦联必然陷入财政危机，其职能根本无法正常实现，几乎葬送了革命成果。因此，现代税收制度必须以承认税收是国家存在的物质基础为前提。1787 年，北美十三州召开制宪会议，制定《联邦宪法》。该宪法规定了国会征税权的边界、税权的横向分立与纵向分立、税收的使用目的、各州议会的征税权边界等税收事务。按照宪法与当时美国的具体国情，联邦政府成立初期，关税对于当时的联邦政府而言是最好的税种。这是因为关税不仅可以使联邦政府获得财政收入，还可以实现贸易保护，从而保障美国现代工业体系顺利建立。然而，对于美国南部种植园主而言，高税率的关税将严重损害他们的利益。正是围绕着税收问题，特别是关税问题，美国产生了北方制造工业主利益与南方种植园主利益冲突问题。双方为防止因为税收损害各自的利益，组建了不同的党派、政党，并在国会内部，围绕着关税税率、直接税等税收问题进行了长久的讨价还价，从而推动美国政党制度的发展，推动着现代税收制度的发展，最终推动了美国现代国家的建构。由此可知，英、法、美三国现代税收制度建立的过程其实也是现代国家建构的过程。

　　本书从规范层面上分析了现代国家建构与现代税收制度的关系，以及从经验层面上分析了英、法、美三国从传统国家走向现代国家的进程中，现代税收制度如何产生、现代税收制度如何促进现代国家的形成。

目　　录

导　论

第一节　选题缘起

税收因国家而产生，是个古老而常新的问题。人类有文字记载的历史就与税收相关。在苏美尔的一座古城——拉加什，人们在刻满楔形文字的黏土中发现了6000年前记载税收的圆锥形物体，这些刻在圆锥形物体上的文字告诉我们：让苏美尔人害怕的不是他们的领主或者国王，而是征税官员。

税收是国家以公共权力向民众征收的物质财富，是国家与民众、公权力与私权利之间的桥梁和纽带。如果税收征收过少，不足以满足国家机构和国家职能实现的物质需要；相反，如果税收征收过多，则将危害民众的生存与发展，乃至影响国家经济的生产与再生产。税收对民众、对国家乃至对整个社会而言意义重大，税收不仅关系人们的财产权、生存权与生命权，还涉及国家机器的正常运行、社会财富合理的分配、社会整体福利水平的实现等问题。

税收是塑造和引导人类文明发展的重要力量，推动着现代国家的架构。既然税收与现代国家建构之间有关联，那么是如何关联起来的？因为以上这些问题，笔者把注意力聚焦到了现代国家建构与现代税收制度的关系问题上。

第二节　文献综述

一、现代国家建构研究的文献综述

有国家存在就会有国家建构问题。无论哪一个国家，无论国家处于哪一个发展阶段，都面临着国家建构的任务。现代国家建构最早产生于中世纪的西欧国家。然而作为学术研究，现代国家建构是从20世纪70年代以斯考切波为代表的回归国家学派将"国家（state）"确立为社会政治现象并对国家所具有的独立性予以理论论证开始的。20 世纪 80 年代以来，国家与社会关系的分析范式也逐渐作为当代中国政治学研究的重要范式。在这一分析范式中，人们把国家放在主体地位，并对现代国家建构的各种形成因素进行了分析。具体如下：

（一）对战争、强制、资本等因素与现代国家建构之间关系的研究

主要代表人物有查尔斯·蒂利、安德森、Cousens、Ryan Saylor 等人。查尔斯·蒂利在《强制、资本和欧洲国家（公元 990—1992 年）》一文中提出"战争""强制（coercion）"和"资本（capital）"对现代国家建构起了巨大的作用，提出了"战争制造国家"的观点。查尔斯·蒂利发现战争不仅促使传统国家从分散化的间接统治转向中央集权化的直接统治，还增强了国家资源汲取能力、动员能力、对内的控制能力、地方社会的渗透和控制等能力。国家能力的增强损害了地方精英、普通民众和资本家的利益，遭到他们的抵制与反抗，社会运动和政治抗争频繁爆发，最后促成政治权威和民众的妥协。这进一步增强了国家的扩张能力，在国家的扩张中，现代税收体系、官僚制、议会制、普选权、公民权利逐步形成，最后基本形成现代国家。Cousense 认为国家建构是以下五大因素相互作用的结果：强制——谁独占权威；资本——谁控制其流动性、征税和运用；权威与合法性——谁制定和施行规则；行政和国家机构；福利和公共服务。[①]Ryan Saylorr 认为拉美和非洲现代国家建构的主要因素是政治联盟和市场商品的繁荣。[②]Fryet 分析了 1990—2004 年 25 个后共产主义国家的国家建构和市场建构的关系。[③]

---

① Cousens E. Context and Politics of State-building[C]//Proceedings of the 101st Annual Meeting. Washington DC: American Society of International Law，2005.

② Saylor R. State Building in Boom Times: Commodities and Coalitions in Latin America and Africa[M]. New York. Oxford University Press，2014.

③ Frye T. Building States and Markets After Communism: the Perils of Polarized Democracy[M].New York: Cambridge University Press，2010.

（二）对国家制度与现代国家建构之间关系的研究

埃特曼在《利维坦的诞生：中世纪及现代早期欧洲的国家与政权建设》中提出，西欧的国家建构成功的核心是统治者有效抵御精英集团将国家公职私有化的意图并最终建立起"理性—合理的现代官僚制"。埃特曼指出，"在国家形成之后的最初几个世纪期间地方政府的组织工作""持续不断的地缘政治竞争之初的时间选择"及"强大的代议机构对行政管理和财政制度的独立影响"是欧洲现代国家建构成功的重要原因。[①] 伊利亚斯在文明的进程、文明的社会起源和心理起源的研究中提出各种国家制度建设对国家建构的重要性。国家在维持社会稳定、控制暴力情绪、协调社会秩序中逐渐使国家管理走向非宫廷化、专门化，最后促使形成现代国家。

（三）对规训国家权力、保障公民权利与现代国家建构关系的研究

不少学者认为国家是社会中的国家，国家权力不能随意扩张，应该规训国家权力，并强调在国家—社会关系框架中处理国家问题，提出培养良好的公民社会对于国家建构影响颇大。英国学者吉登斯受马歇尔公民资格理论的影响，从历史制度主义的视角，在分析西欧现代国家形成过程中"内部绥靖"、集中权威资源的过程，以及主权、议会制、"反思性监控"和暴力的发展之后，提出公民权利是现代国家的根本，为了保护好公民权利，必须规范国家权力作用的范围，否则国家权力的随意扩张必将侵蚀国家的社会基础。波齐提出现代国家建构中必须限制和"驯化"政治权力，保护和发展公共领域、公民权利，以实现社会与国家良好互动。

（四）从国家与社会的关系入手研究现代国家的建构

米格代尔作为国家理论的重要研究者，提出国家、社会相互赋权和相互形构的概念。任剑涛在《从帝制中国、政党国家到宪制中国：中国现代国家建构的三次转型》一文中提出，中国现代国家建构的第三次转型是致力于宪政中国的建构，指出宪政中国的理论进路，不是单纯的国家理论所可奏效，而必须在

[①] 埃特曼．利维坦的诞生．中世纪及现代早期欧洲的国家与政权建设 [M]．郭台辉，译．上海：上海人民出版社，2016.

国家—社会的理论视野中才能确立起恰当的理论视角。李乐为在《健全的公民社会：现代国家建构的社会基础》一文中谈到，健全的公民社会是现代国家建构的社会基础，要实现国家转型，必须建立一个健全的公民社会。

二、现代税收制度研究的文献综述

（一）对税收征收制度的研究

马克思指出："赋税是官僚、军队、教士和宫廷的生活源泉，一句话，它是行政权力整个机构的生活源泉。强有力的政府和繁重的赋税是同一个概念。"[①]同时，马克思还指出："究竟为什么赋税、同意纳税和拒绝纳税在立宪主义历史中起着这样重要的作用呢？其实原因非常简单，正像农奴用现钱从封建贵族那里赎买了特权一样，各国人民也要从封建国王那里赎买特权。国王们在与别国人民进行战争时，特别在与封建主进行斗争时需要钱。商业和工业越发展，他们就越需要钱。但是，这样一来，第三等级，即市民等级也就跟着发展起来，他们所拥有的货币资金也就跟着增长起来，并且也就借助于赋税渐渐从国王那里把自己的自由赎买过来。为了保证自己的这些自由，他们保存了经一定期限重新确定税款的权利——同意纳税的权利和拒绝纳税的权利。"[②]从以上可以看出，马克思是从历史唯物主义的角度看待税收的本质以及税收与国家的关系，指出税收是国家的基础和根本，税收是市民为了保证自己的自由而让渡给国家的财产，是人民购买公共产品的代价。

（二）对议会控制税收立法权的研究

洛克认为政府的最高权力是立法权，这个权力在常态下属于议会，议会是人民意志的体现和保障，税收控制权是议会的重要权力。"未经人民自己或其代表同意，决不应该对人民的财产课税。这一点当然只与这样的政府有关，那里立法机关是经常存在的，或者至少是人民没有把立法权的任何部分留给他们定期选出的代表们。"[③]

[①] 马克思恩格斯选集：第 1 卷 [M]. 北京：人民出版社，1976：697.

[②] 马克思恩格斯全集：第 6 卷 [M]. 北京：人民出版社，1961：303.

[③] [英] 约翰·洛克. 政府论（下册）[M]. 叶启芳，等译. 北京：商务印书馆，1964：89.

　　孟德斯鸠指出，议会掌握税收立法权才能真正保卫公民的自由。"如果行政者有决定国家税收的权力，而不只限于表示同意而已的话，自由就不再存在了，因为这样的行政权力就在立法最重要的关键上成为立法性质的权力了。如果立法权不是逐年议定国家的税收，而是一次地作成永久性的决定，立法权便将有丧失自由的危险，因为如果这样则行政权便将不再依赖立法权了。"①密尔指出："代议制政体就是，全体人民或一大部分人民通过由他们定期选出的代表行使最后的控制权，这种权力在每一种政体都必定存在于某个地方。他们必须完全握有这个最后的权力。"那么，这个最后的权力表现在哪里呢？密尔进一步分析说："被认为特别应该属于代表人民的议会的职务是表决税收。"②汉密尔顿等人明确提出税收立法权是国会最主要的立法权之一，"联邦立法的对象是什么？最重要而且看来最需要本地知识的对象是贸易、税捐和民兵"③。刘守刚认为现代国家是税收国家，不是财政国家。"在现代国家的逻辑起点——社会契约论意义上，财产权是在国家诞生之前就为个人拥有的权利，在国家诞生后成为个人的法律权利。这样，财产为个人分散持有，政府本身并不拥有财产。政府存在的目的，是执行立法机关做出的决定，其经费支持也只能来自立法机关所批准的税收。立法机关所行使的主权，具有支配境内人口与土地等资源的能力，由于它依公共意志而成立，因而实质上是民众对自己的支配。立法机关运用主权支配公民（部分）财产或收入，就形成征税权。征税权的实质，是公民在运用自己的权力支配自己的部分财产，用自己的钱来支持自己的事业。"④

　　（三）对政府预算的研究

　　政府预算理论的创始人维尔德夫斯基撰写了《预算过程的政治》《预算过程中的新政治学》和《预算与治理》等著作，他主要运用多元主义和行为主义的理论来研究政府预算，认为政府预算是各种权力博弈的体现和结果，政府预算的动态过程是权力较量的反映，提出良好的政府治理必有政府预算为前提。

---

　　①　[法]孟德斯鸠.论法的精神[M].北京：商务印书馆，1961：164.

　　②　[英]密尔.代议制政府[M].北京：商务印书馆，1982：66—67.

　　③　[美]汉密尔顿，杰伊，麦迪逊.联邦党人文集[M].程逢如，等译.北京：商务印书馆，1980：287.

　　④　刘守刚.现代国家是税收国家，不是财产国家[N].南方周末，2011–07–21.

美国学者路易斯·费舍尔从税收开支权的角度，通过对议会与政府之间税收控制权归属问题的探讨揭示了现代税收制度。他撰写的《总统的开支权》《国会对战争权与开支权的放弃》《国会与行政：分享权力的政治》《国会与总统间的宪政冲突》等著作，通过描述 20 世纪后半期美国国会与总统之间权力争斗的历史，展现了总统和国会之间围绕税收支出而引发的种种矛盾和斗争，论证了议会和政府在掌管国家钱袋子的主导权问题上的妥协与冲突构成了国家政治权力格局的演进历程这一理论。艾伦·锡克则把研究重点投放在对议会预算政策的专题研究上，他所撰写的《联邦预算：政治、政策与过程》和《国会与金钱》等著作通过全面对议会税收支出控制权问题的研究揭示了现代税收制度。国内学者王雨生、孙文基、朱大旗、牛美丽、马骏、叶娟丽、王绍光、薛芬、李炜光任晓兰、刘淑申、陈立刚、任喜荣、豆星星、胡明等学者围绕着政府预算与国家治理、政府预算信息公开、人大对政府预算的监督、公民参与政府预算、预算政治、政府绩效评估、我国政府预算制度完善、中国政府预算制度与外国政治预算制度的比较，对政府预算执行等问题进行了研究。

（四）对税收宪政、税收法定与税收法治的研究

布坎南与布伦南在《宪政经济学》一书中从公共选择理论的角度进行了税收立宪的研究。哈耶克在《自由秩序原理》一书中从宪政的角度对税制与再分配的问题进行了研究。北野弘久在《税法学原论》中提出，在税收国家中，即使国家宪法只规定了纳税人的义务，而没有规定纳税人权利，但是纳税人基本权利能从宪法中有关纳税义务的规定中推导出来。"应将纳税人基本权利最根本方面的合理依据置于称之为人民主权的纳税人主权之中。因为只有如此才能说明纳税人基本权利是宪法理论上的纳税人主权论的展开。"[1]

葛克昌在《所得税与宪法》一书中提出，国家税权乃权力怪兽，必须驯服在宪法秩序之下。[2]刘剑文在《落实税收法定原则的意义与路径》一文中指出，"税收法定原则，又称税收法律主义，是指由立法者决定税收问题的税法基本原则。即如果没有相应法律作依据，政府不能征税，公民也没有纳税的义务。

---

[1] [日]北野弘久．税法学原论[M].陈刚，杨建广，等译．北京：中国检察出版社，2001：58.

[2] 葛克昌．所得税与宪法[M].台北：翰芦图书出版有限公司，2003：110.

征税主体必须依且仅依法律的规定征税；纳税主体必须依且仅依法律的规定纳税。它是依法治国理念在税收领域的具体表现"①。在《法治应该是税收的一个新常态》一文中，刘剑文又指出，"法治应该是税收的一个新常态，是社会的主旋律。未来我们国家税务工作要往法治方向走，从管理理念到治理理念，从治民到治官"②。在《财税法治是通往法治中国的优选路径》一文中，刘剑文还指出，"财税法治不仅是法治中国在财税领域的必然要求和终极体现，也是通往法治中国的优选路径。对于我国来说，建设法治国家和全面深化改革是同一历史进程"③。李炜光在《公共财政的宪政思维》一文中指出，"财政税收的发展史表明，现代宪政制度的演进是以议会争取预算和征税权的斗争为起点"④。另外，李炜光在《论税收的宪政精神》一文中指出，宪政意义上的私有财产权，是一种先于国家税收权力的财产权。纳税人的私有财产能否得到宪法的保护关系到政府税收的合法性。催浩旭在《宪政维度下的税收研究》一书中论述了税收与宪政之间的内在联系，阐述了税收宪政的机理，提出税收宪政是解决税收中国家与公民矛盾与冲突的必然选择。钱俊文在《国家征税权的合宪性控制》一书中阐述了税收立宪的核心在于控制国家征税权，权利保障构成了国家征税权的宪法限制，税收法定主义和量能课税原则是宪法为征税权运行所定的两大原则。

（五）对现代税收制度所含的内容进行研究

现代税收制度包括税收征收与税收使用。北野弘久在《税法学原论》中提出现代财政应从人民主权的角度，而不是从国家主权的角度来把握。现代税收制度是纳税者应对财政（税的征收与使用）进行自主性统制。陈刚提出应从征收与使用两个方面来完整理解税的概念，这为从税的收支两个方面限制国家权力奠定了基础。

三、既有文献评估

就现代国家建构的研究而言，虽然有不少学者也指出了税收对现代国家建

---

①　刘剑文.落实税收法定原则的意义与路径 [J].新理财（政府理财），2017（9）.

②　刘剑文.法治应该是税收的一个新常态 [N].中国税务报，2015-01-28.

③　刘剑文.财税法治是通往法治中国的优选路径 [N].法制日报，2015-07-16.

④　李炜光.公共财政的宪政思维 [J].战略与管理，2002（3）.

构的意义，谈到税收型财政与其他型财政对国家的不同影响，但是其中有一个核心问题没有解决，即税收自古就存在，到底税收在什么状态下才会对现代国家建构产生决定性作用这一问题并没有学者进行详细论述。事实上，如果税收君主（税收由君主决定，想收多少就收多少，不需要征得人民的同意），那么就很难推动现代国家建构成功。在英、法传统国家中，税收之所以能推动国家发展，一是税收成为国家主要财政来源，二是自古就有的封建习俗：封建税收同意原则。也就是说，只有在税收国家、现代税收制度状态下，税收才能形塑现代国家。

就现代税收制度的研究现状而言：学者在对其研究的过程中把现代税收制度局限于税收征收方面，而不包括税收使用，而且即使对税收征收方面进行了研究，也不系统、不深刻；同时，也有学者已经指出现代税收制度包括税收征收与税收使用，但是并没有人对此展开充分的论证。总之，现代税收制度内涵丰富，目前学术界主要是对现代税收制度的某一方面进行了研究，没有对现代税收制度进行全面的、系统的研究，更没有在现代国家建构视域下对现代税收制度进行研究。这就为本书的研究留下了空间。

第三节　研究意义

税收因国家而产生，其不仅涉及人们的生命权、生存权以及财产权，而且涉及国家存在的理由、国家存在的物质基础、国家职能的有效实现、国家与社会关系的和谐等问题，因此税收应成为国家政治生活中的重大问题，是政治学关注的重要命题。到目前为止，税收主要是经济学界、法学界关注的核心问题，而政治学界鲜有学者系统地研究税收问题。中国政治学界与税收有关的研究主要集中于政府预算。政府预算与税收命题有很大不同。在税收国家，政府预算一般只是关注税的使用问题。而税的使用只是税收的一个领域而已。税收应该包括税的征收与税收的使用两大领域。在半税收国家，政府的财政收入来源比较复杂，政府预算其实不仅指税收的使用问题，而且包括一切财政收入的使用问题，税收的使用只是国家财政收入使用的一部分而已，因此政府预算与税收命题更不能等同。到目前为止，中外学者没有系统地研究现代税收制度与现代国家建构关系的问题。

本书在现代国家建构视域下研究现代税收制度，揭示出税收、税收国家、现代税收制度之间的关系，现代税收制度的基本内涵、主要的制度安排、理论基础、现代税收制度对现代国家的意义等内容，从历史的角度回顾了欧美现代国家建构与现代税收制度的关系。基于此目的，本书的研究具有重要的意义。

第一，现代税收制度理论丰富了现代国家建构理论。到目前为止，现代国家建构理论中还没有学者论述现代税收制度与现代国家建构关系的问题。笔者提出，现代税收制度是现代国家建构应有之内容。一国之存在必须以一定的财政为支撑，国家获取财政收入的方式有很多种，而税收型财政是现代型财政，现代国家必须是税收型财政即必须是税收国家。税收是私人合法财产的让渡，蕴含着现代税收制度，因此，现代国家建构中应有现代税收制度的内容。现代税收制度回答了现代国家建构中的国家税收权力乃至政治权力的由来、国家权力的归宿、国家权力存在的物质基础以及国家职能实现等问题，提出了现代税收制度形塑现代国家，对现代国家建构与发展有重要意义。

第二，现代税收制度研究不仅丰富和夯实了现代国家政治制度的理论，而且丰富了政治发展理论。长期以来，现代国家政治制度理论中都没有包含现代税收制度内容。

第三，现代税收制度催生税收政治学。笔者认为，随着纳税人税收意识的产生和现代税收制度能力的提高，需要深刻地、系统地认识税收的本质以及税收与社会、税收与公民、税收与国家、现代税收制度与现代政治制度的关系，为此需要对政治学理论进行创新，需要把税收纳入政治学研究的范畴，使税收以及现代税收制度成为政治学研究的重要对象，使其在政治学中占有重要地位，甚至需要建立一门税收政治学。

第四节　创新之处与研究方法

一、创新之处

（一）研究视角的创新

从现代国家建构的角度研究现代税收制度。笔者认为，从国家建构的视角来研究现代税收制度，能更清楚地看清现代税收制度的本质、现代税收制度的原因、现代税收制度的价值、现代税收制度对现代国家的意义。

（二）学术观点的创新

第一，现代国家应有现代税收制度。现代国家是税收国家，现代税收制度只有在税收国家中才能实现。现代税收制度是现代国家应有之内容。

第二，现代税收制度是指税收应经人民同意，税的征收与税的使用应经人民同意。现代税收制度应该以税收经议会同意、政府预算、税收法治、税权分立等内容为支撑。

第三，现代税收制度强调税收不仅是公民的权利，也是公民的义务。在现代税收制度构建中，不可片面地强调其中一端。在美国现代税收制度建构的过程中，曾经出现过分强调税收权利，不给邦联征税权，结果差点使现代税收制度建构失败。

二、研究方法

（一）研究视角

从现代国家建构的角度研究现代税收制度。

（二）具体研究方法

1. 规范研究法

本书以产权明晰、私有合法财产权受保护为逻辑起点，分析了现代税收制度为什么能够产生，阐述了国家征税权和用税权的必然性和正当性。

2. 比较研究法

比较研究法要求相比较的对象具有可比性，也就是说，这些相比较的对象既有内在相似性，又并不完全一致。因此，具体到本书而言，对于英、美、法在现代国家建构中的现代税收制度发展情况进行比较是成立的，这是因为三者之间既存在着内在的有机联系，又存在不完全一致的发展路径。通过比较三者的相同之处与不同之处，就能知道哪些是发展现代税收制度的必由之路，哪些是各国自己的特殊道路与模式。

3. 历史研究法

本书对英、法、美等国现代税收制度发展的历史进行梳理，以便能更好地把握现代税收制度的特征和现代税收制度对现代国家建构的意义。

第一章　税收国家：现代国家建构的历史课题

第一节　传统国家走向现代国家

现代国家建构是人类政治文明的重要内容，是政治学的基本命题。任何事物的形成都不是一蹴而就的，都有一个过程。现代国家建构的过程其实是一个国家从传统走向现代的过程。那么是什么原因推动着一国从传统走向现代的呢？

一、传统国家的困境

财政伴随国家而产生，有国家必然有财政。"财者，为国之命而万事之本。国之所以存亡，事之所以成败，常必由之。"[①]财政是国家存在的物质基础，是国家职能实现的物质保障和体现。从根本意义上讲，国家基本职能是财政收入与财政支出。任何国家的存在都必须首先获取一定的财政资金为基础，然后利用财政资金支持国家的整个活动。而国家财政的获取方式、国家财政支出的去向反映了国家的特征与性质，以及国家与社会的关系。正如熊彼特所言："财政的历史能使人们洞悉社会存在和社会变化的规律，洞悉国家命运的推动力量。从一国获取财政收入的途径、财政支出方式能分析国家之性质以及发展态势。"[②]柏克也曾言，"国家的收入即国家。事实上，无论是为了寻求支持还是为了推行改革，一切都有赖于它……单单通过收入，政治体就能够依其真正的本质和特征而行动，因此它拥有多少合理的收入，它就将展现出多少它的集体美德，

---

① 温国文正公文集卷二三·论财利疏；栾城集卷二一·上皇帝书。

② Schumpter. J A The Crisis of the Tax State[M]// International Economic Papers.New York: Macmillem, 1958.

以及那些控制它且仿佛是它的生命和指导原则的人的美德"①。一个国家财政可以有税收、债务、特别租金、国有（王有）财产收益等作为收入来源。根据国家财政收入的来源不同，可以把国家财政分为税收型财政、家财型财政、公债型财政、租金型财政。但租金型财政很少见，公债型财政其实是税收型财政的延伸，公债往往需要税收来偿还。因此，国家财政的类型通常可分为家财型财政和税收型财政。②一国根据其财政类型，可分为家财型财政国家与税收型财政国家。而不同财政类型的国家给政治与社会带来的影响也完全不同。"17世纪和18世纪早期解决税收问题的模式为何如此受到人们的关注？其中一个重要原因是，人们相信每一种模式（包括它们的变化）与国家的本质息息相关，包括它是否、在何种程度上、在哪一点上将向宪政主义、代议制政府、自由主义开放。"③马骏认为，"在不同的财政国家，国家与社会的关系是不同的，财政国家的转型意味着重新构建这一关系"④。这也就是说，国家财政模式在国家建构中起基础性作用，一个国家要实现成功转型，从传统国家走向现代国家，必然要从传统国家财政模式转为税收型财政模式。

（一）传统国家为家财型财政模式

传统国家是现代国家的反向，通常是指西欧封建制国家、帝制中国等国家。传统国家一般是家财型财政模式。⑤家财型财政模式是指国家的财政收入主要依靠直接占有土地等社会资源而不是靠税收收入，国家财政的支出主要用于宫廷消费，国家财政的管理形式主要是国王自己管理的财政模式。例如西欧封建国家时期，国家财政收入的主要来源是国王的领地收入而不是税收，"封建主义就其法律原则而论，是一种土地占有制度。根据这种制度，所有权为一种类

① [英]埃德蒙·柏克.法国革命论[M].何兆武，许振洲，彭刚，译.北京：商务印书馆，1998：292.

② 刘守刚.财政类型与现代国家建构[J].公共行政评论，2008：1.

③ 纳什，斯科特.布莱克维尔政治社会学指南[M].李雪，等译.杭州：浙江人民出版社，2007：103-104.

④ 马骏.中国财政国家转型：走向税收国家？[J].吉林大学社会科学学报，2011（1）.

⑤ 刘守刚.家财型财政的概念及其运用[J].经济管理与评论，2012（1）.

似租借的关系所取代"①。当时，国王财政收入分为两种：正常收入和特别收入。正常收入来自国王自己的领地，即国王靠自己的收入生活。特别收入是指当国家发生重大事件或者处于紧急状态时，国王向其臣民征收的财产（税收）。特别收入虽然面向臣民征收，但国王无权对封建领主直接征税，必须取得领主们的同意，且征收的理由必须是当国家处于危急状态或者国王安全受到威胁时候才能被征收，而且征收时间、额度、方式都是不固定的，往往经常变化，具有很强的临时性、捐赠性。另外，国王还有一些封建特权收入，比如铸币权和关税。但是这些收入不是税收，因为相对税收的概念来讲，至关重要是私法和公法之间的区别在当时尚不存在。历史学家汤普逊曾指出："正确地说，在封建的盛世，公共征税是不存在的，甚至国王也是'依靠自己的收入而生活的'，也就是说，他们是依靠王室庄园的收入，而不是依靠赋税的进款的。"② 家财型财政是一种落后的国家财政获取模式：一是它是以农耕、农奴为特征的自然经济基础上获得的剩余产品，国家财政汲取力低下，国家财力有限；二是它的使用效率不高，财政收入归国王自己管理，没有财政监督，很容易造成奢侈腐化与财政危机。

（二）家财型财政给传统国家带来的困境

1. 家财型财政脆弱导致国家能力的脆弱

国家能力理论是由斯考切波所开创的。国家能力理论一经产生，在学术界马上引起了积极回应。罗伯特·希格斯认为这一理论是对现代国家权力的理性化过程做出的规范解释，因而将其视为现代国家实现政治现代化的现代政治理论。之后，迈克尔·曼把这一理论继续向前推进。他首先区分了传统国家与现代国家，认为传统国家的职能以军事为主，现代国家越来越以民事为主。国家职能的转变使得现代国家干预社会的规模越来越大，使得国家官僚机构不断地走向理性化与科学化。据此，迈克尔·曼把国家权力分为专制性权力和基础性权力。专制性权力是指国家精英可不经过市民社会群体协商的程序而自行行动的范围。基础性权力（infrastructural power），即国家能力，是指国家规则"贯彻"到市民社会的力量。由斯考切波所开创、迈克尔·曼进一步发展的国家能力理

---

① 萨拜因.政治学说史 [M].盛葵阳，等译.北京：商务印书馆，1986：259.

② 汤普逊.中世纪经济社会史：下册 [M].耿淡如，译.北京：商务印书馆，1963：391–392.

论对中外学术界产生了重大影响。不少学者就国家能力所包含的内容进行了论证。如查尔斯·蒂利认为国家能力包括税收、维持军队、供养官僚人员、建立效忠国家的符号体系等。[①] 蓝华等学者认为国家能力包括汲取能力、调控能力、合法化能力和创新能力等四个方面。王绍光、胡鞍纲认为国家能力可以概括为汲取能力、调控能力、合法化能力和强制能力。这些学者无一例外地将财政汲取能力列为国家能力的首要位置。王绍光、胡鞍钢则更明确地指出，财政汲取能力"是国家动员汲取全社会资源的能力，是国家能力的核心，是国家实现其他能力的基础"，"是最重要的国家能力"。[②]

传统国家主要靠家财型财政维持其存在，其财政汲取能力弱小，国家财政收入有限，使得国家其他能力因为缺乏财力支持而无法发展，最后造成整个国家渗透力、控制力等国家能力的脆弱。正如米格代尔所言，在国家与社会关系中，国家只是社会众多组织之间的一个组织，或者一套组织，国家作为社会中的一政治组织，必须和社会组织进行博弈。传统国家财政汲取能力的脆弱，使得传统国家在与社会中的其他组织博弈中，没有能力取得较大的优势，社会民众处于氏族、家族、部族、地方性民族、封建领主等各种权威团体的控制之下，国家没有形成一个全国统一的权威认同目标。因此，吉登斯指出，"传统国家（阶级分化的社会）的本质特性是它的裂变性（segmentary）。其政治中心的行政控制能力如此有限，以至于政治机构中的成员并不进行现代意义的'统治'。传统国家有边陲（frontiers）而无国界（borders）"[③]。总之，传统国家家财型的财政模式使得国家能力脆弱，从而不利于国家主权的统一，不利于国家对社会进行有效管理，不利于对社会提供有效的公共产品和公共服务，不利于国家与社会的良好沟通。

2. 家财型财政国家引发频繁的战争以及政治危机

传统国家的家财型财政模式使得国家汲取能力有限，"面对收入下降和财政需要增长，欧洲的君主们陷入了一个空前严重的两难境地。他们从小领主那

① Charles Tily: The Formation of National States in Western Europe[M].Princeton NJ: Princeton University Press, 1975.

② 王绍光，胡鞍钢.中国国家能力报告 [M].沈阳：辽宁人民出版社，1993：6.

③ [英] 安东尼·吉登斯.民族 – 国家与暴力 [M].胡宗泽，等译.北京：生活·读书·新知三联书店，1998：4.

里强征收到的税收，受到了习俗和传统的限制。如马格纳·卡塔所证明的，一个国王如果逾越了公认的习俗惯例，便可能激起反叛。在国王的陪臣中，有许多人几乎像他（事实上，勃肯第公爵这时就比法兰西国王有权势得多）一样有权势，当然，他们同心协力就更强大了。觊觎王位的竞争者往往不止一个。甚至在没有积极的竞争者的情况下，强大的陪臣也会形成直接的威胁，不是推翻国王，就是勾结境外入侵者……增加税收会使欧洲王权陷入危险之中"①。此时，对国王来说，解决危机最常用的办法之一就是通过对外发动军事战争来抢占资源，扩大领土及其收入。因此，战争成为传统国家的主要职能。"从 1200 年到 1500 年，西欧的许多政治单位经历了无休止的冲突、联盟和战争，逐渐演化成民族国家。与其说这是为了寻求生存所需的政治单位规模，不如说是为了增加征税能力。"② 当然，国王通过战争来解决财政危机犹如饮鸩解渴，为此付出的代价也是巨大的。此时国王没有自己的军队，要发动战争，就得号召贵族们参战；而且贵族们依据封君封臣原则，战争来临时有义务参与战争。

但贵族一旦参战，国王就处于被动地位了。一方面，国王为获得贵族参战的积极性，以及对国王保持忠诚，如果赢得战争，就得把抢夺而来的战利品——土地等作为报酬分封给有功的贵族。而贵族一旦获得领地，就占有土地上的政治、经济等权利。国王除了给予领地提供广义的军事保护外，不能随意干涉领地，这样容易导致贵族政治权力越发强大，对国王的依赖越少。当这种趋势发展到一定程度，必然会有新的贵族兴起挑战国王的地位。国王为了扩大领地范围、巩固王权，于是采用了联姻办法，但最后却造成了西欧国王、大公、伯爵等的婚姻极为复杂，造成了众多的有资格的挑战者，在血统还是君权神授的国家统治合法性的争论中，战争又成为常态。而战争的常态化则给本来财政不丰裕的国家造成了巨大的财政压力，形成债台高筑的局面。另一方面，战争一旦开始，国王虽然可以借助战争名义向贵族们征税，但是国王没有普遍的征税权，征税的数额等税收具体事务必须经过贵族们的同意，又得受制于贵族，王权因此受

---

① ［美］道格拉斯·诺斯. 经济史上的结构和变革 [M]. 厉以平，译. 北京：商务印书馆，1992：137.

② ［美］道格拉斯·诺斯. 理解经济变迁的过程 [M]. 钟正生，邢华，等译. 北京：中国人民大学出版社，2012：125.

到冲击。而且战争一旦发动，往往持续长久。为维持战争继续，国王需要筹措大量的人力、物力、财力，必然会加大对社会资源的攫取，而这一切必然会遭到贵族和平民的反抗，直到最后国王的统治合法性丧失。另外，战争往往耗资巨大，一旦国王的战争失败，以及带来实力下降而无法给予其提供保护或者国王没有更多的土地拿来分封时，大贵族就可能变得比国王更有实力，国王的封建领主乃至王位就会受到挑战。埃利亚斯对此总结道："封建时代的国王只有当其封臣面临外敌的威胁而需要保护和统帅时，当其征服新的土地进行分封时，他才强大。"① 总之，国王因为家财型财政容易引发财政危机，财政危机又容易引发战争，而战争的爆发则很可能带来政治危机，最后往往使自己处于被动的地位。传统中国，在国家财政困难时，往往采取借助中央权力强行加征赋税或提高税收额度，如果税负过重，超过一定的限度，后果便是"盼闯王，迎闯王，闯王来了不纳粮"的反复王朝战争。

总之，传统国家的家财型财政模式，导致国家财政汲取能力弱小，进而导致国家能力脆弱，使国家职能有限。因此，随着社会生产力的发展，尤其是工商业的发展、市民社会的发展、资产阶级力量的强大，这样财政模式必然遭到淘汰，国家开始由家财型财政国家转型为税收型财政国家。"尽管君主可选择的时间是有差异的，但他们可以利用的一个共同选择：授予特权、产权，以交换税收。随着贸易和商业的扩张超出了城镇和庄园的范围，商人们发现，由更大的、有强制力的权威提供保护可以降低提供保护的私人成本，因而商人们乐意向君主交税以换取保护。为了避免税收损失（如逃税），统治者授予了土地转让权或者继承权，从而建立更安全和更有效的产权。城镇被授予贸易特权，异国商人被赋予法律权利并且不受行会限制，行会被授予了排他性的垄断权，作为交换，城镇、异国商人和行会都必须交税。"② 正是国家财政模式的转型，使得国家成功地从传统国家转为现代国家。或者说，税收推动着现代国家的成功建构。

---

① 诺贝特·埃利亚斯. 文明的进程——文明的社会起源和心理起源的研究：下卷 [M]. 王佩莉，译. 北京：生活·读书·新知三联书店，1999：103.

② [美] 道格拉斯·诺斯. 理解经济变迁的过程 [M]. 钟正生，等译. 北京：中国人民大学出版社，2012：126.

二、现代国家建构的推动力：财政转型

（一）"现代国家建构"概念的梳理

国家建构是个历史现象，任何形式的国家都有建构的历史。现代国家建构是指近代以来西欧民族民主国家形成与发展的过程，以及在其主导下，世界各民族民主国家形成与发展的过程。现代国家建构作为一个学术研究对象始于 20 世纪 30 年代。最早对现代国家建构进行研究的学者是埃利亚斯，他认为，如果从人类文明发展的角度来分析，现代国家建构起因于生产力的发展。生产力发展，使得剩余产品增多，从而使商业和货币产生，进而使城市经济得到发展。而城市经济的发展，使国家经济权由新兴资产阶级掌握，使国王可以不再仅仅依靠封建庄园主而生活，而可以依靠税收来获取财政收入，这就大大削弱了封建庄园主的势力，使得王权得到加强，并逐渐实现了对暴力、税收和土地的垄断，国家管理开始由宫廷化转向专业化，导致国家与社会关系发生彻底的变化，国家告别传统的封建家财型国家，逐渐成为税收国家。

总之，"我们所谓的现代社会尤其是西方社会，是以相当程度的垄断为特征的。个人被剥夺了自由使用军事武器的权利，这一权利由不论何种形式的中央权威所保有。同理，对财产或个人收入征税的权力也集中在社会的中央权威手中。这样流入中央权威的财政手段维持了它对军事力量的垄断，而后者又反过来维护了税收的垄断。这两者没有主次之分，是同一垄断的两个方面。如果一方不存在，另一方会自动消失，尽管在有些时候，某一方的垄断统治会比另一方受到强烈的动摇。"[1]埃利亚斯认为，在现代国家的建构中，"个别人的私人独占社会化了，转变为整个社会阶级的独占，转变为公共独占，转变为一个国家的中央机关"[2]。也就是说，现代国家不仅仅是实现了对暴力的垄断和税收的垄断的主权统一的国家，而且是主权在民，包括税权在民的民主国家。

20 世纪 70 年代，随着欧美国家经济危机的爆发，福利社会岌岌可危，以

---

① ［德］诺贝特·埃利亚斯．文明的进程——文明的社会起源和心理起源的研究：第二卷社会变迁文明论纲 [M]．王佩莉，袁志英，译．北京：生活·读书·新知三联书店，1999：129.

② ［德］诺贝特·埃利亚斯．文明的进程——文明的社会起源和心理起源的研究：第二卷社会变迁文明论纲 [M]．王佩莉，袁志英，译．北京：生活·读书·新知三联书店，1999：334.

查尔斯·蒂利、吉登斯（Anthony Giddens）等为代表的学者们超越现有行为主义研究的范式，重新审视国家，提出要"把国家带回家"，从而推动了现代国家建构理论发展，使现代国家建构的问题成为政治学界的重要问题。查尔斯·蒂利从历史的角度分析了现代国家形成的原因。他认为，现代国家建构这个说法其实是不确切的，应该改成现代国家的形成过程。他认为现代国家产生于战争，"战争编织起欧洲民族国家之网，而准备战争则在国家内部创造出国家的内部结构"[①]。他认为战争导致中央集权、官僚制的产生，战争促使国家税收制度的发展和国家官僚机构的完善，因为战争的紧急状况赋予国家行动的合法性。英国学者吉登斯把国家区分为传统国家、绝对主义国家和现代民族国家。他指出传统国家"有边陲（frontiers）而无国界（borders）"，"现代理性国家，它形成于西方现代初期，是一种自立于其他民族之外的、独特的、集权的社会制度，并在已经界定和得到承认的领土内，拥有强制和获取的垄断权力"[②]，即现代国家是一个统一主权之国家，它通过现代化的生产力、国家垄断的暴力、强大的反思性监控能力能够使国家力量延伸至其领土范围的每一个角落；同时，吉登斯还认为现代民族国家是以承认公民身份为基础的民主国家，"民族国家的制度架构与公民权利之间存在着一种内在逻辑关联"[③]。

因此，在现代国家，公民权利的承认与国家行政能力的不断强化构成了一对矛盾，而二者如何解决是个需要研究的问题。哈贝马斯则认为，"现代意义上的'国家'是一个法学概念，具体所指是对内对外都代表着主权的国家权力，而空间上则拥有明确的领土范围，即国土，社会层面上指的是所有从属者的结合，即全体国民。国家统治建立在成文宪法的形式上，而国民是在一定的国土范围内通行的法律秩序的承载者"[④]。波齐则从约束国家权力的角度指出，现代国家建构中需要"驯化"国家政治权力和发展公共领域，而要成功地实现二者必须

---

① [美]查尔斯·蒂利.强制、资本和欧洲国家（公元990—1992年）[M].魏洪钟，译.上海：上海人民出版社，2007：84.

② [英]安东尼·吉登斯.民族-国家与暴力[M].胡宗泽，等译.北京：生活·读书·新知三联书店，1998：18-21.

③ 郭忠华.吉登斯对于民族国家的新思考[J].开放时代，2007（6）.

④ [德]尤尔根·哈贝马斯.包容他者[M].曹卫东，译.上海：上海人民出版社，2002：127.

促进经济发展、增强社会权力。迈克尔·曼从国家权力入手，把国家权力分为"基础性权力"和"专制权力"，指出现代官僚国家，国家的专断性权力相对弱化，而国家基础性权力得到加强；而现代国家在强化基础性权力的过程中，政治统治的合法性得到加强。[①]

20世纪90年代，现代国家建构问题开始成为中国政治学者关注的对象，并随着弗朗西斯·福山的《国家构建——21世纪的国家治理与世界秩序》等书的陆续出版，学者们把此问题的研究推向了高潮。对于何谓现代国家，中国学者们提出了自己的看法，比如李强认为，现代国家是指存在在一定的领土范围内，垄断了合法使用暴力与税收权力的组织。现代国家税收权力存在的目的是为人民提供"公共产品和公共服务"[②]。徐勇认为，"现代国家包括两个方面：一是以主权为核心的民族—国家，一是以主权在民为合法性基础的民主—国家"[③]。

以上学者从不同的角度对现代国家以及特征给予了不同的归纳，可谓仁者见仁，智者见智。但是不同观点中还是有共同的内容，即现代国家是指建立于现代生产力之上、合法垄断的暴力权力、合法占有稳定的税赋体系、拥有现代官僚行政体系、完整主权的民主国家。

（二）现代国家建构的推动力：税收国家的建立

正如前文指出，传统国家以家财型财政为基础。这是一种低效率的财政收入方式。在这种财政模式下，国家财政能力极其弱小，国家能力有限，甚至连基本的抵御自然灾害的能力都极其有限，一旦遇到大的天灾往往只能企盼上天庇佑，无法主动应对灾难。为缓解财政危机，西欧封建国家的君主只能通过战争来强占资源与土地，这样导致国家战争不断，出现政治危机。引起笔者思考的是，是什么力量让西欧封建国家结束了战争，避免了债台高筑？是什么原因推动着西欧传统国家走向现代国家？

纵观世界文明史，笔者得出的结论是财政能否变迁问题。而所谓财政变迁是指一个国家从一种财政汲取模式转为另一种财政汲取模式。西欧国家正是从

---

① ［英］迈克尔·曼.社会权力的来源：第二卷上册[M].陈海宏，等译.上海：上海人民出版社，2007：69.

② 李强.后全能体制下现代国家的构建[J].战略与管理，2001（6）.

③ 徐勇.现代国家建构与农业财政的终结[J].华南师范大学学报（社会科学版），2006（2）.

家财型财政模式转为税收型财政模式的过程中使传统国家发生深刻变化，塑化为现代国家。换言之，是财政变迁推动西欧国家从传统国家走向现代国家。传统西欧国家化解财政危机的主要方式是战争抢夺。但是对国王来说，无论战争是输了还是赢了，最后国王都是输了，封臣领主总是赢了，最后由财政危机引发的战争导致政治危机，使国家从传统走向现代。按照封建契约，国王只能靠自己的收入生活，当国家处于紧急状态时封建贵族有义务为了王国的安全捐税。捐税最开始是封建贵族的自愿行为，后来随着国王财政危机的加深，国王为了抽取更多的税收但又担心封建领主们的反对，开始召开贵族会议以及后来的议会。为使税收制度更容易被接受，税收频率以及税种、税率的设计需要国王与贵族协商，没有贵族的同意，国王不能征税。

之后，财政危机的慢性病不断加重，税收贵族同意变成了议会同意，且议会由附和性同意转为立法性同意。同时，随着对税收依赖的加深，而又无法从贵族那里获得更多的税收，国王为了扩大财政收入，为了摆脱封建领主的控制，开始大力扶持城市经济的发展。诺贝特·埃利亚斯对此论述道："国王不愿意激起，也无法承受过多的反抗；国王职能的力量显然还不过强大，不足以应付反对派的力量。另外，为了他们的职能和自我保存，特别是为了资助与对手之间不断地斗争，国王需要持续地谋取越来越多的钱，而他们也只能通过这种税收谋取这些钱款。他们的措施变幻不定。在这种形势的压力下，国王的代表摸索了一种又一种解决办法，他们一会儿将主要负担加给这个阶层，一会儿又转嫁给另一个阶层。但在所有的这些反复周折中，君主政治的社会力量不断增强，而且随着这种力量的增强，两者互相促进，税收逐渐呈现全新的特征。"[①]

从中世纪后期开始，在战争和宫廷消费所形成的巨大支出压力的驱使之下，在商品经济的繁荣以及带来的巨大财富的刺激下，各国统治者于是想到自己领地之外去寻找额外的收入来源，开始以税收的方式将领地之外的其他财产所有者的财富的一部分转化为国家财政收入。而"互惠互利往往比权力更重要"[②]，

① [美]玛格利特·利瓦伊.统治与收入[M].周军华，译.上海：上海人民出版社，2010：100.

② [美]伊恩·夏皮罗等.民主的价值[M].刘金厚，译.北京：中央编译出版社，2015：145.

市民们为了摆脱封建领主的控制，也愿意缴纳税金，于是君王与市民达成了一致，市民缴纳税金，君主给市民社会提供特殊的保障。在这种契约之下，国王成功地抽取税收收入，增加了财政收入，减少了对封建领主的依靠。马克思曾明确指出，"究竟为什么赋税、同意纳税和拒绝纳税在立宪主义历史中起着哪些重要的作用呢？其实原因非常简单，正像农奴用现钱从封建贵族那里赎买了特权一样，各国人民也要从封建国王那里赎买特权。国王们在与别国人民进行战争时，特别在与封建主进行斗争时需要钱。商业和工业越发展，他们就越需要钱。但是，这样一来，第三等级，即市民等级也就跟着发展起来，他们所拥有的货币资金也就跟着增长起来，并且也就借助于赋税渐渐从国王那里把自己的自由赎买过来。为了保证自己的这些自由，他们保存了经一定期限重新确定税款的权利——同意纳税的权利和拒绝纳税的权利"[①]。市民社会在国王的保护之下，进一步发展与壮大。市场经济一旦发展起来，带来的是封建领土制度的瓦解，封建关系的彻底结束，国王因此逐渐获得了普遍的征税权，国家逐渐成为税收国家。

而国家财政的转型不仅意味着国王不用靠领地收入生活；国家财政转型，牵一发而动全身，给国家带来了多米诺效应。"解决统治者财政困难所必需的税收主要来自：充公（confiscate）、借款（尤其是向佛罗伦萨的银行家），或者统治者向经济群体提供服务以换取税收。这些方法在历史上都被尝试过。充公无疑是杀鸡取卵。最终王室拒绝支付债务，佛罗伦萨（和其他地方）的银行家们就遭受破产的命运——但是，君主们通过借款进行耗资巨大的战争之前，一些银行家已经从王权垄断中获取了相当可观的利润，也从统治者身上获得了其他好处。第三种方法，即提供服务——尤其是产权的授予和实施——以换取税收，引起了一系列广泛的结构性变化，从保护个人，到合并行会规则和商法使之成为国家强制实施的法律，到建立（英国）的国会（Parliament）、（法国的）三级会议（Estates General）和（西班牙或葡萄牙的）议会（Cortes）。"[②] 具体而言：

① 马克思恩格斯全集：第 6 卷 [M]. 北京：人民出版社，1961：303.

② [美] 道格拉斯·诺斯. 理解经济变迁的过程 [M]. 钟正生，等译. 北京：中国人民大学出版社，2012：118.

　　国家财政转型为税收型财政,在推动国家阶级结构与国家性质发生变化方面立下了汗马功劳。国家财政转为税收型财政之后,国王为最大可能地获取税收,努力培养税源,确认和保护产权,努力发展城市与市场经济。正是在王权的保护下,西欧国家的城市以及市场获得了跃升式的发展,市场经济的范围越来越大,市民不动产收入越来越多,贡献的税收收入也就越来越大。国王通过征税慢慢可以满足宫廷的日常开支以及战争的需要,使国王不再依靠领土收入为生,不再受制于封建领主。一旦市场经济发展起来,那么它就会对国家产生巨大的影响,不仅为国家提供了稳定的财政收入,还推动着国家向现代国家转型。随着市场经济的发展,买卖土地慢慢成为一种无需掩饰的经济交易。土地买卖便越来越频繁,土地的产权转移成为普遍现象,造成西欧社会的封建色彩越来越淡,其中最重要的是领主和附庸之间的关系由原来的封建人身依附关系开始演变为一种现金交易和契约关系。频繁的土地买卖使得拥有大地产的领主控制佃户越来越困难了,以前自上而下完整的封建等级关系出现了巨大的裂痕,社会基层成员逐渐脱离了人身关系的束缚,开始了从"从人身到契约的转变",从而为市场经济的发展提供了自由的劳动力,增加了市民阶级的力量。

　　随着市场经济的发展,商业、制造业越来越发达,资本力量越来越强,资产阶级队伍的逐渐形成,资产阶级日益成为国家的权力阶层,日益成为国家公共生活中不可缺少的成员,在国家政治生活发挥着越来越重要的作用。为了获得税收,国家最后不得不向金融家和企业家妥协。因此,税收催生了国家所依赖的资产阶级和资产阶级的权力。"随着一个国家武装起来,这个国家的榨取能力正如公民对他们的国家的要求那样得到极大的提高。尽管保卫祖国的号召刺激了对外战争努力的额外支持,大规模征兵、征用税收和生产向战争目标转换,使得任何国家前所未有地容易受到大众的抵制和要求对大众负责,从此战争的特点发生了变化,进行战争和市民政治的关系根本改变了。"① 总之,市场经济的发展,促使国家职能发生变化,国家不再忙于战争与土地,而是维护市场与资本的成长;也促使社会阶级结构多元化,不再是国王与庄园主之间的关系,而是国王与市民(资产阶级)的关系。

---

　　① [美]查尔斯·蒂利.强制、资本和欧洲国家(公元990—1992年)[M].上海:上海人民出版社,2012:92.

国家财政转型为税收型财政，还增强了国家能力，使国家成为统一主权的民族国家。国家税收的汲取需要以公平、合理、有效的税收制度为基础，税收制度成功与否直接决定了国家税收汲取能否成功。而公平、科学的税收制度的制定需要国家努力增强阅读社会的能力。阅读社会一方面要求国家具有获取信息的信息能力。有效地从社会中获得全面、准确的信息是有效实现税收的基础，因此需要国家获取人口、人的收入、社会经济发展情况等方面的信息。为此，国家必须建立比较科学的信息管理体系，如人口普查制度、全国性统计机构、统计年鉴等。另一方面，需要国家具有准确分析信息的能力。这种能力犹如吉登斯的反思性监控能力。国家收集到纷繁复杂的社会信息之后，能通过社会信息把握好社会动向，从而制定出能够被人遵守的税收制度。成功的税收制度不是闭门造车的结果，而是基于国家对社会全面、精准阅读基础之上。而国家对社会阅读的成功，意味着整个社会也就在国家的监管之下。正如吉登斯所言："'官方统计数据'覆盖了社会生活多数领域，成为现代社会科学中经验社会研究的滥觞。而经验社会研究本身就构成了社会再生产的反思性监管的一个方面，这种反思性监管迅速扩展已经成为国家的一个内在特征，也是权力机制自我完善的关键。"[①] 阅读社会能力的增强，推动了国家对社会的渗透，使地方的民情等能有效传达到国家层面，从而使国家实现了国家对社会的有效管控。而国家对社会管控的加强又使得国家制度能到落实到国家领土范围的每一个角落，使得国家主权得到统一。

国家财政转型，推动现代国家官僚机构的形成。在税收国家的逐渐形成中，税收意味精准、理性的计算。税收的征收不是一个简单的命令，而是基于对社会信息的精准阅读，基于对税额、税种、税率设定以及纳税人税负精准的计算。税收是技术性、专业性极强的活动。国家税额的设定、某一税率的设定、税制结构设置、增税与减税抉择等都是基于对社会情况的全面阅读，科学计算的产物，且税金的征收需要专门化的税收队伍，需要以训练有素的专业人员为基础的行政机构。以此为基础，推动现代国家官僚机构的形成。

总之，家财型财政的危机使得税收成为维持国家存在的必然选择，而国家

① ［英］安东尼·吉登斯.民族–国家与暴力［M］.胡宗泽，等译.北京：生活·读书·新知三联书店，1998：220–222.

一旦转为税收型财政，则会使其发生全面的、深刻的变革。

第二节　税收内涵及其影响因素

税收一词伴随国家而存在，是古老而又常新的问题。远在苏美尔的拉喀什所挖掘出的黏土圆锥体之上就记录着拉喀什税收的历史。在 1200 年前的古埃及，国家几乎对任何事物都要征税：销售、奴隶、外国人、进口、出口、经商都要纳税，农产品要缴纳 20% 的重税。为了能够保证征税成功，古埃及除了有无处不在的以登记税款为业的抄写员，还有严格的税收审计。对于不愿纳税的纳税人，将被税务局的代表用棍棒强迫纳税人到政府税收代理人面前接受处分。在古代中国，税收也是国家的重要内容，"苛政猛于虎""迎闯王，闯王来了不纳粮"便是反映。说其常新，当今世界，税收问题几乎成为国家全部，国家机构的维持与国家职能的实现都依赖税收。在美国，每一届的总统竞选人的竞选口号中肯定有对税收的承诺。那么，什么是税收呢？

一、何谓税收

（一）税收的字面含义

在英语中，税收"tax"一词来自拉丁文"taxake"，原意为"一碰就痛"，亦有"忍受""承受痛苦"之意，即税收是一种必须忍受的痛。在汉语中，"税"的称呼最早记载于《春秋》所记的鲁宣公十五年（公元前 594 年）的"初税亩"，"税"字由"禾"与"兑"组成，"禾"为谷物，泛指土地出产的物品，"兑"有送达和交换的意思。《说文解字》的解释为"税，租也"。由此可知，在汉语中，"税"的本意是指社会成员基于土地王权所有而把一部分农产品缴纳给国家，税相当于租金。除"税"字之外，历史上还使用过"赋、租、捐"等名称。在古代中国，"赋""租""捐"最初都有特定的含义。"赋"是指国王向臣属征收的军用品和军役，主要用于军队的供给；"租"的本意是指土地所有者因让渡土地使用权而取得的收入，即"敛财曰赋，敛谷曰税，田税曰租"；"捐"的本意是指自由献纳，捐与不捐应由捐者自由决定。"税谓公田什一及工、商、衡虞之人也。赋共车马、兵甲、士徒之役，充实府库、赐予之用。税给郊、社、宗庙、百神之祀，天子奉养、百官禄食庶事之费。"① 不过，后来"赋""租""捐"逐渐与"税"混合或融合为一体，形成了"赋税""租税""捐税"或"税收"。在当今日本的税法理论中还称为"租税"，我国台湾地区的税法理论中则使用"捐税""租税"的概念。

（二）税收的现代含义

税收伴随国家而产生，是国家获取财政收入的一种方式，那到底什么是税收呢？对这一问题的回答，可谓仁者见仁，智者见智。

1. 国外财税界学者对税收的定义

德国著名财政学家阿道夫·瓦格纳指出："所谓税收，从财政意义上，就是公共团体为满足其财政上的需要，凭借其主权，作为对公共团体的事务性设施的一般报偿，依据一般的原则和准则，以公共团体单方面所决定的方法和数额，强制征收个人的赋税物，从社会政策意义上说，赋税就是满足财政上的必要的同时，或不问财政上的有无需要，以纠正国民收入的分配以及国民财富的分配，借以矫正个人所得与个人财产消费为目的的所征收的赋课税。"② 英国经济学家亚当·斯密认为税收是"人民须拿出自己一部分私收入，给君主或国家，作为一笔公共收入"③。日本的学者金子宏认为："税收不是作为国家对特别支付的一种报偿，而是国家为实现提供公共服务而筹集资金这一目的，依据法律规定向私人所课的金钱给付。"④ 美国的财政学者塞里格曼在1895年指出："赋税是政府对于人民的一种强制性征收，用以支付谋取公共利益所需的费用，其中不包含是否给予特种利益的关系。"⑤ 以上学者要么强调了税收的收入职能，要么强调了税收的调控职能。

2. 中国财税界学者对税收的定义

严振生指出，"税收是为了满足一般的社会共同需要，凭借政治权力，按

① 《汉书》卷二十四上，食货志第四上。

② 谭光荣. 税收学 [M]. 北京：清华大学出版社，2013：4.

③ [英] 亚当·斯密. 国民财富的性质和原因研究：下卷 [M]. 北京：商务印书馆，1997：383.

④ [日] 金子宏. 日本税法 [M]. 战宪斌，等译. 北京：法律出版社，2004：7.

⑤ 杨元杰. 税收学 [M]. 北京：经济管理出版社，2002：4.

照国家法律规定的标准，强制地、无偿地取得财政收入的一种分配关系。在这种分配关系中，其权利主体是国家，客体是人民创造的国民收入和积累的社会财富，分配的目的是满足一般的社会共同需要"①。许善达在《国家税收》中认为，"税收是国家为了满足公共需要，根据其社会职能，凭借政治权力，按照法律的规定，强制地、无偿地参与社会产品分配取得财政收入的一种规范形式"②。侯梦蟾认为，"税收是国家为了满足一般的社会共同需要，按事先预定的标准，对社会剩余产品进行的强制、无偿的分配"③。

3. 中外专业工具书对税收的定义

英国的《新大英百科全书》指出，"税收是强制的、固定的征收，它通常被认为是对政府财政收入的捐献。用以满足政府开支的需要，而并不表明是为了某一特定的目的。税收是无偿的。它不是通过交换来取得，这一点与政府的其他收入不大相同，如出售公共财产或发行公债等。税收总是为了纳税人的福利而征收，每一个纳税人在不受利益支配的情况下承担了纳税的义务"④。在《中国税务百科全书》中，税收被定义为："国家为满足社会公共需要，依据其社会职能，按照法律规定，参与国民收入中剩余产品分配的一种规范形式。"⑤日本《世界大百科字典》："所谓税收，就是国家及其他公共性团体以满足其一般经费开支为目的而运用财政权力向国民的强制地征收的金钱和实物。"⑥美国经济学辞典："税收是国家或地方公共团体为筹集满足社会共同需要的资金，按照法律规定，以货币形式对私人的一种强制性征收。"⑦

从以上的定义中，我们可以明白，不同的学者因为其知识背景、政治立场等不同，对税收的界定也不同。综观以上这些定义，我们对税收至少可以得出以下几点结论：第一，税收整体偿还性。传统税收理论强调税收的无偿性是不周全的。如果只从微观层面来看，每一个纳税人无论他纳多少税，都无法索取

---

① 严振生. 税法 [M]. 北京：北京大学出版社，1999：1.

② 许善达. 国家税收 [M]// 谭光荣. 税收学. 北京：清华大学出版社，2013：5.

③ 侯梦蟾. 税收经济学导论 [M]. 北京：中国财政经济出版社，1991：3.

④ [日] 井手文雄. 日本现代财政学 [M]. 北京：中国财政经济出版社，1990：254.

⑤ 金鑫，刘志城，王绍飞. 中国税务百科全书 [M]. 北京：经济管理出版社，1991：1.

⑥ 谭光荣. 税收学 [M]. 北京：清华大学出版社，2013：5.

⑦ 谭光荣. 税收学 [M]. 北京：清华大学出版社，2013：5.

对等的私人产品，公民纳税是一种义务，是无偿的。但从宏观的角度来看，公民把自己的私人财产让渡给国家，使国家由无产变成有产；而国家掌握着公共资源是为了提供公共产品而不能用于其他，因此税收成为公共产品的对价，整体意义上具有了有偿性和交换性。第二，现代税收制度性。税收涉及公民的私有财产权，是纳税人用于购买公共产品的代价，为了避免国家随意征税，纳税人应处于主体地位，税收征收与税收使用应该经过纳税人同意且制度化和法律化。第三，税收不等于国家的财政收入。税收因为筹集国家财政收入而产生，但是国家财政收入的方式具有多样性，不同性质的国家有不同的财政模式，同一国家不同的时期，财政汲取模式也可能不同，税收是国家汲取财政收入的一种方式。第四，税收的主要功能是财政收入功能。税收是公共产品的代价，是一种财政收入形式，满足财政需要是其首要的、主要的功能。当然，税收还有宏观调控功能，但这是附属性、补充性的功能，不可过度强调。

至此，笔者尝试给税收下个定义：税收是在产权明晰、承认私有财产权的基础上，国家以满足公共需要为目的，凭借公共权力向民众依法征收的实物或货币。税收的本质是国家以满足公共需要为目的对私人财产的再分配活动。

二、税收的影响因素

（一）剩余产品的出现

税收是在生产力不断发展、社会出现剩余产品的情况下产生的。在生产力水平极其低下、社会剩余产品不存在的时候，税收是不可能产生的。经济越发达，社会财富越多，剩余产品越多，税收才越有可能产生。

（二）私有财产权确认以及产权明晰

私有财产权是一种人民的基本权利，是私人合法占有财富的资格。私有财产权最早可以追溯到古罗马法。古罗马法最显著的特点是关于绝对、无条件的私有财产权的观念。在中世纪早期，古罗马法中私有财产权观念已经销声匿迹。在文艺复兴时期的欧洲，随着商品经济的发展，古罗马法中私有财产权观念得到慢慢复兴，接受古罗马法是资本主义关系在城乡发展的标志。在经济上，私有财产权观念有利于商业、制造业资产阶级的根本利益；在政治上，私有财产权观念有利于封建君主摆脱封建领主控制以及加强君主权力。质言之，自下而上强化了的私有财产与自上而下强化了的君主权威推动着私有财产的确立。16—17世纪，资本主义经济得到飞跃发展，为了保护资产阶级的阶级利益，防止国家权力对私有财产权利的侵害，现代意义上的私有财产权为约翰·洛克首先提出。洛克认为，私有财产权源于人的生命权。人的生命权是上帝所赋予的权利，不受他人侵犯。而人们通过自己的劳动使任何事物脱离了自然状态时，那些事物就成为自己生命的延伸，人们就拥有此事物的权利，可以正当地占有财产。"劳动使它们同公共的东西有所区别，劳动在万物之母的自然所已完成的作业上面加上一些东西，这样它们就成为他的私有的权利了。"① 因此，人的财产权也是上帝赋予的权利，国家必须给予承认与保护。古典经济学之父亚当·斯密沿袭了洛克的理论，将劳动视为一切财富的源泉，私有财产权是人的勤奋劳动的产物，是天赋人权和自由的基础。至此，私有财产权成为现代政治学与现代政治的基础性命题。穆雷·罗斯巴德认为，"权利这一概念只有作为财产权才有意义。任何一种人权同时也是财产权。如果不以财产权利作为标准，则人权失去了其绝对性和明确性，并因此变得模糊，容易受到攻击"②。

税收的产生必须以承认私有财产为前提。如果国家不承认私有财产，私人不能合法地占有财富，也就不存在个人财产的转让，也就无税收。同理，如果国家不承认私有财产，国家可利用公共权力直接占有社会财产，那么国家就不需要利用税收来取得财政收入。反之，只有国家承认私有财产，社会物质财富归私人所有，不归国家所有，国家成为"无产者"而又要维持其存在与实现其职能时，税收才有可能产生。另外，税收的产生只有以承认私有财产权为前提，才能形成持续不断的税源。税收是社会的剩余产品，税收的长期存在需要人们持续不断地创造剩余财富，持续不断地提供税源。如果国家不承认私有财产权，个体就无法自由生产与消费，也就无法最大效率地产生剩余产品。无剩余产品也就无税收。需要强调的是，在以公有制为基础的社会主义国家中，国有企业只有在产权明晰的前提下，才可能产生税收。如果产权不明晰，国家不承认国家企业是合法的市场主体，不承认国家企业及其员工占有合法剩余利润的权利，

---

① 约翰·洛克. 政府论：下篇 [M]. 北京：商务印书馆，1964：19.

② [美] 穆雷·罗斯巴德. 自由的伦理 [M]. 上海：复旦大学出版社，2008：166.

那么就没有税收存在。

（三）社会公共利益的存在

人的利益需求是多方面的，有的利益需求可以由个人自我独立实现，有的利益需求则自我无法单独实现，需要共同体一起实现，这种需要就成为公共利益。公共利益与自我利益相比，其显著的特征是：一是受益非排他性。共同体中的任何人都可以使用，而非专门为某一个人所保留。正因为公共利益的受益具有非排他性，人们可能对自己的利益格外关心，而对公共利益比较冷漠，从而产生了"搭便车"现象。这种"搭便车"现象使得公共利益的实现无法通过个体自身来解决。二是实现的集中性。公共利益的实现集中由国家来实现，而无法由社会成员个人或者其他社会组织来实现。三是共同福利性。公共利益并非如功利主义主义者所言，"共同体的利益（社会利益）是组成共同体的若干成员的利益的总和"[1]。公共利益并非个人利益的简单相加，而是如哈耶克所言，"如果所有的人发现根据某种互惠对等原则而使特定群体的集体利益得到满足，对于他们来说，乃意味着一种大于他们不得不为此承担的税赋的受益，那么只有在这种情形下，一种集体利益才成为一种普遍利益"[2]。共同利益的这些特性，决定了国家存在的必须。但是，在财产私有制下，国家本身不能自我实现公共利益，国家本身不生产财富，因此需要人们以税收的形式转让部分自我财富给国家形成公共财富以实现公共利益。简言之，国家之所以需要税收，是因为个人无法提供或者个人不愿意提供但又是实现个人利益必需的公共利益存在。公共利益的存在决定了税收的存在。

（四）国家公共权力的存在

税收是实现公共利益、保障个人权利的必须，是购买公共产品的代价。但是从个体角度而言，税收是私人合法财产的转化，是对私人财富的剥夺。在个人收入额一定的情况下，税收和私人合法财产之间是一种此消彼长的关系，税收的增加意味着可供个人自由使用的财产的减少；反之，税收的减少意味着个体自由使用的财产的增加。而且根据布坎南的税收半数理论和供给学派的拉弗

---

① [英]边沁．道德与立法原理导论[M]．时殷弘，译．北京：商务印书馆，2000：58.

② 范进学．定义"公共利益"的方法论及概念诠释[J]．法学论坛，2005（1）.

曲线原理，税收超过一定限度，往往会对个体产生毁灭性后果。因此，税收在起源上带有恶性，有学者甚至把税收等同于抢劫。"如果政府需要为自己的财政收入和开支做预算，那么罪犯也强行取得自己牌号的强制性保护费，政府发行欺骗性货币，即法定货币，罪犯则可以制造假币。应当明白的是，在人类行为学看来，税收、通货膨胀与抢劫、制造假币的性质和后果，并没有多大区别。它们都是市场上的强制性干涉行为，都是牺牲其他人的利益为代价使一部分人受益……因此，政府和犯罪团伙之间就只有程度的差异，没有性质的区别，而且二者常常可以互相转换。"[1] 虽然这种说法有点夸张，但是也道出了税收的恶性。另外，税收虽然是购买公共产品的代价，但是公共产品的特性决定着这是一种不对等的代价。个人缴多少税并不意味着就能获得多少回报，付出与所得并非一一对应。在现实生活中，基本上没有人乐意缴税，而且容易发生逃税、漏税等现象。因此，税收的实现不仅需要公共权力制定合理的税收制度，而且需要公共权力保障税收制度的有效实施。总之，只有公共权力的存在，才能使民众缴税成为一种法定的义务，才能实现税收征收与公共产品的提供。

第三节　税收国家与现代国家建构

税收在逐渐成为国家主要财政收入的过程中，使传统国家发生根本性变化，从而使其从传统走向现代。鉴于税收在现代国家建构中的重要作用，学者们又把现代国家称为税收国家。税收国家这一概念并不是税收与国家的简单相加，而是有其特定的内涵。税收国家与现代国家相伴而生，税收国家的形成既可以被视作现代国家形成的原因，也可以被视作现代国家兴起的标志和结果。熊彼特认为租税国家与现代国家同时诞生并共同发展。

一、税收国家的概念

税收国家这一命题是奥地利学者鲁道夫·葛德雪（Rudolf Goldscheid）在1917年发表的《国家资本主义或国家社会主义》中首次提出的。他在文中指出：财政是一国经济基础，在国家和社会发展中起着决定性的作用。在传统国家向

---

① ［美］穆雷·罗斯巴德. 自由的伦理 [M]. 吕炳斌，等译. 上海：复旦大学出版社，2008：221.

现代国家转型过程中，国家财政起着根本性作用。在中世纪晚期，君主们由于领地财产收入不够使用或者君主逐渐失去了领地财产，不得不向臣民征税，于是不得不受纳税人的制约，从而使传统国家经历了一个从公产国家向赋税国家转变的历史过程。

鲁道夫·葛德雪提出的"税收国家"受到学术界的关注与回应。1918 年，德国财政学家约瑟夫·熊彼特（Joseph A.Schumpeter）在《税收国家的危机》一书中对税收国家的起源、本质和界限进行了系统阐述。他指出，税收国家起源于现代税收。现代税收的本质属性是"公共对价性"和"非营利性"。现代税收的本质属性决定了税收国家的基本职能是提供公共产品，实现公共利益。而税收国家的这一职能推动了现代国家的建立。税收国家的界限是税收必须用于公共目的，否则税收国家就没有存在的可能。鉴于现代税收与现代国家之间存在着紧密的联系，因此也可以把现代国家直接称为"税收国家"。可以看出，约瑟夫·熊彼特是从税收的本质属性以及税收对现代国家形成的重大意义的角度把现代国家称为税收国家，并没有直接定义税收国家。

德国学者约瑟夫·伊森斯（Josef Isensee）认为，税收是现代国家主权范围内的事情，是其主权的象征，税收国家是现代国家的基本特征。同样，约瑟夫·伊森斯也是从税收的本质特殊出发去审视税收国家，没有直接定义税收国家。日本税法学家北野弘久认为税收国家是"国家自己不必取得公有财产或经济公营事业，财产与营业得以完全私有，国民之纳税义务本质上是其营业自由与职业自由之对价。没有纳税义务，就不可能有经济自由"[1]。我国台湾著名学者葛克昌指出，"所谓租税国，乃相对于所有权者国家、企业者国家而言，是指以租税为国家主要收入的国家。在租税国家中，课税不但是国家收入之合法形态，也是唯一之合法形态。除非公用事业及其他独占性企业，国家原则上不得从事营利活动；非有特殊法律的依据，非租税之其他公课，不得成立"[2]。

以上两位学者已经不再把税收国家理解为税收 + 国家，而是把税收国家看作一个词语并对其进行了定义，但是如果按照他们的定义，我国现在以公有制

---

① 葛克昌.国家学与国家法——社会国、租税国与法治国的理念 [M]. 台北：月旦出版社股份有限公司，1996：145–148.

② 同上。

为主体、多种所有制并存的条件下，能否建立税收国家？北京大学刘剑文教授以国家产生的历史源流以及当前市场经济下的税收国家形态为视角，提出国家征税权以财产权的行使、财产的增值为存在前提，以提供公共产品来保障私人财产权为存在理由。[①] 刘剑文虽然也没有直接定义税收国家，但是揭示了税收国家中税权的基本特性。

鉴于以上对税收国家概念的梳理，笔者也尝试着对税收国家给予定义。税收国家是指在产权明晰的条件下，国家不以直接占有生产资料来获得财政收入，而以税收为国家财政收入的主要来源，以通过提供公共产品来满足社会公共需要为主要职能，以保障人民权益为终极目标的国家。

二、税收国家的判断标准

税收国家与现代国家同步产生，是现代国家的象征。在税收国家中，税收是国家的中心内容，国家的全部活动都围绕税收展开。

（一）国家征税权与财产权相分离

租税国家乃以国家、社会二元化为前提。在税收国家，国家是"无产者"，国家必须通过征税权的行使把私人财产转为税收，从而为国家职能的实现提供物质基础；私人掌管着财产权，税收成为公民权利得到保障的物质前提，公民只有依法缴纳税金才能保障各种权利实现。私有财产权是公民最基本的权利，是公民其他权利实现的基础。而国家征税权是维系国家存在、实现国家职能的基础，是国家的"生存权"。国家征税权与财产权相分离，国家为维持其存续和运作，必须通过税收形式使社会财富从私人领域向公共领域转移，公民的税收同意事关国家能否获得税收，这就使得国家权力与公民权利之间具有了平等对话的可能。此外，国家征税权和财产权相分离，国家承认私人财产权，国家产权明晰，不同利益主体能在市场中平等、公平地竞争，有利于增强市场经济的活力，提高社会生产力，从而增加社会财富，进而增加国家的税收。

---

① 刘剑文. 重塑半壁财产法——财税法的新思维 [M]. 北京：法律出版社，2009：38-41.

（二）税权成为国家最重要的权力之一

正如霍布斯所言，"某些权力……主权者都可以转让而仍然不失去其保卫臣民的权力，但他如果将国民军交出去，保留司法权就没有用了，因为法律将没法执行；要是他把征税权让出去，保留国民军也就是空话；要是把统治学理的权利让出去，人们就会由于恐惧幽灵鬼怪而发生叛乱"[①]。税权是国家公共权力中的基础性权力，是国家主权的重要内容与体现，是现代国家存在和发展的重要条件和职能实现的重要手段。换言之，税权既是国家把私人财产转化为公共财产，然后把公共财产转为公共产品的权力，也是国家实现分配正义、经济宏观调控的工具。详言之，国家通过征税权的行使，一方面可以获得国家机构运转的物质财物以及提供公共产品的财力，进而实现公共产品的有效供给；另一方面通过制定合理的税收增加、减免政策，建立合理的税收制度，使社会财富分配朝着国家所希望的社会目标和经济目标方向转变。以凯恩斯为代表的财政学派曾指出，"如果个人之储蓄动机，确受其对未来收益所做预期之影响，则影响个人之储蓄者，除利率以外，还有政府之财政政策。所得税（尤其是歧视'不劳而获'之所得者）、资本利润税、遗产税，都和利率一样，与储蓄有关。而且在一般人的心目中，财政政策之可能变动范围，至少要比利率大。（故而）如果政府故意用财政政策，作为平均所得分配的工具，则财政政策对消费倾向的影响（较之利率政策）自然更大"[②]。"国家必须改变租税体系、限定利率以及其他方法，指导消费倾向。"[③]无独有偶。在当代，作为凯恩斯主义的反对者——供给学派同样要求国家运用税权来调控经济。他们提出了拉弗曲线理论，建议国家通过减税来刺激经济增长。在拉弗曲线理论的指导下，世界上许多国家挥动着手中的税权，实施了以减税政策促进经济发展的宏观调控。正因为如此，税权已经成为影响国家、社会、经济的发展重要权力。

---

① [英]霍布斯.利维坦[M].黎思复，等译.北京：商务印书馆，1985：139.

② [英]凯恩斯.就业、利息和货币通论[M].徐毓栴，译.北京：商务印书馆，1983：85.

③ [英]凯恩斯.就业、利息和货币通论[M].徐毓栴，译.北京：商务印书馆，1983：325.

（三）税收是国家财政收入的主要来源

在税收国家中，国家依赖税收而存在，税收是国家职能实现的物质基础。事实上，现代国家基本上都是税收国家。"税收收入基本上都已占到了国家财政收入的 85% 以上，有的国家甚至已经达到了 95%。因此，可以说，随着税收收入在国家财政收入中所占比重的大幅度增加，税收已经成为国家财政最主要的经济来源。"[①]在现代国家，虽然国家获取财政收入的途径比较多，如收费、信贷、通货膨胀、直接占有财产收入等，但税收是最好的财政收入形式，它具有收入来源较广，收入来源较持久与稳定，收入风险相对较小，定期性、规律性等特点。一个国家只要制定合理的税收制度，努力培养税源，税收就应该能够满足国家财政的需要。税收已成为现代国家最主要的财政来源和国家向社会提供公共产品的经济保障。

（四）税收制度是国家最重要的制度之一

第一，税收制度属于国家政治制度范畴。税收制度是国家重要的政治制度，是国家税权的具体体现，是一国独立自主行使国家主权最重要的内容。第二，税收制度属于国家经济制度范畴。税收制度是国家重要的经济制度，不仅是国家获得财政收入的基本依据，还是国家实现经济宏观调控的重要杠杆。第三，税收制度属于国家法律制度范畴。税收制度是一国宪法与法律的组成部分，税收制度依据税收法定而产生，公民依法纳税，国家机关依法征税和用税，是国家强制力的重要体现，也是公民权利的重要保障。

（五）税收活动是国家最重要活动之一

在税收国家，国家财政收入主要来自税收，税的征收与使用是国家的基本职能。税的征收是国家通过强制力将社会剩余产品由私人部门向社会公共部门转移，实现社会资源的再次分配活动，此活动涉及私人部门的经济生产活动能否再正常进行，社会资源分配是否公正。税收的使用是国家通过公共权力购买公共产品和公共服务的活动，关系国家政权机构能否正常运转，公民权利能否有效保障问题。因此，税收活动就不是一项简单的经济活动，税收活动涉及经

---

① 王鸿貌. 从税收国家到预算国家的理论发展与制度转型 [J]. 法治论坛，2008（3）.

济发展、社会分配正义、国家政权的维系、社会秩序的稳定、公民权利保障等各项重要内容。

（六）税收成为国家与社会互动的最重要工具

在税收国家中，国家和社会因为税收问题开始了频繁的互动。国家通过对税金的征收，不仅保障了其日益增长的财政需求，而且使其公共权力渗透到私人部门中并不断加大对私人部门的控制，实现了吉登斯所谓的"反思性监控"。国家因为税收的使用，开始对社会进行全方面管理，开始建立了政府预算体系，甚至因为税收推动整个政治制度的改革。纳税人因为巨大的税收负担，开始关注国家税收征收和税收使用等各种活动从而成为现代公民。

三、税收国家对于现代国家建构的意义

税收国家既是现代国家产生的基础，也是现代国家的内容和象征。可以说，不存在非税收国家的现代国家。具体而言如下：

（一）税收国家为现代国家提供了存在的理由

西欧国家在传统时期，国王没有普遍征税权，国君只能靠自己的领土生活。国君虽然代表着国家，但是其财力有限。国家既没有稳定的军队，也没有现代官僚机构。国家权力有限，导致国家职能有限，国家与封建领主之间关系比较松散，出现"国王封臣的封臣不属于国王"的局面。国家权力不能渗透到社会的每一个角落，国家对社会的影响也是有限的。因此，国家存在的理由是非理性的、虚幻的，如君权神授等。现代国家以税收为国家财政收入的主要来源，是税收国家。税收是私人合法财产的转化，因此税收成为国家与公民之间的纽带。税收国家使纳税人的税负繁重，增强了纳税人的税痛感，促使纳税人反思：为什么缴税？国家征税的理由是什么？人民之所以交税，国家之所以拥有征税权，是因为民众有实实在在的利益需求，是因为民众还有个人无法自我实现的满足利益需要，需要国家提供公共产品，税收国家的存在奠定了国家存在的理性理由。

英国埃德蒙·柏克（Edmund Burke）就曾指出"国家的收入也就是国家"[1]。社会契约论者霍布斯、洛克等认为，国家存在是为了更好地保障人的权利，为了保障权利，人民必须转让自己部分权利给国家。其中霍布斯就明确指出，"一个人转让任何权利时，就是将他权利范围内的享受权利的手段转让了。……将政府主权给予他人的人就是让他有权征税养兵、设官司法"[2]，并引用人们熟悉的宗教内容来证明其观点的正确，"我们的救主本身在这样一句话中也承认人们应当缴纳国王所征课的赋税：'该撒（恺撒）的物当归给该撒'，并且他自己就缴付了这种税"[3]。霍布斯还引用了马太福音中的一个宗教故事，"注释：据《马太福音》记载，耶稣被捕后，法利赛人在罗马巡抚皮拉多面前说耶稣只服从天上的王，不服从人间的王，有异志。于是便问他是否主张纳税，想问出否定的答复来证明耶稣有野心。耶稣叫人取一个钱币来，指着上面恺撒的像做了文中的答复，以委婉的方式回答了这一问题。"通过这一宗教故事，霍布斯想告诉民众，缴纳税金意味着人们需要国家的存在。因此，"国家的主要任务在于提供安全与公正，故首先须建立起无对价之租税体系，以取得财源；然后再建立起法律体系，以规范及保障人民的资源分配及权利义务关系"[4]。

不仅如此，税收价格论者维克赛尔以及格伦采尔等学者也认为，税收是实现国家提供公共产品的价格。公共产品具有效用不可分割性、受益的非排他性、消费的非竞争性等特征。[5] 公共产品的特殊性决定了市场不愿意提供或者市场由于缺陷而不能提供，因此需要凌驾于社会之上的国家来提供。詹姆斯·M. 布坎南更是明确指出："税收是国家的一种强制性工具；有价值的资源或购买权从民众手中转移到国家。除了一小部分无政府主义者外，我们大多数人都承认这是国家存在的必要条件，而且最好由政府来提供某些物品和服务。这些物品和服务需要资金支持，这就需要某种形式的税收。如果国家有能力提供这些公共物品和服务，那么国民经济体系之中某些人或团体就必须放弃资源和价值的

① [英]埃德蒙·柏克.法国革命论[M].何兆武，许振洲，彭刚，译.北京：商务印书馆，1998：292.

② [英]霍布斯.利维坦[M].黎思复，等译.北京：商务印书馆，1985：104.

③ [英]霍布斯.利维坦[M].黎思复，等译.北京：商务印书馆，1985：160.

④ 葛克昌.税法基本问题[M].台北：月旦出版社股份有限公司，1996：11.

⑤ See Paul. Samuelson. Economics [M]. New York. McGraw-Hill Book Co，1976: 438–439.

私人要求。"①

总之，人们为了满足自己公共产品的需求，需要缴纳税金给国家。税收就成为公民获得公共产品的对价。国家通过税收，为民众提供生存和发展所需要的公共产品，实现税收的"整体性报偿"，进而为现代国家的存在提供了合理性以及可能性。"国家权力不过是国家以税收等形式从社会提取的物质财富的转化形式。公民权利和国家权力都必须以物质财富为存在基础和实现保障，课税权乃成为现代国家主权之主要表征。"②

（二）税收国家为现代国家的存在提供了强有力的物质基础

税收不是从来就有的，税收是国家的产物，有税收存在就有国家存在，但是有国家存在并不一定就有税收存在。历史上有国家存在而无税收存在的现象，或者说有国家存在但是税收不是其主要财政收入的时期。一个国家有税收不等于就以其为财政基础。国家财政基础可能是多种形式的，比如可以是因占有主要生产资料而直接生产和经营带来的财富。税收国家是指税收为国家财政收入的主要来源。在税收国家形态下，国家以税收的形式参与社会剩余产品的分配与再分配，"国家自己不必取得公有财权或经营公共公营事业，财产与营业得以完全私有，国民之纳税义务实质是营业自由与职业自由之对价，没有纳税义务，就不可能有经济自由"③。

税收国家之所以能长久且稳定地支持国家抽取强大的税收，是因为税收国家以承认私有合法财产、产权明晰为前提，判断一个国家是不是税收国家的重要标准，就是看其是否在自由经济的框架内持运转，或者说，市场经济是税收国家的根本。而市场经济是一种追求效率、以实现社会财富积累最大化为目的的经济形式。在市场经济下，国家承认市场主体的合法财产权利，各利益主体能够展开公平的市场竞争，国家不得以任何理由侵犯个体的自由选择权利。国家的职能主要是制定法律，维护市场秩序、提供有限的公共服务，从而有效维

---

① ［美］詹姆斯·布坎南.制度契约与自由：政治经济学家的视角[M].王金良，译.北京：中国社会科学出版社，2013：190.

② 葛克昌.租税国——宪法之国体[C]// 经社法制论丛，1989，1（4）.

③ ［日］金子宏.日本税法原理[M].刘多田，等译.北京：中国财政经济出版社，1989：48.

护市场经济成长的环境。对国家而言，追求帕累托效率为政府干预市场的目标和政府行为的边界，一旦达到了政府预期的效率目标，政府就不能继续干预市场结果。在这种经济形式下，社会能够最大可能地创造剩余价值，从而为国家实现税收的最大化提供了物质基础。因此，税收国家是能有效保证现代国家财政收入的一种财政汲取模式。

马克思在《1948年至1850年的法兰西阶级斗争》一文中谈道："赋税是喂养政府的奶娘。"[①] 他在《道德化的批判和批判化的道德》中指出，"国家存在的经济体现就是捐税"。[②] 他在《哥达纲领批判》中明确指出，"赋税是政府机器的经济基础，而不是其他任何东西"[③]；马克思在《路易·波拿巴的雾月十八日》中论述道："赋税是官僚、军队、教士和宫廷的生活源泉，一句话，它是行政权力整个机构的生活源泉。强有力的政府和繁重的赋税是同一个概念。"[④] 马克思对税收的评价是基于国家已经是税收国家的现实。如果一个国家的财政收入不主要依靠税收，不能得出如此结论。

（三）税收国家促使现代国家的价值归宿为公民权利之保障

税收是公民私人财产的让渡，人民之所以让渡自己的财产，是希望更好地保障个人权利。"租税不仅系负担，同时也是经济自由和职业自由之保证。"[⑤] 社会契约论霍布斯认为，在国家产生之前，人生活于自然状态，在自然状态下人与人之间的关系犹如狼与狼之间的关系，人们生活在丛林法则之下。人的理性告诉人们，这不应该是人的生活状态，于是相互定义契约，让渡自己权利（财产权）来组建国家来保障人的权利。国家是"用一个定义来说，这就是一大群人相互订立信约、每个人都对它的行为授权，以便使它能按其认为有利于大家的和平与共同防卫的方式运用全体的力量和手段的一个人格"[⑥]。国家产生之

---

① 马克思恩格斯选集：第1卷 [M]. 北京：人民出版社 1972：470.

② 马克思恩格斯选集：第1卷 [M]. 北京：人民出版社 1972：181.

③ 马克思恩格斯选集：第3卷 [M]. 北京：人民出版社 1972：22.

④ 马克思恩格斯选集：第1卷 [M]. 北京：人民出版社，1972：97.

⑤ 葛克昌. 国家学与国家法——社会国、租税国与法治国的理念 [M]. 台北：月旦出版社股份有限公司，1996：145–148.

⑥ [英] 霍布斯. 利维坦 [M]. 黎思复，等译. 北京：商务印书馆，1985：132.

后，为维持国家的运转需要税收。"一个人转让任何权利时，就是将他权利范围内的享受权利的手段转让了。……将政府主权给予他人的人就是让他有权征税养兵、设官司法。"①

社会契约论者洛克也提出，人生而具有生命权、生产权、财产权等权利。在国家产生之前，人们生活于自然状态中，自然状态是个美好的社会，但是因为人性的恶，还是有些不足之处，为了更好地保护好自己的权利，需要相互订立契约，组建国家，把自己的部分权利让渡给政府。"政府没有巨大的经费就不能维持，凡享受保护的人都应该从他的产业中支出他的一份来维持政府。"②蒂芬·霍尔姆斯和凯斯·R.桑斯坦认为税收是"权利的成本"，权利的保障依赖税收。权利依赖税收，对每个民众而言，"天赋"的权利需要通过缴税才能更好地保障和实现。"无论从道德上理解的公民权利应该有多少，我们实际能够获得的权利全部与政府有关。"③

罗尔斯则认为，在现代国家，税收有利于调节权利与权利之间的关系，实现分配正义。罗尔斯认为，国家税收部门属于分配部门，"其任务是通过税收和对财产权的必要调整来维持分配份额的一种恰当正义"。"这些征税（指遗产税与馈赠税——作者注）和调节的目的不是要提高财政收入（把资金让与政府），而是逐渐地、持续地纠正财富分配中的错误并避免有害于政治自由的公平价值和机会公正平等的权力集中。"④罗尔斯指出，"分配部门的第二方面是一个用来提高正义所要求的财政收入的税收体系。社会资源必须让与政府，这样政府可以为公共利益提供资金，并支付满足差别原则所必需的转让款目"⑤。在罗尔斯看来，作为国家收入的重要来源，税收不仅是国家存在的物质基础，而且成为国家进行社会财富调控、实现分配正义的基本工具，税收有利于正义

① [英]霍布斯.利维坦[M].黎思复，等译.北京：商务印书馆，1985：104.

② [英]约翰·洛克.政府论：下册[M].叶启芳，等译.北京：商务印书馆，1964：88.

③ [美]史蒂芬·霍尔姆斯·凯斯·桑斯坦.权利的成本——为什么自由依赖于税[M].毕竞悦，译.北京：北京大学出版社，2004：1-3.

④ [美]约翰·罗尔斯.正义论[M].何怀宏，何包钢，廖申白，译.北京：中国社会科学出版社，1988：278.

⑤ [美]约翰·罗尔斯.正义论[M].何怀宏，何包钢，廖申白，译.北京：中国社会科学出版社，1988：279.

二原则的实现。"人民依正义观念所要求于国家者,不仅消极之保境安民,更进而为积极之作为,要求国家扶助社会弱者,平均社会财富、建立社会福利制度,维持经济繁荣,以促进全民之自由幸福。"[1]

另外,国家通过税收对弱者或穷人给予社会福利,保障公民的社会权利,矫正社会分配不公;国家可以借助所得税中的起征点、免征额、所得扣除、累进税率的制度、遗产税、财产税等税种设计来调节收入差距,防止社会贫富差距过大的现象。

总之,在税收国家状态下,税收的存在才使得国家有可能更好地保障公民身份中的基础性权利、政治权利、社会权利的实现。税收国家有利于"取众人之财,办众人之事情"。而在非税收国家形态下,国家依靠自己生存,也就没有责任、没有能力来有效保障公民的权利。"权利要想真正成为可供享有和实施的权利,就必须有一个强有力的政府,一个具有税收能力和提供救济的政府,作为一个一般规则,不幸的个人如果不是生活在税收能力和能够提供有效救济的政府下,他就没有法律权利可言。"[2] 国家不仅是为了维持其基本的存在而征税,还为了更好地提供公共产品,保障人民权利而征税,正如熊彼特所言: "一旦国家成为一种现实,成为一种社会机构,一旦国家成为那些操纵政府机器人的中心,成为那些兴趣集中在国家机器之上的人们的中心,最后一旦连那些与国家对峙的个人也认为国家适用于许多事情——一旦一切都发生了,国家也就会有进一步的发展,而且很快就会成为一种其性质无法再纯粹从财政的角度加以理解的东西,而财政将成为他服务的工具。如果财政创造了现代国家,那么现代国家则要从自己的角度去塑造财政,扩充财政的职能——并深深渗入到私有经济的肌体中去。"[3] 传统国家的财政汲取方式从家财型转为税收型,不仅促使现代国家产生,而且促使现代国家的价值归宿限定为保障公民权利。换言之,财政来自民众的合法财产权的转让,就得以保障民众财产权以及全部的权利为价值归宿。

---

① 陈敏.宪法之租税概念及其课征限制[J].(台湾)政大法律评论,1981:39-49.

② [美]史蒂芬·霍尔姆斯,凯斯·桑斯坦.权利的成本——为什么自由依赖于税[M].毕竞悦,译.北京:北京大学出版社,2004:6.

③ Schumpeter J. The Crisis of the Tax State, in Swedberg, R. Ed. The Economics and Sociology of Capitalism[M]. Princeton.Princeton University Press, 1991.

四、本章小结

传统国家是家财型财政国家，国王依靠自己土地财产和特权而生活。在这种状态下，不利于国家统一权威的形成，不利于公民权利的保障。随着商品经济的发展、新兴阶级的产生、传统国家结构逐渐解体，国家可以不再依赖土地收入，而逐渐转为依赖税收。而国家财政一旦转为税收型财政，则使其发生全面的、深刻变革。第一，税收型财政使传统国家成为主权统一的国家。随着国家财政逐渐转为税收型财政，国王的实力也就越来越强，于是逐渐摆脱了封建经济的依赖，从而使封建经济逐渐解体，封建制逐渐被推翻了。第二，随着国家财政逐渐转为税收型财政和国家实力的增强，国家政治权力可以直接渗透到全国每一个角落，国家与国民逐渐取得了直接的联系，国民也就逐渐产生了国家的观念，国家也就成为了统一主权的国家。第三，随着国家财政逐渐转为税收性财政，国家逐渐建立起现代理性化、科学化的官僚机构。第四，随着国家财政逐渐转为税收型财政、国家财政汲取能力的增强以及国家建立常备军的建立，国家的自主性也就增强了，国家职能也就能得到扩张与增强。第五，伴随国家普遍征税权的拥有，民众的税收负担越来越重，税权归属问题被民众提出来。在税权的归属争夺中，人民建构了现代国家政治制度。总之，税收型财政除了为国家存在提供了物质基础之外，还是现代国家形成的动力。税收在成为国家主要财政收入的过程中，推动着国家军队、官僚机构不断地发展，而且随着税收的所占比例越来越大，对传统国家的毁灭性也就越来越大，最后使传统国家发生质的变化，使传统国家逐渐转为现代国家。正如熊彼特所言："税收不仅帮助建立国家，它还形塑着国家。税收体系是其他国家机器的催化器。税单在手，国家就可以渗透私人经济，不断扩大对它们的支配权。税收将金钱和算计精神带到它们以往从来未驻足的角落，从而形成国家器官的一个结构性因素。社会结构决定税收的类型和水平，但一旦税收开始存在，它们就好像一个把手，社会权力可以通过它来改变社会结构。"[1] 因此税收型财政形塑现代国家，鉴于其对现代国家具有的决定性意义，因此现代国家又称为税收国家。由此可知，财政变迁是现代国家转型的直接推动力，将使国家发生质的变化。"历史上，

---

[1]　Schumpeter J. The Crisis of the Tax State[M]// Swedberg R, Ed. The Economics and Sociology of Capitalism. Princeton: Princeton University Press, 1991.

从来没有哪个方面……像国家财政那样对大众命运具有如此大的决定性。在财政史中，我们可以最清晰观察到各国脉搏的跳动，可以看到一切社会悲剧的根源。"① 因此，一国要从传统国家走向现代国家，需要从传统家财型财政国家转为税收国家。税收国家对于现代国家而言意义重大，它不仅是现代国家的前提和基础，也是现代国家存在的理由。现代国家必须是税收国家。税收国家的存在使得现代国家的价值归宿是保障公民权利。

① Gold scheid R. A Sociological Approach to Problems of Public Finance[M]// Classics in the Theory of Public Finance. New York: Martin's Press, 1994.

第二章　现代税收制度：现代国家的题中应有之义

在税收国家中，税收成为国家财政收入的主要来源，国家依赖税收。税收是纳税人合法财产的转让，是纳税人购买公共产品的代价。伴随国家成为税收国家，国家普遍拥有征税权，现代税收制度提上议事日程。

第一节　现代税收制度的科学内涵

在税收国家，税权是国家的基本权力，是主权的象征。税收权力天生具有侵犯性，为防止税收权力过度侵害纳税人财产权，使税收用来保障纳税人权利，需要现代税收制度。那么何谓现代税收制度？

一、何谓现代税收制度

笔者认为，现代税收制度是指在产权明晰的前提下，税收经人民同意，国家的税收权力属于人民、人民依靠宪法与法律的规定，通过各种途径和形式参与国家税收事务管理的现代国家制度。

就现代税收制度的本质而言，就是税收事务必须经人民同意。详言之，税收事务由人民决定，人民在税收事务上不仅有投票权，而且有广泛的参与权，且税收是用来提供公共产品、用来保障人民权利的实现、用来满足人民美好幸福生活的需要，那就是现代税收制度；相反，如果人民在税收事务上不能当家作主，没有广泛的投票权和参与权，如果征收的税收不用于提供公共产品，不用来保障人民的权利实现、不用来保障人民幸福生活的需要，那就不是现代税收制度。现代税收制度包含两个因素：一是税收事务需要经人民同意，二是税收保障人民权利，即税收人民同不同意，人民答不答应，人民满不满意。现代税收制度首先意味着国家要不要征税、向谁征税、征什么税、征多少税、怎样征税等税收事务由人民来决定，税收事务必须经过人民同意。其次意味着税收使用方向必须由人民规定。现代税收制度一定包含税收使用问题，即税收使用经人民同意，以保障税收使用方向与人民的价值取向相吻合，保障税收的使用获得人民的满意。"除非人们能够从政府征到的税款支付的产品和服务中得到某些收益……谁也不会赞成征税。"[1] "如果对收入的用途没有约束，收入就变得等同于政府决策者的私人收入。"[2]

就现代税收制度的实践过程（经验层面）来看，现代税收制度是历史的、具体的、发展的，各国现代税收制度根植于其历史文化传统，是由其本国人民不断探索、创造的，各国追求现代税收制度的道路不同，现代税收制度的形态会有不同。总体而言，现代税收制度形成了税收征收与使用经议会同意，以及税收权力分立、政府预算、税收法治，税收事务公民直接参与等支撑形式。即人民依据规范的程序自由选举代表组成代议机构，行使税收同意权，制定税收法律，进行税收使用之监督。税收经议会同意始终存在代表同意与人民一致同意的差距，多数同意与少数人同意的冲突。为防止多数人侵犯少数人，防止代表同意背离人民同意，以及使税收用之于民，现代税收制度还需要税收权力分立、税收法治、税收事务直接参与作为支撑与保障。

二、现代税收制度的制度支撑

一个国家是否是现代税收制度国家，并不是由政治家自己宣称，而必须根据实际的制度来确定。现代税收制度不仅仅抽象地规定了税收事务人民当家作主，税收人民同意，还需要具体的制度安排以保障税权真正落实到人民，使纳税人能真正掌握税收权力，管理税收事务。

（一）税收议会同意

现代国家一般是民族国家，疆域广阔，纳税人口数量巨大，要让全体纳税人直接参与国家税收事务管理，制定税收制度基本上不大可能。那如何才能使现代税收制度成为可能？现代国家通常采用间接的办法——代议制，即纳税人

---

[1] [美]詹姆斯·布坎南，[澳]布伦南. 宪政经济学 [M]. 冯克利，秋风，等译. 北京：中国社会科学出版社，2012：47.

[2] [美]詹姆斯·布坎南，[澳]布伦南. 宪政经济学 [M]. 冯克利，秋风，等译. 北京：中国社会科学出版社，2012：31.

选举产生代表，由代表组成的代议机关行使国家税收权力，管理国家税收事务。换言之，纳税人通过选举产生自己的代理人，由代理人代替自己行使税收权力。因此，选举是现代税收制度的重要内容，选举制度是实现现代税收制度的重要制度保障。

1. 纳税人选举制度

税收来自人民私人财产的让渡，国家征税与用税应该经人民同意。"因为如果任何人凭着自己的权势，主张有权向人民征课赋税而无须取得人民的那种同意，他就侵犯了有关财产权的基本规定，破坏了政府的目的。"[1] 现代国家人口众多、领土辽阔，税收经人民同意的主要途径就是人民选举代表组成代议机关，代表人民行使税收权力，形成于类似委托——代理关系。"能够充分满足社会所要求的唯一政府是全体人民参加的政府。……但是，既然在面积和人口超过一个小市镇的社会里，除了公共事务的某些极次要的部分，所有的人亲自参加公共事务是不可能的，从而就可以得出结论说，一个完善的政府理想类型一定是代议制政府了。"[2] 因此，选举是税收人民同意的重要内容。

选举是纳税人的权利。每个纳税者都应有选举权，都有资格通过选举选出自己的利益代表，代表自己行使税收权力，从而更好地维护自己的权利。相反，在税收国家，无纳税者无选举权。英国著名政治家 J.S. 密尔强调："长期不缴税，以致不可能是出于疏忽时，在继续不缴税期间应取消选举资格。这些排除在其性质上并不是永久的。它们要求的只是一切人——如果他们愿意的话——都能够或都应当能够履行的条件。它们让所有处在通常情况下的人都可得到选举权。如果有什么人必须放弃选举权的话，他不是不够关心去做为了选举权必须做的事情，就是处在一般的消沉和落魄的状况，在这种状况下，再增加一点点对别人的安全说来是必要的限制，将不会被他感觉到，而在他摆脱这种状况后，这一低人一等的标志将随同消失。"[3] 选举指向谁有资格代表人民行使税收权力，而税收权力的行使关涉私人财产如何转为公共产品，公共产品如何合理支配的问题，即涉及个人财产权以及所有权利保障问题。"同样重要的是，表决全国

---

① [英]约翰·洛克. 政府论：下册 [M]. 叶启芳，等译. 北京：商务印书馆，1964：88.

② [英]密尔. 代议制政府 [M]. 汪瑄，译. 北京：商务印书馆，1982：52.

③ [英]密尔. 代议制政府 [M]. 汪瑄，译. 北京：商务印书馆，1982：129.

或地方税的议会，应专由对所加的税做某些支付的人选出。不缴税的人，通过他们的投票处置他人的财产，就很有可能造成浪费而不会想到节省。就财产问题而论，他们保有任何投票权都是违反自由政府的根本原则的；这是将控制权力同权力的有益的行使方面的利害关系截然分开的做法。这等于允许他们为了他们认为适合于称为公共目的的任何目的而把他们的手伸进他人的口袋。"①

选举是制度化的、系统化的税权委托行为。在现代国家，纳税人的选举并不是随意的、偶然的、无序的行为，而是制度化的、规范化的行为。纳税人选举主要由以下几个因素构成：选举必须是定期公开、公正、公平、自由的选举；选举方式是纳税人通过投票来选举自己的权力行使的代理人；候选人差额竞争；选举的机制是一人一票，自由选举，最后按照少数服从多数原则选出代表。通过这种规范化的选举，纳税才可能成功地把税收权力委托或让渡给代理人。另外，通过选举，纳税人才能成功地更换自己的代言人，使自己享有税收权力最终控制权，使税收权力牢牢掌握在人们手中，防止税收权力变异和腐化。"代议制政体就是，全体人民或一大部分人民通过由他们定期选出的代表行使最后的控制权，这种权力在每一种政体都必须存在于某个地方。他们必须完全握有这个最后的权力。无论什么时候只要他们高兴，他们就是支配政府一切行动的主人。"② 在现代国家，纳税人选举已经成为政府更新的机制，国家代议机关甚至行政首脑都是由纳税人通过定期的、常态化的选举来不断地更新。

2. 议会行使税收立法权

税收议会同意是指议会代表纳税人行使税收权力，有权对国家税收事务做出决策，以及国家一切征税活动都受到议会的监督和控制。议会税收同意反映了人民在税收活动中的主体地位和主动性。税收议会同意的核心内容之一是议会拥有税收立法权。税收立法权是指制定税收法律的权力，这是现代税收制度的核心支持。税收立法权既然是现代税收制度的核心支持，应由全体人民同时掌握，但在实践中很难实施。正如孟德斯鸠所言，这在事实上是不可能的，在小国有许多不方便。全体公民聚在一起讨论问题是不现实的。最好的方法是，每个地方的公民选出一个代表来组成议会，由议会行使（税收）立法权。密尔

---

① [英]密尔.代议制政府[M].汪瑄，译.北京：商务印书馆，1982：127–128.

② [英]密尔.代议制政府[M].汪瑄，译.北京：商务印书馆，1982：65.

也认为，"理想上最好的政府形式就是主权或作为最后手段的最高支配权属于社会整个集体的那种政府；每个公民不仅对该最终的主权行使发言权，而且，至少是有时，被要求实际上参加政府，亲自担任某种地方的或一般的公共职务"①。而对于地域辽阔、人口众多的现代民族国家，要让所有的人都在政府中有发言权，甚至亲自参加公共事务的管理是不现实的，因此，一个相对理想的政府形式就是代议制政府，由议会代表人民行使税收立法权。议会拥有税收立法权，所有的税收法律都由议会按照特定程序制定，税收的基本要素要议会以法律加以规定。其他政府部门或组织不能与议会分享税收立法权，除非议会授权，而且授权范围也只能限于个别的和具体的事项。"如果行政者有决定国家税收的权力，而不只限于表示同意而已的话，自由就不再存在了，因为这样的行政权力就在立法最重要的关键上称为立法行政的权力了。如果立法权不是逐年议定国家的税收，而是一次地作成永久性的决定，立法权便将有丧失自由的危险，因为如果这样则行政权便将不再依赖立法权了。"②政府的任何征税活动必须经过议会的同意，政府机关或其他组织凡是未经立法机关授权而做出的任何有关税收问题的决议或规定一律无效。因为议会税收立法权"只是得之于人民的一种委托权利，享有这种权力的人就不能把它让给他人，只有人民才能通过组成立法机关和指定由谁来行使立法权"③。在现代国家建构中，英国、法国议会税收同意的斗争最初都是以争取税收立法权开始的，而美国在现代国家建构中，议会税收立法权的斗争已经发展到具体税种、税率、税基的立法斗争。

3. 议会预算权

在税收国家，议会税收同意除了税收立法权，还有预算权。预算权被人们形象地称为"钱袋权"或"管理国库的权力"，它是税权中非常重要的权力。正如汉密尔顿所言，"事实上，这种掌握国库的权力可以被认为是最完善和最有效的武器，任何宪法利用这种武器，就能把人民的直接代表武装起来，纠正一切偏差，实施一切正当有益的措施"④。议会预算权是指议会审查批准政府

---

① [英]密尔.代议制政府[M].汪瑄，译.北京：商务印书馆，1982：40.

② [法]孟德斯鸠.论法的精神：上册[M].张雁深，译.北京：商务印书馆，1961：164.

③ [英]约翰·洛克.政府论：下册[M].叶启芳，等译.北京：商务印书馆，1964：88.

④ [美]汉密尔顿，等.联邦党人文集[M].程逢如，等译.北京：商务印书馆，1980：297–298.

预算的权力和监督审查批准后的对政府预算执行的权力。简言之，议会预算权包括对政府预算的预算审批权与预算监督权。议会预算审批权是议会预算权的核心内容，预算监督权也是议会预算权的重要内容。议会预算监督权主要监督政府预算是否合理以及预算执行情况是否与预算审批相一致。"监督和控制政府：把政府行为公开出来，迫使其对人们认为有问题的一切行为作出充分的说明和辩解，谴责那些该受谴责的行为，并且在政府人员滥用职权或者有悖公共舆论之时，将其撤职并任命继任者。"① 为了使政府预算能有效执行，为了保障政府把税收用于提供公共产品与服务，监督政府之征税与税收使用是议会的重要权力。如果议会只有预算审批权，没有预算执行监督权，那么就给政府滥用预算权留下了空间，导致议会预算审批权形同虚设。

1690 年，英国议会成立了世界上第一个具有现代意义上的政府预算监督机构——公共账户委员会，其主要职责是负责审查政府以及各部门的财政支出情况。之后，政府预算监督机构在世界各现代国家中不断建立与完善，其中最具有代表性的国家是美国。20 世纪以来，美国国会建立了专门为国会预算监督服务的会计总署和国会预算局等机构，在账目监督系统和信息辅助系统方面投入了大量的人力、物力和财力，从而保证了国会获得与政府同等的税收信息占有权和使用权，改变了议会与政府之间信息不对称、税收监督不到位的情况。

政府预算包括预算收入与预算支出。在税收国家，税收是政府预算收入的主要来源，议会通常通过税收法律来控制政府收入，且税收法律具有稳定性、长久性特征而非同政府预算，一年一修订。政府税收收入是靠税收法律来保障的，而不是依据政府预算来取得，政府预算只是对一年政府收入的初步估计，对政府约束力不大。因此，政府预算的核心部分是预算支出即税收使用。预算支出是指税收收入如何分配的问题，其意义重大：它既涉及市场经济条件下政府活动的范围、方向和效能，影响着储蓄、消费、就业、物价等经济生活的方方面面，成为国家实现公共产品有效供给和社会正义的重要工具，又直接影响着现代国家的建构与政治的发展，体现和制约国家政治发展的水平。因此，对于政府预算支出需要议会严格地运用好预算权，"议会的权威来自它对政府征税和政府

---

① [英]密尔.代议制政府[M].汪瑄，译.北京：商务印书馆，1982：77.

开支的批准权以及批准权之前的审议权。"① 议会预算权的意义在于对政府税收收支，特别是税收支出进行控制与监督。鉴于此，有人把议会预算权称为议会预算支出权。

需要强调的是税收议会同意不等于税收人民同意。为了更好地保障纳税人权利，在制度安排上，除了税收议会同意外，必须有其他的制度支持，能使经验层面的现代税收制度尽量接近规范层面的现代税收制度。

（二）税权分立

代议制是现代税收制度需要依靠的重要内容。代议制主要解决权力的交接，使税权从纳税人手中转移到国家权力机关手中。即便如此，现代税收制度的制度安排并未结束。税收权力是国家权力的重要内容，是一国的国家主权范围内的事情，任何一个国家在处理本国国内税收事务的时候不受其他国家干涉，可以根据本国国情自行决定征税的对象、税目、税率等税收事务。同时，根据现代政府分权理论，税收权力和其他国家权力一样，需要在同级政府以及不同等级政府之间进行配置，即税收权力横向分配和纵向分配。就横向分配而言，是税权权力在同一级政府的不同部门之间的划分。通常而言，税收权力分为税收立法权、税收行政权、税收司法权。税收权力的纵向配置指的是税收权力在不同层级的政府之间的划分与配置，税权的纵向配置主要涉及中央与地方政府的税权配置问题，而确定地方税权是其核心内容。根据经济学的公共产品理论，公共产品可以根据其受益的范围大小分为全国性、跨地区性和地方性三个层次。为了保持公共产品的效率最大化，不同层次的公共产品应该由不同层级的政府来提供。中央政府主要负责全国性的公共产品的提供，而地方性的公共产品主要由地方政府根据每个地方的特殊的发展情况，以及纳税人的价值偏好有针对性地提供。

（三）政府预算：现代税收使用制度保障

税收征收与支出是国家实现财政收入职能和调控职能的工具。通过税收征缴与税收支出，国家可以筹集公共款项，提供公共产品；通过税收征收与税收支出，国家可实现经济调控，实现社会的分配正义，解决社会贫富差距过大而

---

① [美]阿瑟·库恩.英美法原理[M].陈朝璧，译.北京：法律出版社，2002：6.

导致社会的秩序混乱等问题。税收征收与税收支出关涉人们的财产权、生存权、发展权，因此现代税收制度除了税收征收要人民同意，税收使用也要如此。税收使用人民同意是人民对税收支出的去向和数量享有控制权和监督权。假如税收使用人民没有决定权，就不能保障税收用之于民。其一，如果纳税人对税收支出去向不加以规定，就无法保障税收用于提供社会公共产品，从而更好地保障公民权利的实现。其二，如果人民对税收支出数量没有进行控制，可能会促使国家职能不断扩大，国家机构不断膨胀，则会反过来促使政府加大对税收征收，导致纳税人负担过重，影响再生产，影响经济增长。因此，税收支出制度和税收征收制度一样的重要，是现代税收制度的另一端。可是在传统国家，国家收入来源往往多样化，统治阶级的私人财政和公共财政不分，这样就给民众财政幻觉，使民众不知哪些是纳税人缴纳的财富，哪些是统治者自己生产资料创造的财富，所以无法实现税收支出人民当家作主；另外，在传统国家，经济不发达，民众力量往往不够强大，统治者在与民众的较量中，民众经常处于弱势，因此税收的支出往往达不到税收应有的目的。

"如果在现在国家基础上不将租税的使用和征收统一进行法律性的研究，那么，法律就不能也无法维护人们的生活、人权这一天赋的使命。无论怎样从征收的角度去构造一个维护人们生活、人权的最精辟理论，只要在使用方面出现破坏人们生活人权的情形，那么对租税所做的一切研究都会因此而失去意义。所以必须把租税的使用和征收统一起来进行法律性的研究。"① 也就是说，税收使用是国家通过税收收入将集中起来的物质财富资金进行有计划的分配以满足社会公共需要的过程。只有满足公共需要的事务，国家才能给予资金支持；而凡是偏离公共物品的税收支出都是不合法的支出。"国家的税收是每位国民从其财产中交给国家的一部分，目的是确保其能够愉快地享受剩余财产。"② "为了运用一种恰当的方式来确定税收的数额，就需要考虑国家的需要以及国民的需要。人民的真正需要永远不能向国家的虚幻的需要让步。虚幻的需要来自情欲，来自统治者的弱点，来自特别项目的魅力，来自极自负的不健全的渴望，来自无法理解空想袭击的头脑萎缩。经常会出现这样的情形，拥有烦躁性格的大臣

① [日]北野弘久.税法学原论[M].陈刚，等译.北京：中国检察出版社，2001：12.
② [法]孟德斯鸠.论法的精神[M].张雁深，译.北京：商务印书馆，1961：88.

所想象的国家需要的是他们自己的渺小和卑鄙灵魂的需要。"①人民通过自由选举产生的代表来制定合理的税收法律以征税是现代税收制度，而如果获得税收之后的政府不能回应民意，不能依照民意提供好的公共产品和服务，不能使税收用之于民，那就是无效率的现代税收制度。税收使用的目标是实现税收支出的最高效率以及使税收支出与纳税人的需求相吻合，以便保障纳税人权利。

为了保障税收用于公共产品，现代国家都建立了政府预算制度。何谓预算？"预算是'在一个特定期限内为企业或者政府财政管理制定的计划，它由一个责任机构准备并向代议机构（或其他适时组成的机构）提交，计划实施前必须经由后者审议和授权'。"②质言之，政府预算是实现税收使用于公共产品的一种方式。在代议制的条件下，人民选举能代表其利益的代言人，这些代言人就税收支出问题进行辩论与表决，制定出国家预算，并由国家行政机关依此执行。预算是专业性较强的活动，而政府是国家事务的具体执行者，对国家事务的了解比较充分，掌握的信息比较全面，因此，为了提高国家预算的效率，一般国家预算由政府提出。预算虽然由政府制定，但是预算的最终权力属于代议机关，属于人民，议会具有审议和监督政府预算的权力。政府预算也就成为民众与政府之间一份契约。政府因需要提供公共产品而被授予了税收征缴权和税收使用权，而民众通过把税权授予政府而获得了政府提供的公共产品，因此政府必须就使用的具体情况做成报表，以便纳税人明白和有效监督其执行，防止政府滥用税权。"预算一直是政府最重要的决策过程之一。事实上，预算报表已经成为政府活动最重要的参考文件之一。透过过程，我们能清楚地看到：政策决策的结果，公共议程中各议题的优先秩序，政策项目的目标，政府在向社会提供服务及援助时所做的努力，以及公共部门的绩效、影响和总体效果。"③政府预算，可以使国家税收的汲取与税收的支出尽可能平衡，可以使国家提供的公共产品与社会成员的公共需求尽可能一致，还可以提高政府资源配置的效率，限制政

① [美] 查尔斯·亚当斯. 善与恶——税收在文明进程中的影响 [M]. 翟继光，译. 北京：中国政法大学出版社，2013：289.

② [美] 乔纳森·卡恩. 预算民主——美国的国家建设和公民权（1890—1928）[M]. 叶娟丽，等译. 上海：上海人民出版社，2008：59.

③ [美] 菲利普·库珀，等. 21世纪的公共行政：挑战与改革 [M]. 王巧玲，李文钊，译. 北京：中国人民大学出版社，2006：308.

府权力，防止税收支出的腐败，防止税收支出不用于民生，防止税收支出与民众的价值偏好不一致，使税收成为民生税收。"在民主制度中，预算是约束政府权力的手段，现代政府预算作为追求责任的工具，在其变革过程中，反复涉及两个问题，即对谁负责和为什么目的负责。"①

（四）税收法治

法治顾名思义是指国家依法而治理。"它是一种与人治相对立的治国方略或者法律秩序，它形式上要求具备'依法办事'的制度安排以及运行机制，实质上强调法律至上，制约权力，保障权利、程序公正、良法之治的法律精神与价值追求。"②法治是良法与善治的完美状态。正所谓"法律是治国之重器，良法是善治之前提"，又如亚里士多德曾言，"法治应包含两重意义：已成立的法律获得普遍的服从，而大家所服从的法律又应该本身是制定得良好的法律"③。也就是说，法治基本内容之一是法律必须是良法，是人民同意的结果，是人民意志的集中体现；法治基本内容之二，法律面前人人平等并且权在法下，权力为法律所约束。

税收法治是法治的重要内容。纵观世界历史，法治最先是在税收领域出现的。税收法治强调税法必须经人民同意，是人民就税收事务讨论、妥协与达成大体一致同意的结果，是人民意志的体现。税收法治的价值追求是限制国家税收权力，保障公民财产权权益。税收法治是现代税收制度的保障。就现代税收制度的本质而言，税收的征收与税收的使用经过人民同意。如果没有税收法治，现代税收制度可能会失败。现代税收制度为什么会失败？原因主要有以下几个方面：第一，税权作为一种可以直接给国家带来财政收入的政治权力，具有政治权力的一般属性，即税收权力容易导致腐败。为防止税权产生的腐败，现代税收制度必须通过税收法治约束税权的使用。第二，在现代国家，现代税收制度一般是通过代议机关来实现的，这就产生了委托代理关系，税权的所有权与执行权相分离。为了防止税权执行者违反所有者的意志，防止其变更所有者意志，

① [美]小罗伯特·李，罗纳德·约翰逊，菲利普·乔伊斯. 公共预算制度 [M]. 扶松茂，译. 第七版. 上海：上海财经大学出版社，2010：5.

② 王利明. 良法与善治 [M]. 北京：北京大学出版社，2015：21.

③ [古希腊] 亚里士多德. 政治学 [M]. 吴寿彭，译. 北京：商务印书馆 1965：199.

现代税收制度需要税收法治作为保障。第三，在现代国家，现代税收制度在代议机构中以少数服从多数为原则，是一种多数人的同意。为了防止多数人暴政，保障少数人利益，防止议会专制，现代税收制度也需要税收法治作为保障。总之，现代税收制度需要税收法治来确认与规范行使，现代税收制度需要税收法治来保障其有效运行。那么税收法治包括哪些具体内容呢？

1. 税收法定

权利的保障依赖税。税收是公共产品的代价，是人民为了更好地保障自己的权利和自由的必需。现代国家一般实行市场经济。在市场经济条件下，私人产品可以由私人自己交易获得，而公共产品的获得需要国家来提供。国家是提供公共产品最好的组织。为维持政府机构的存在以及提供购买公共产品的资源，人民必须让渡自己的一些财产权利，即准许国家以税收的方式"分享"纳税人的部分财产。但需要强调是，税收是国家对私人合法财产的征收，税收与私人财产之间存在冲突，因此必须获得纳税人的同意，不经纳税人同意国家就不能征税。正如洛克所言，"诚然，政府没有巨大的经费就不能维持，凡享受保护的人都应该从他的产业中支出他的一份来维持政府。但是这仍须得到他的同意，即由他们自己或他们所选出的代表所表示的大多数的同意。因为如果任何人凭着自己的权势，主张有权向人民征课税赋而无须取得人民的那种同意，他就侵犯了有关财产权的基本规定，破坏的政府的目的"[1]。质言之，政府不能随意征税，征多少税，如何征税，税收如何使用必须获得人民或者代表其利益的代议机关的同意。在现代国家，"公共事务几乎没有一项不是产生于捐税，或导致捐税"。[2] 税权是公共权力的重要内容，公共权力对私权利的侵犯主要集中在税收领域。哈耶克也曾经指出："正是在税收这个领域，政府政策专断的趋势，要比在其他领域更为凸显。"[3] 为规范国家征税与用税行为，需要实行税收法定原则，即税收的征收与使用必须经人民同意。而在间接民主国家，由代表纳税人利益的国家立法机关通过制定法律的方式来进行规定。税收法定原则意味

---

① [英]约翰·洛克.政府论：下册[M].叶启芳，翟菊农，译.北京：商务印书馆，1964：88.

② [法]托克维尔.旧制度与大革命[M].冯棠，译.北京：商务印书馆，1992：127.

③ [美]哈耶克.自由秩序原理[M].邓正来，译.上海：上海三联书店，1997：72.

着国家税收立法权由代议机关专享，"立法机关不能把立法权转让给他人，因为既然它只是一种得自人民的委托权力，拥有这种权力的人便不能再把它转让出去。由此，立法机关也要对人民的生命、自由和财产权保持敬畏之心，不能制定侵犯人民的自由和权利的法律，否则人民就有权力更换立法机关"。① 因此，国家税收征收与税收使用不能随意进行，必须以国家立法机关制定的法律为依据，无法律依据则无税收征收。"税收法定主义和罪刑法定主义是近代国家保障人民权利的两大手段：一个保障人民的财产，一个保障人民的人身。"②

税收法定包括国家税收征收与税收使用的法定，两方面缺一不可，不可偏废，而不能只强调国家税收征收的法定。为什么呢？第一，从税收法定原则的历史源流来看，税收法定最早产生于英国，追溯到封建税收同意原则。按照封建税收同意原则，国王不能随意征税，必须获得纳税人同意，而且征税的目的必须是因为国家处于紧急状态，维护公共安全。也就是说，税收必须用于公共安全的维护，这是约定俗成的内容。因此，税收法定中就包含着征税法定和税收使用的法定。第二，从法理上看，税收使用法定也是征税法定的必然与延伸。如果税收法定不包括税收使用之法定，那么税收征收的法定就流于形式了，不能达到税收法定的目的。人民之所以要纳税，目的是要国家提供公共产品，如果税收使用不法定，那么即使税收征收法定了，又有何意义呢？这是违背税收初衷的行为。

税收法定之法是指狭义上的法律，是指立法机关制定的法律，在我国是指全国人民代表大会以及常务机关制定的法律，而不包括行政机关制定的行政法规、政府规章以及其他规范性条例；通常也不包括宪法，因为一国宪法是国家根本性法律，高于普通法律。就世界各国宪法而言，宪法制定的程序与普通法律通常有很大的区别。

税收法定的基本内涵，包括以下几个方面：第一，税收要素的法定。税收要素法定是指纳税人、征税对象、计税依据、税率、征税程序、征税主体法律责任、征税主体税收使用、纳税人权利等内容需要法律规定。第二，税收要素须明确。

① ［英］约翰·洛克. 政府论：下册 [M]. 叶启芳，翟菊农，译. 北京：商务印书馆，1964：88.

② 刘隆亨. 以法治税简论 [M]. 北京：北京大学出版社，1989：152.

税收法律规定的内容必须明确清晰，尽可能避免漏洞和歧义。第三，法律优位原则，即任何行政机关不能超越自己的权限就税种、税目、税率等内容做出决定，不等超越法律规定随意使用税收，否则一律无效，不得执行。

税收法定对现代国家意义重大：其一，税收法定强调税收立法权必须由代表人民利益的立法机关掌控，各不同利益主体的代表就宪法未规定的具体税收问题经过讨论、辩论、协商、妥协，最后按照少数服从多数原则的严格的立法程序后做出决策。这有利于各利益主体充分地表达与实现自我利益诉求，有利于国家制定良法，实现善治。其二，通过税收法定，可以更好地约束国家税权的行使，防止其侵犯公民财产权与滥用公共财产，以保障公民权益。其三，税收法定，使现代税收制度法治化，增强了国家税收活动的正当性与权威性，从而有利于增强纳税人的税收遵从度，减少避税、逃税行为。其四，税收法定可以增强国家行政机关的法治意识，有利于以税收法定推动国家法治的发展，推动国家治理手段与治理能力的提升。其五，税收法定是现代税收制度从立法机构传递到行政机构的桥梁，也是行政权力获得合法性的必要基础。

总之，税收法定保障了税收的合法性，并把税收限定在合理的范围内，保障了人民权利。它"不但构成了法治主义的重要组成部分，是法治主义规范和限制国家权力以保障公民财产权利的基本要求和重要体现，而且从渊源上说，还是现代法治主义的发端与源泉之一，对法治主义的确立'起到了先导和核心的作用'"①。

2. 税收立宪

所谓税收立宪，是指把税收法定原则、公民税收权利、税收使用等内容写进宪法，以弥补税收议会同意的不足，规训政府的征税权，保障公民财产权；同时，还规定税收使用权，使公共资源得到合理、合法利用，使税收真正成为公共产品的代价。"立宪选择是重要的，无论是政府、个人还是非政府实体的行为，能够通过在深思熟虑的立宪层面上制定的规则加以约束。"②税收规范一经宪法制定，便意味着不能轻易进行修改，这样它就不会成为立法当局迎合

---

① 饶方.论税收法定主义原则[J].税法研究，1997（1）.

② [美]詹姆斯·布坎南，[澳]布伦南.宪政经济学[M].冯克利，等译.北京：中国社会科学出版社，2012：11.

利益集团的牺牲品，也不会因政党轮替导致的政策变动而失效，还可以使纳税人有较准确的预期，防止特殊利益集团操纵、利用税收决策程序侵害他人。相反，如果没有税收立宪，只有税收法定，那么税收法定之下所制定之法律规则，可能因简单多数规则之操作简便性，为立法机关追逐短期利益而频繁改变。阿克顿勋爵指出，"一个缺乏代议制议会传统的民族需要赋予纸面上的宪法以重要性才是。这种重要性在那些以代议制形式为该民族习惯生活的表达方式的国度里面得到增强"①。达尔认为，"如果要避免暴政，外部制约是必需的。而且，这些外部制约必须由宪法预先加以规定"②。税收立宪是现代税收制度的重要内容，使得征税规则恒久、稳定地确定下来了，从而避免议会至上主义的出现，防止税收法权侵犯少数人的财产权利，更好地保障人们的权利。

（五）公民直接参与税收事务

公民政治参与行为自古有之，但是"政治参与"却是一个现代概念，是相对代议制度而提出的概念。政治参与是指公民试图影响政府决策的非职业行为。③在现代国家中，公民的政治参与不仅可以使政治决策民主化、科学化，还能使政治权力运作规范化。不仅如此，政治参与可以监督政治权力行使的全过程，防止政治权力滥用，提高政治统治的合法性。总之，公民的政治参与不仅有利于国家治理的现代化，还有利于提高国家公民文化。

公民政治参与是保障现代税收制度的重要内容。马克思·韦伯指出，"代议制机构的政府权力，可以通过允许被统治者的直接质询加以限制和使之合法化"④。公民税收事务政治参与能扩大税收立法的参与度，使公民在增收新税、废止旧税、税制变革等税收事务上有同意权、知情权，从而避免税收立法权滥用，避免产生过高的、不合理的税负，避免税收支出的私人化，从而更好地实现国家统治的合法性。"一旦公共服务不再成为公众的重要事情，并且公众宁

---

① ［英］阿克顿.自由与权力 [M].侯健，范亚峰，译.北京：商务印书馆，2001：335.

② ［美］罗伯特·达尔.民主理论的前言 [M].顾昕，译.北京：东方出版社，2009：163.

③ ［美］罗伯特·达尔.民主理论的前言 [M].顾昕，译.北京：东方出版社，2009：16.

④ ［德］马克斯·韦伯.经济与社会：上卷 [M].林荣远，译.北京：商务印书馆，1997：325–327.

愿掏自己的口袋而不愿亲身来服务的时候，国家就已经濒临毁灭了。"①另外，公民的政治参与可以实现国家与公民之间良好的沟通，有利于税收征收、预算科学化，有利于提高税收的遵从度，实现国家税收收入的最大化，以及提高税收支出的公平，从而更好地培育公民的纳税意识与税收预算监督能力。

三、现代税收制度的价值

现代税收制度的价值是现代税收制度存在的根本原因。如果一种事物没有价值，那它就没有存在的必要了。现代税收制度具有何种价值呢？

（一）权利与私有财产权

1. 权利是什么？

权利是什么？这是一个难以轻易得出结论，仁者见仁、智者见智的问题。为此康德感慨道，"问一位法学家'什么是权利？'就像问一位逻辑学家一个众所周知的问题'什么是真理？'同样使他感到为难"②。尽管权利难以界定，但是人们还是努力对此进行界定。笔者在本书中列举了几种有代表性的权利观，希望从这些权利观中能明白权利的特质。

社会契约论者洛克从自然法中引出权利天赋论，即根据自然法，每个人生而自由，生而具有"生命、自由和财产"权利。对洛克来说，权利是天赋的，神圣不可侵犯。为了克服自然状态下的不方便，为了更好地保护权利，人们订立契约，转让自己的部分权利（财产权）组建国家。权利是国家存在的理由和价值归宿，既是政府存在的前提，也是政府行为的边界。为了防止公共权力侵犯权利，需要对公共权力进行分立。

社会契约论者卢梭认为人生而拥有自然权利，自然权利优先于公共权力。如果一个人放弃自然权利，就是对自由和理性的侮辱。可是人不小心进入了社会中，人的自然权利遭到破坏。为了更好地保护权利，"要寻找出一种结合的形式，使它能以全部共同的力量来维护和保障每个结合者的人身和财富，并且由于这一结合而使每一个与全体相结合的个人又只不过是在服从自己本人，并

---

① [法]让·雅克·卢梭.社会契约论[M].何兆武，译.北京：商务印书馆，1980：123.

② [德]康德.法的形而上学原理[M].沈叔平，译.北京：商务印书馆，1991：39.

且仍然像以往一样自由"①。于是人们订立契约，把自己的权利全部让给主权者，形成公意，"公意永远公正，而且永远以公共利益为依归"②。这样，"为了使社会公约不至于成为一纸空文，它就默契地包含着这样一种规定……即任何人拒不服从公意的，全体就要迫使他服从公意。这恰好就是说，人们要迫使他自由"③。由此可知，私人权利优先主权者权力，主权者权力来自私人权利的全部转让。但卢梭的权利观对主权者产生之后的实际运行缺乏足够理性之思考：是人来管理还是由神来管理？如果由人来进行管理，人不是天使，事实上主权者权力存在异化的可能，一旦异化，带来的将是专制主义。

康德认为，"权利的概念——就权利所涉及的那相应的责任（它是权利的道德概念）来看——首先，它只涉及一个人对另一个人的外在的和实践的关系，因为通过他们的行为这件事实，他们可能间接地或者直接地彼此影响"④。"权利的概念并不表示一个人的行为对另一个人的愿望或纯粹要求的关系，不问它是仁慈的行为或者不友好的行为，它只表示他的自由行为与别人的自由关系。"⑤在康德看来，权利首先是人与人之间的一种关系。其次，权利指向人的自由。康德强调人就是目的本身，人不是他人的手段与工具。因此，权利需要保障，但政府权力一定有边界，绝不能为了一人自由而牺牲他人自由。

霍尔巴赫提出，"人的权利就是在于自由地运用自己的意志，运用自己的才能，去谋取自己的幸福所必需的东西。在自然状态中，鼓励人有权采取一切他认为合适的手段，去保存自己和谋求福利，而不损害他人。可是即便在自然状态中，人的权利也受到理性的限制，理性规定他只能把自己的才能用在自保和谋求自己的真正幸福上"⑥。他是一个唯物主义者，认为人是不自由的，人受自然规律的约束。人的权利建立上自然规则之上，建立在社会关系之中，人的权利有限度。

德沃金认为，"用来对抗政府的权利制度，并非上帝的恩赐，也非古代仪式，

---

① [法]让·雅克·卢梭.社会契约论[M].何兆武，译.北京：商务印书馆，1980：23.
② [法]让·雅克·卢梭.社会契约论[M].何兆武，译.北京：商务印书馆，1980：39.
③ [法]让·雅克·卢梭.社会契约论[M].何兆武，译.北京：商务印书馆，1980：29.
④ [德]康德.法的形而上学原理[M].沈叔平，译.北京：商务印书馆，1991：39.
⑤ [德]康德.法的形而上学原理[M].沈叔平，译.北京：商务印书馆，1991：40.
⑥ 沈宗灵，等.西方人权学说：上[M].成都：四川人民出版社，1994：137.

更非民族运动"，"坦白地说，任何以权利为基础的理论都必须假定权利并非只是审慎立法或外在社会习惯的产物，而是用来判断立法与习惯的独立地带"。因此政府必须平等地尊重每一个人的权利，不得为了社会福利或者社会利益牺牲私人权利。①

通过以上的不同权利观，我们可以发现一个共性：权利为人的基本属性，权利是人们实现自我利益的基础。

2. 私有财产权为权利之基础

从范围上讲，产权包括个人产权、集体产权、国家产权。从产权所包含的具体内容而言，财产权包括所有权、占有权、使用权、经营权。"财产是一种社会制度，它是由习俗、惯例与（在多数情形下）法律所规定的。把某物表述为'财产'就等于确认了一种存在于所指对象与其所属的个人或群体之间的所有权关系。"② 财产可分为私有财产和公共财产。

私有财产是私人所占有的财产，是把他人排斥在某物的使用或受益之外的权利。私有财产的概念最早由洛克提出，人生而自由，具有"生命、自由、财产"等权利，每个人都是上帝的子民，都是唯一的，每个人都对自己拥有排他性的独占权，每个人对他自己的劳动成果也具有独享权。之后，卢梭对私有财产的属性进一步扩展，指出私有财产权不仅是公民占有物质财富的权利，还包括财产获取的权利，即"每一个人都天然有权取得为自己所必需的一切"，③ "而且要凭劳动与耕耘，这是在缺乏法理根据时，所有权能受到别人尊重的唯一标志"④。

私有财产是人们生存与发展的基础，私有财产权是人权的基本内容。社会中的任何人都必须以一定的物质财产为基础，才能探讨其他方面的存在与发展。正如恩格斯在《马克思墓前讲话》中所说，"人们首先必须吃、喝、住、穿，

---

①　杨晓东，等. 当代西方多维视角下的权利问题 [M]. 天津：天津社会科学出版社 2016：128.

②　[英] 安德鲁·海伍德. 政治的常识 [M]. 李智，译. 北京：中国人民大学出版社 2014：303.

③　[法] 让·雅克·卢梭. 社会契约论 [M]. 何兆武，译. 北京：商务印书馆，1980：31.

④　[法] 让·雅克·卢梭. 社会契约论 [M]. 何兆武，译. 北京：商务印书馆，1980：32.

然后才能从事政治、科学、艺术、宗教等"①。也就是人必须在一定物质资料(财产)的基础上才可能从事其他活动。马基雅维里曾通过形象地类比说明了财产对人的重要性："君主务必不要碰他人的财产,因为人们忘记父亲之死比忘记遗产的丧失要来得快些。"② 不以私人财产为基础的人权是虚假的人权,犹如无根之本,无源之水。1789 年《人权宣言》第 2 条规定:"任何政治结合的目的都在于保存自然的、不可消灭的人权;这些权利是自由权、财产权、安全权和反抗压迫。"

私有财产不仅是个人生命的物质依托,还是个人自由的根基。哈耶克认为私有财产是个人天赋的不可剥夺的自然权利,"承认私有财产或个别的所有权,因而是防止强制的根本条件,即令不是唯一的条件"③。也正如布坎南所言,"拥有住宅的家庭能够为自己提供居住服务,无须与供应者保持契约的或市场的交换。拥有汽车的人能够在需要时为自己日复一日地提供交通服务"④。个人有了财产,才能换来自由的生活。私人财产是个人实现自由的基础、工具、尺度。

私有财产权不仅是个人生产之基础、自由之根基,还是个人经济发展的动力。亚里士多德就提出过以私有财产的形式获取和消费财富,才能激发人们努力工作,才能提高劳动生产率。亚里士多德认为,自己才是自己利益的最好维护者,人民使用自己的钱财比使用别人的钱财更谨慎,所以保障私有财产权带来了更高的效率、更高的收益、更低的成本。私有财产的承认与保障是市场经济存在的前提。没有财产权,市场主体就无法自由交易,无法自由处理自我的财产。诺齐克认为私有财产神圣不可侵犯,认为个人拥有按照其自身意愿任意使用和处置私有财产的绝对权利,秉持私有财产持有之正义。假如个人财产是正当的获取或转让,那么,无论是基于社会公正,还是出于更大群体的利益,侵犯他人的财产都是没有正当理由的,反对国家对私人财产的过度再分配。因此,在现代国家的建构中,许多国家用宪法规定私有财产合法化,如 1789 年《人权宣

---

① 马克思恩格斯选集:第 3 卷 [M]. 北京:人民出版社,1972:574.

② [意大利] 马基雅维里 . 君主论 [M]. 北京:商务印书馆,1997:81.

③ [英] 弗里德里希·奥古斯特·哈耶克 . 自由秩序原理 [M]. 北京:中国社会科学出版社,1999:199.

④ [美] 詹姆斯·布坎南 . 财产是自由的保证 [M]// [美] 查尔斯·罗利编 . 财产权与民主的限度 . 刘晓峰,译 . 北京:商务印书馆,2007:75–76.

言》第 17 条强调，"财产是神圣不可侵犯的权利，除非当合法认定的公共需要所显然必须时，且在公平而预先赔偿的条件下，任何人的财产都不得受到剥夺"。《中华人民共和国宪法》保障私人合法财产。

在税收国家，公有财产是私人财产的让渡。私有财产不能自我独立地存在，而是需要且必须国家承认以及需要国家保障。私有财产权一旦得到国家的承认，就意味着国家承认了个体对其财富拥有了独立的、排他的、不得随意受他人干涉的自主支配权，即划定了个人权利之间、个人权利与国家权力之间的界限，这样才能真实地保障个人财产。但是国家本身不是虚幻的存在，国家的正常运转以及国家职能的实现都需要物质基础。因此，为了保障私人财产，为了维持国家的存在与职能的实现，需要私人财产部分让渡形成公共财产。"断定权利有成本也就承认为了获得或保护权利我们必须放弃一些东西。"[1] 在现代国家，公共财产获得的方式主要通过税收。"物质财富首先是以公民劳动成果的形式存在，然后才由国家这个公共机构加以提取。也就是说，公民权利是公民劳动成果的转化或派生形式，国家权力（笔者认为公共财产）则是国家以税收等法定行使抽取自公民社会的物质财富的转化形式。"[2] 因此，"公共政策的决定不应该以假想自由与征税者敌对为基础，因为如果这两者真的是对立，那么我们所有的基本自由度将等候被废除"[3]。

总之，私有财产是权利的基础，公有财产是私有财产的合法转让。在现代国家建构中，公共财产的存在价值是更好地保障私人财产，更好地保护人的权利。

（二）公共权力与税收权力

"公共权力是公共组织根据公共意志，组织、协调和控制社会与个人的力量。"[4] 国家产生后，公共权力有其特殊性，正如恩格斯在《家庭、私有制和国家的起源》中所指出，"这种公共权力在每一个国家里都存在。构成这种权

---

① [美]史蒂芬·霍尔姆斯，凯斯·桑斯坦. 权利的成本——为什么自由依赖于税 [M]. 毕竞悦，译. 北京：北京大学出版社，2004：16.

② 童之伟. 法权与宪政 [M]. 济南：山东人民出版社，2001：294.

③ [美]史蒂芬·霍尔姆斯，凯斯·桑斯坦. 权利的成本——为什么自由依赖于税 [M]. 毕竞悦，译. 北京：北京大学出版社，2004：16.

④ 戴维斯，等. 公共权力的制约与监督机制研究 [M]. 银川：宁夏人民出版社，2007：34.

力的，不仅有武装的人，而且还有物质的附属物，如监狱和各种强制机关，这些东西都是以前的氏族社会所没有的"①。"这个特殊的公共权力之所以需要，是因为自从社会分裂为阶级以后，居民的自动的武装组织已经成为不可能了。"②公共权力一般由三个基本因素构成：其一，管理者的常任化与管理机关的专业化；其二，职业性的常备军的建立；其三，赋税制度的建立。赋税是"行政权力整个机构的生活源泉。强有力的政府和繁重的赋税是同一个概念"③。国家公共权力作为国家的象征，有其特殊性：第一，公共权力是凌驾于社会之上的一种力量，代表整个社会，具有公共性；第二，其主要用于处理社会中各种公事务，对全体社会成员进行约束，以实现公共利益，维护公共秩序，增进公共福利，保障人民权利为目的；第三，具有强制性，它以暴力机关为后盾，对侵占公共利益、破坏公共秩序、侵犯他人权利的行为给予制裁；第四，具有极强扩张性，除非遇到强大阻力，否则不会轻易停止扩张；第五，它是一种排他性力量，它是整个社会中唯一的正式代表，不允许再有和它同等作用范围和层面的权力存在，因此其具有最高的作用效率，具有最高的权威性，可以实现对社会资源的权威性分配；第六，由于公共权力是一种和社会相分离、凌驾于社会之上的力量，掌握公共权力的人是少数人，而这些组成人员都有各自特殊的利益需求，这就决定了掌握公共权力者可能把公共权力不用于实现公共利益，而变成满足自我价值偏好、实现自我利益的工具。公共权力的少数人掌权性决定了公共权力具有两面性，既可以为善，也可以为恶。如果公共权力运行得当，就会促进经济的发展，促进社会繁荣，增进人民的福祉；如果公共运行失控，则可能发生异化，侵害人民权利。

税收权力是国家公共权力的重要组成部分和象征性力量，是把私人财产转为公共财产的力量。"某些权利……主权者都可以转让而仍然不失去其保卫臣民的权力，但他如果将国民军交出去，保留司法权就没有用了，因为法律将没法执行；要是他把征税权让出去，保留国民军也就是空话；要是把统治学理的

---

① 马克思恩格斯选集：第 4 卷 [M]. 北京：人民出版社，1972：167.
② 马克思恩格斯选集：第 4 卷 [M]. 北京：人民出版社，1972：167.
③ 马克思恩格斯选集：第 4 卷 [M]. 北京：人民出版社，1972：697.

权利让出去，人们就会由于恐惧幽灵鬼怪而发生叛乱。"① 税收权力可分为征税权和税收使用权。征税权是一种强制性、索取性的权力，是政府向人们要钱的权力。税收使用权是公共资源配给的权力。税收权力同样具有两面性，合理的征税必需的，是保障人们利益的代价，但是过度地征税则不仅过度伤害人民的权利，而且可能造成社会的溃败。哈耶克反对国家税收权力过大，反对国家通过累进税制来调控社会财富，认为政府调控社会财富，干涉社会经济生活会导致社会存在的方方面面都被置于国家控制之下，任何对私有财产的侵犯都蕴含着极权主义的种子。

（三）税收权力与私人权利的互动

1. 公共权力与私人权利关系的概述

就公共权力与私人权利关系而言，形成了两种不同的观点。

第一，权力来自权利。洛克认为，天赋人权，权利优先于公共权力而存在，公共权力来源于权利的让渡，是为保障权利而产生。斯宾塞认为，在法律存在之前就已经存在了权利，公共权力不是创造权利而是批准权利。米捏认为，权利在公共权力产生之前就已经存在，但是权利的实现需要公共权力来确认与保障，"国家历史学家米捏说：美国独立的时候曾经发表过人权和公民权利宣言。事情总是这样开始的：已经摆脱了奴役的人民，甚至在未建立政府的时候就宣布自己的权利，以便于在建立政府之后确认这些权利。中国人民正在革命战争年代所宣布的人权和公民权，也由人民共和国的宪法和法律予以正式确认。"② 法国学者克洛德·德尔玛认为，从现代国家的发展过程来看，权利的要求先于国家存在，但权利的保障需要通过公共权力把应有权利上升为法律权利。1215年《自由大宪章》是英国从传统国家走向现代国家过程中第一个向君主阐明国民权利的宪法性文件，但"它并没有发明任何新的东西"，"这个文件与其说是一部新型宪法，毋宁说是对英国存在已久的各种自由权利的正式确认"③。

第二，权利来自权力。边沁认为，严格来说，权利乃是法律的产物，权利是由国家创造的。伯纳德·鲍桑葵认为权利是国家赋予的。格林认为，权利来

---

① [英]霍布斯.利维坦[M].黎思复，等译.北京：商务印书馆，1985：139.

② 程燎原，等.权利论[M].桂林：广西师范大学出版社，2014：193.

③ [法]克洛德·德尔玛.欧洲文明[M].桂林：广西师范大学出版社，2014：192.

自个人的人格和国家的权威。在国家产生以前，权利可能就存在某些领域，如家庭中，但只有国家权力产生之后权利才有保障，才能得到实现，即权利需要国家权力来确认与保障，权利源自国家权力。

纵观以上两种观点我们可知，不管是公共权力来自权利的转让，还是权利来自国家的确认，公共权力与个体权利之间是互相依存的关系，离开了一方，另一方也就无法正常存在。权利本身并没有直接的强制力，首先需要公共权力给予确认，然后需要公共权力给予保障才能得以实现。因此，权力是权利的后盾，没有公共权力的保障则无权利的实现。公共权力应以保障私人权利为价值归宿，但是也容易异化为统治者获利的工具。

2. 税收权力与私人权利的两种互动

第一，良性互动——税收权力保障私人权利。既然权利是一种社会关系，而要使这种社会关系稳定，就需要国家来保障，无国家保障之权利无长久的权利存在。不管天赋权利、人赋权利，最后都需要成为法定权利。所有的私人权利，无论是消极权利还是积极权利都需要政府权力予以回应，每一项权利都对应着政府每一项职能的实现，如果政府无法履行某一种职能，那么个人相应的某一权利就可能成为虚无缥缈的权利。一个弱小的政府是不能保障人们权利的政府，为了保障人们的权利，政府除了需要专制性权力的存在，即需要暴力机关——军队、警察、监狱的存在，还需要基础性权力的存在，特别是税收权力的存在。税收权力是国家把私人财产转为公共财产的力量，也是提供公共产品的力量。税收权力是私人财产权转让之后形成的权力，税收权力以保障私人权利为目标。权利的保障依赖税收，所有权利的实现都需要成本即需要缴纳税收，税收权力是保障人们权利之必须。税收权力是国家主权的体现，一个没有税收权力的政府是一个软弱的、无法保障权利的政府。

第二，非良性互动——税收权力侵犯私人权利。正如上文所言，税收权力包括税收征收权和税收使用权。征税权是国家强迫私人缴纳财产的权力，是把私人财产转为公共财富的能力；税收使用权是实现政府职能，提供公共产品的，分配公共产品的权力。无论是税收征收权还是税收使用权，当不受到控制时都可能被滥用，进而侵犯人民的权利。征税权的滥用主要是政府追求税收收入的最大化，过度征税，使公民财产受到过度侵害，进而影响纳税人的生产与生活；税收使用权的滥用可分为议会预算权的滥用和行政预算权的滥用。如在现代国家，议会为了监督政府税收支出，有预算权，即对政府预算具有审议和批准以及监督的权力。可是当议会被利益集团控制，或为议讨好选民，可能会滥用预算权，批准不合理的政府预算。"昔日议会之功能，乃在防杜国家支出之过滥，然而依今日之背景，议会已丧失支出控制者即刹车手的传统角色；反之，由于顾及选民与压力集团，成为主动，即乐于辅助之国家支出推动者。尤其地方议会，为短期内急于讨好选民，不断推动新福利措施与公共建设，盖支出之受益者具体可见，纳税人之负担则间接而不明显。"① 政府是国家事务的直接管理者，是税收支出的直接执行者，也是税收支出滥用主要执行者。政府预算权的滥用主要是政府职能无限扩大、官员寻租和腐败等原因导致的。政府预算权的滥用，对社会影响巨大，要么造成公共财富的浪费，要么造成公共福利分配不公平，最后导致公共财富的使用效率低下，损害公民权利的保障。

（四）在传统国家税权与个人权利的非良性互动

传统国家税权掌握在个别人手中或者少数人手中，税收的征收与税收使用不经人民同意，掌权者可以随意、非理性地征税，可以随意、非理性地使用税，使税收异化为实现个人利益，而非实现公共利益的工具。

1. 统治者不经人民同意随意征税

在传统社会，统治者征税权不受控制，滥征税。税收权力滥用，使它能够攫取一切它所能攫取的利益，表面上看是权力战胜权利，但是其付出的代价也是高昂的，它要花费很大的财力去实现自己的目标；另外，统治者急功近利，尽一切可能增加税收，结果不仅过度侵害民众的财产，而且摧毁经济增长的基础，导致税源的枯竭。例如法国波旁王朝，为了实现税收权力专制，就需要对庞大的贵族给予税收特权，使税基变窄，使整个国家的税收负担压在了第三等级人身上。国家需要通过很高的再分配比例将第三等级人的财产转到专制者手中，而这必然严重地影响生产和再生产，影响经济的繁荣，影响国家的剩余产品的增加。这犹如杀鸡取卵，涸泽而渔，最后是恶性循环，必然遭到第三等级人的抗争，税收权力与私人权利之间不能实现良性互动，最后王朝必然覆灭。

---

① 葛克昌．租税国危机及其宪法课题 [M]. 台北：月旦出版社股份有限公司，1996：108.

2. 税收支出不受控制与监督

在传统国家，统治者的税收使用权不受控制，税收成为统治者个人财富的来源，挥霍无度，穷奢极欲，不用来提供公共产品与服务，不用来保障公民权利。这不仅耗竭了财政，导致财政危机，使税收的本源功能丧失，还使公共产品得不到有效供应，人民权利得不到保障，最后导致政治危机。在传统国家，统治者为了缓解财政压力，一般大量增加财政赤字，大规模扩充债务。可是不管采取赤字财政还是发行公债，最终仍需由一国税收收入予以弥补或偿还，财政赤字犹如寅吃卯粮，成为隐性税收，进一步加重了民众的税收负担。最后沉重的税收负担压倒纳税人，压塌了整个国民经济，导致国家"经济危机"，而经济危机最终导致政治危机以及国家溃败。总之，公共权力的存在以保护权利为前提，如果公共权力过分压制私人权利，最后不仅使得私人权利得不到应有的维持和保障，而且使得公共权力失去了存在的合法性，必然导致税权与权利的非良性互动，从而形成国家公共权力与私人权利的非良性互动局面。

（五）现代国家的税收制度有利于税收权力与个人权利的良性互动

"政府的利益是加重征税，而社会的利益则是征收实现良好管理所允许的尽可能少的税。国王和贵族的利益，是掌握并行使对人民的无限制的权力，强制人民完全服从统治者的意志和爱好。人民的利益是政府在任何方面对他们实行的支配以符合于达到政府的合法目的为限。"[①] 因此，如何化解二者之间的矛盾，使税收权力与私人权利良性循环成为必须研究的命题。笔者认为现代税收制度是化解二者矛盾的一剂良方。现代税收制度要求税收征收和税收使用经过人民同意，并以税收议会同意、税收法治、税权分立、政府预算、公民税收事务政治参与为主要制度安排，为实现公共权力与私人权利的良性发展提供了必要且充分的条件。具体而言：

首先，现代税收制度以承认私人合法财产但公民必须转让部分私有财产使之成为公共财产为前提，强调私有财产权与公共财产并存，公民纳税是一种义务与权利，强调税收为公共利益之需要、公共产品之对价。公民需要国家，国家依赖税收，因此税收具有强制性、义务性。这为国家公权力与私人权利并存

---

① [英] 密尔. 代议制政府 [M]. 汪瑄，译. 北京：商务印书馆，1982：89.

提供了前提。

其次，现代税收制度强调国家对公民合法财产的征收必须经过公民的同意，必须是先有同意，后有强制，强制是"同意"的强制，是纳税同意之后产生纳税义务，强调国家征税必须经人民同意；同时，现代税收制度强调税收支出经人民同意，税收使用以提供公共产品、保障财产权等权利为归宿和存在理由。税收经人民同意为控制公共权力的行使提供了利器。国家税权的行使必须在人民的同意与监督之下进行，从而不容易异化和腐败。"因此约束了政府的征税收权力，就约束了政府的财政权，对统治者的控制，一直是通过征税收权力的约束来实现的。英国议会通过限制君主的税收而处于支配地位，这是我们政治遗产的一部分。即使在 20 世纪后期的集体支配时代，大多数国家仍对政府的征税保有名义上的法律约束。"[1] 这为公共权力与私人权利良性互动了提供了保障制度。

最后，在现代税收制度下，纳税变成民众自己的事情，变成民众自我选举的结果。因此，民众由被动缴税变成自主缴税、由被暴力征税到被和平征税，这样不仅可以保障国家税收收入最大化，而且可以实现公民利益最大化，从而使税收权力与公民权利呈现一种和谐状态。这种和谐状态必然带来经济发展与繁荣、人民生活的稳定，以及国家政治统治合法性的极大增强。质言之，国家税收权力与私人权利的良性互动，必然带来国家整体公权力与私权利之间的良性互动。

第二节　现代税收制度的理论基础

自从 14—15 世纪欧洲民族国家形成以来，西方思想家围绕现代国家建构这一主题，对国家主权、正当性以及公民基本权利等问题，从各种不同的理论视角进行了广泛的阐释，其中贯彻始终的一个根本问题就是：现代国家建构的核心问题是控制公共权力，保障私人权利，实现公共权力与私人权利的良性互动。而税收作为国家与国民利益关系的纽带，被认为是解决现代国家根本问题的主要出路。于是围绕着税收的来源、本质，国家税收权力与公共权力的关系，控

---

① [美]詹姆斯·布坎南，[澳]布伦南.宪政经济学[M].冯克利，等译.北京：中国社会科学出版社，2012：10.

制国家税收权力等问题，思想家进行了深刻阐述。这些理论的阐述从各个角度为现代国家现代税收制度的建立提供了理论帮助，使我们有理由坚信现代税收制度是现代国家建构的必须和必然。

一、社会契约论

（一）保障自然权利：社会契约理由

古希腊伊壁鸠鲁是社会契约论的最早提出者。他受承德谟克利特原子论的启发，认为在自然世界中，万物都是通过原子相互排斥和偏斜运动造成的结果。在人类社会也一样，人性自私，人们为了自己利益不免相互发生冲突，整个社会处于无序状态。为了缓和冲突，快乐生活，人们需要像原子一样通过碰撞和排斥来调节彼此的关系，即相互订立契约建立国家。伊壁鸠鲁契约论对后来的社会契约论的形成产生了巨大的影响。

在现代国家的建构中，为了推翻君权神授论，保障人的权利，解释国家成立的理由以及解释国家合法性的来源，霍布斯、洛克、卢梭等在继承前人社会契约理论的基础上系统构建了古典社会契约论。他们以自然状态和自然法为逻辑的起点，以保障人权为理论的价值归宿，提出国家是人们相互订立契约的结果，国家权力来源人的权利的转让，以保障人的权利为目的。

古典社会契约论者霍布斯认为，人们在建立国家之前，处于自然状态中。在此状态下，人们是自然人，拥有自然权利。人与人之间是平等的，有的人头脑简单四肢发达，有的正好相反，因此人与人之间脑力加体力总是相等的。能力的平等带来的是要求利益的平等。当人们处于利益冲突的时候，人们为了维护各自利益，会引发战争，造成人与人之间的关系犹如狼与狼之间的关系，使人的生存权、生命权得不到保障。也就是说，在自然状态下，尽管人有自然权利，但是这种自然权利并不能得到很好的保障，经常遭到相互的伤害。自然法（趋利避害的理性）告诉人们，人们为了保障自然权利，为了更好地生活，于是相互订立契约，把自己所有的权利转让给主权者，使主权者拥有一种抵御外来侵略和防止相互伤害的公共权力。国家犹如一个利维坦，力量强大，能够有力维持人与人之间和平、稳定的社会秩序。国家是人民自愿的结果，是契约的产物而不是上帝的产物。

但洛克认为，霍布斯笔下的利维坦过于强大，在给人们带来社会秩序的同时，会造成君主专制，损害人的自由。于是他对霍布斯的社会契约论进行了修正。他首先把自然状态重新定义，认为自然状态是自由、美好的状态。在自然状态下，人们拥有生命、自由、财产等三大权利。但也存在美中不足之处：一是缺少一种确定的、规定了的、众所周知的法律；二是缺少依照既定法律裁判一切争执的公正的裁判者；三是缺少支持正确判决的执行者。为了弥补自然状态的不足，更好地保障人们的权利，人们相互之间自愿订立契约，把自己的部分权利转让给主权者国家。人们只是部分转让自己的权利，因此主权者的权力是有限的，政府是有限政府，可以避免主权者成为利维坦损害人民的自由，政府产生后主要责任是建立法律，确立统一的判案标准，对人们之间不公正的事情进行惩罚。因此，政府实际上就是人们的一种"委托"，统治者与人民并不是对立的。由于政府的权力来自人民的授予，为了防止政府权力的异化，洛克还要求对政府权力进行分立。一旦政府不能很好地履行自己的责任，人民就可以收回自己的委托，选择别的委托人。

卢梭也认为，国家产生之前，人们处于自然状态中。自然状态是一种美好的状态，人们拥有自由、平等的权利，人们除了自我保存，关注自身幸福之外，还同时给予共同体成员关爱，人与人之间是一种和谐的状态。个人无法克服自然的阻力和障碍，于是"应该找到一种结合形式，它用全部共同的力量来捍卫和保护每个结合者的人身和财产，每个人虽与众人结合，却能从其他人那里获得自己所丧失的一切东西的等价物以及更大的力量来保全自己的所有"①。因此，人们相互订立契约，愿意把自己所有的权利转让给主权者，而主权者只是公意的代表者。

（二）人民主权：社会契约的核心概念

社会契约论者认为，为使国家拥有保障人民权利的公共权力，人们自愿订立契约，把自己的全部权利或者部分权利转让给主权者国家。因此，国家的一切权力来自人民的委托，政府的权力必须按照人民的意志行使，必须经过人民的同意。洛克认为，"假使在理性上不承认大多数的同意是全体的行为，并对

---

① ［法］让·雅克·卢梭.社会契约论[M].何兆武，译.北京：商务印书馆，1980：24.

每一个人起约束的作用，那么，只有每一个人的同意才算是全体的行为；但是要取得这样一种同意几乎是不可能的"①。为了克服这种不可能性，洛克明确提出由议会代表全体人民行使同意权，人民的同意可以转为议会多数同意，即议会享有最高权力——立法权，其余一切权力都是而且必须处于从属地位。当然，议会所拥有的立法权只是为了某种目的而行使的一种受委托的权力，当人民发现立法行为与他们的委托相抵触时，人民仍然享有最高的权力来罢免或更换立法机关，这就是人民享有的否决立法权的权力。洛克指出，如果立法机关或行政机关不遵循人民的意志，人民有权反抗和推翻政府。

总之，洛克的人民主权包括了委托权、撤销委托权和反抗权，即以权利制约权力。为了防止公权权力违背人民主权，洛克提出权力要分立，需要把权力分为立法权、行政权和外交权，而孟德斯鸠对分权理论进行了完善，提出了分权制衡理论，指出立法、行政、司法三权分立且制衡。就人民主权理论而言，卢梭进一步进行了完善。他认为，人民相互订立契约时需要把自己的全部权利转让给主权者（国家）。国家必须为了社会全体成员的利益，按照公意行事。"我们每个人都以其自身及其全部的力量置于公意的最高指导之下，并且我们在共同体中接纳每一个成员作为全体之不可分割的一部分。……这一由全体个人的结合所形成的公共人格，以前称为城邦，现在则称为共和国或政治体……当它是主动时，就称它为主权者……至于结合者，他们集体地就称为人民。"②公意是卢梭人民主权思想的逻辑起点：主权就是执行公意，即共同体的意志；公意的唯一目的是公共的幸福；公意通过全体公民的民主议会得以实现，并通过这种议会的决议将其意图昭示天下。因此，任何人都必须服从决议，这是因为"为了使社会公约不至于成为一纸空文，它就默契地包含着这样一种规定——唯有这一规定才能使其他规定具有力量——即任何人不服从公意的，全体就要迫使他服从公意"③。卢梭通过"权力"作为连接点将公意与人民主权联系起来。卢梭将社会契约的本质归结于公意，因此作为体现人民主权的法律也就必然以

① [英]约翰·洛克.政府论：下册[M].叶启芳，翟菊农，译.北京：商务印书馆，1964：61.

② [法]让·雅克·卢梭.社会契约论[M].何兆武，译.北京：商务印书馆，1980：24-26.

③ [法]让·雅克·卢梭.社会契约论[M].何兆武，译.北京：商务印书馆，1980：29.

公意为基础，弥补了洛克人民主权说中明显的缺陷，即共和政体下的法律应依什么而制定，进而将公意、主权与法律巧妙地连接起来了。不过，需要指出的是，卢梭的人民主权论对主权者没有进行设防，主权者容易以公意为借口进行极权主义统治。

（三）税收：社会契约的结果

社会契约论者认为，人生而具有生命、自由、财产等权利。可是人们在自然状态下，权利是不稳定的，因为各种原因总是容易受到伤害。为了克服自然状态中的种种不方便，人们订立契约，组建国家以更好地保障个人权利。但"政府没有巨大的经费就不能维持，凡享受保护的人都应该从他的产业中支出他的一份来维持政府"①。"因为主权者向人民征收的税不过是公家给予保卫平民各安生业的带甲者的薪饷。"②"这种压力来自人民本身的抗拒情绪，他们为自己的防卫而纳税是很不情愿的。这样就使得统治者不得不在平时尽量从他们身上征敛，以便在任何紧急时期或突然有需要的时候御敌制胜。因为所有的人天生具有一个高倍放大镜，这就是他们的激情和自我珍惜；通过这一放大镜，缴付任何一点点小款项都显得是一种大的恼骚根源。但他们却不具有一种望远镜（那就是伦理学和政治学），从远方来看看笼罩在他们头上的不靠这些捐税就无法避免的灾祸。"③税收是人们订立契约组建国家保障个人利益的结果。税收是公民私有财产的让渡，人们之所以以自愿的方式让渡自己的财产权利从而形成国家税收权力是为了保障自我权利。

（四）社会契约与现代税收制度关联：税收经人民同意

社会契约论者认为，税收是人们订立契约，组建国家保障个人利益的结果。受委托者国家应该根据契约获得征收税收权力进而进行征税并以此保障人民的权利；个人则根据契约，缴纳维持国家及其活动的必要经费，服从国家的统治与管理。因此，受委托者到底如何征税、税收如何使用等问题必须征得契约方

---

① [英]约翰·洛克.政府论：下册[M].叶启芳，翟菊农，译.北京：商务印书馆，1964：88.

② [英]霍布斯.利维坦[M].黎思复，等译.北京：商务印书馆，1985：269.

③ [英]霍布斯.利维坦[M].黎思复，等译.北京：商务印书馆，1985：142.

的同意。因为"一个人不能使自己受制于另一个人的专断权力，而在自然状态中既然并不享有支配另一个人的生命、自由或财产的专断权力，他所享有的只是自然法所给予他的那种保护自己和其余人类的权力，这就是他所放弃或能放弃给国家的全部权力，再由国家把它交给立法权，所以立法机关的权力也不能超出此种限制"①。因此，虽然人们以自愿的方式让渡自己的自然权利从而形成公共权力，但并不意味着国家可以随意任性地征收税收，国家无权超越"人民公意"而征税，人民没有无条件受公共权力约束的义务，否则就违反了社会契约。因此，主权在民的基础是税权在民。没有税权在民，则无主权在民。

二、"委托—代理"理论

（一）"委托—代理"理论的概述

在现代经济生活中，委托—代理关系是一种经常发生的社会关系。"代理"及其类似意思的词在政治学理论中很早就出现了，霍布斯在《利维坦》中就提出了"言行得到被代表者的承认""根据授权而行动"②。但"委托—代理"理论作为一种系统的理论是20世纪30年代由美国经济学家伯利和米恩斯提出的。他们通过对企业长期的观察与研究发现，如果企业的所有者与经营者同属一体，将不利于经济的发展，因此提倡企业的所有者应该与企业的经营者分离。正是在提出对企业所有者与经营者分离的过程中，委托代理理论产生了。委托代理理论主要研究在信息不对称以及委托人与代理人利益相互冲突的情况下，如何实现双方利益最大化的问题。该理论的主要观点是：委托—代理关系是随着市场经济、社会化大生产的发展，以及社会分工的进一步细化诞生的。社会化大生产以及社会分工的逐步细化：一方面使得资源的所有者由于时间、精力、知识、理性的有限性，因而很难对资源本身进行很好的管理与经营；另一方面使得社会中产生一批具有专业知识、有专门时间、足够精力的代理人，他们有能力帮助资源所有者把资源经营好。于是委托者为实现资源的最大化效应，委托代理关系产生。但是在委托代理下，会因为信息不对称，以及两者的目标取向

---

① [英]约翰·洛克.政府论：下册[M].叶启芳，翟菊农，译.北京：商务印书馆，1964：83.

② [英]霍布斯.利维坦[M].黎思复，等译.北京：商务印书馆，1985：123.

不一样而产生两大问题：一是因为事前信息的不对称，委托人不能很好地了解代理人的真实情况，以及代理人为了获得代理权可能隐藏真实信息，所以使得委托人选错代理人从而造成资源不能实现效益最大化的"逆向选择"。二是因为事后信息的不对称，委托人在代理过程中不能同步掌握代理人信息，所以使得代理人为实现自己利益最大化而造成"道德风险"。[①]尽管委托代理存在缺陷，但是代理损失还是可以通过进一步的制度设计得到有效的控制。

从委托代理理论中，我们可以得出几项基本内容：第一，委托人是资源的所有者，之所以把资源委托出去，是为了实现自己利益的最大化，以便更好地保障自己的利益。第二，代理人是经过委托人所同意的，是委托人自己选择的结果。代理人的合法性来自委托人的委托权。第三，代理人的代理权限的大小由委托人来确定，代理人不能随意更改委托人的意志。第四，代理人和委托人之间作为平等的契约者，双方都得遵守契约，最后的目标是实现双赢目标。第五，资源所有者与资源经营者相分离，代理人可能因为没有准确把握委托人的真实想法，或者因为代理人作为理性经济人，趋于追逐自我利益最大化，可能发生损害委托人利益的行为，代理有风险。第六，代理人不是天使，都有人性的缺陷，在代理行为中可能会出现寻租行为，从而造成委托人利益的损失。为防止这种行为的发生，需要设计更多的保障制度。第七，委托代理关系的长久性取决于代理人能否给委托人代理效用的最大化，实现委托人的目标。

（二）"委托—代理"与现代税收制度

税收是委托与代理关系的产物。在委托代理中，委托方是民众。民众自身无法或者不愿意提供一些公共产品，于是把自己的一部分财产权委托给国家，允许国家征税，实现个人财产向公共财产的转化，希望国家能够根据公民的意志提供良好的公共产品和公共服务，以保障公民利益最大化的实现。代理人是国家，主要职能是进行征税和税收支出。在委托代理关系中，国家作为代理人，其权力来自公民的委托，权力的大小也来自公民的授予，国家理应不折不扣地为委托人服务。但是在实践中，代理人可能背离委托人意志。首先，政府作为

---

① ［美］小威廉·格姆雷，斯蒂芬·巴拉.官僚机构与民主——责任与绩效 [M].俞沂暄，译.上海：复旦大学出版社，2007：58.

代理者，由于代理人本身的偏好问题，在征税中可能不能制定理性、全面、科学的税收政策与税收法律而影响税收征收的公平与正义。其次，政府作为代理者，可能由于与委托者公民之间交流不充分，对公民利益需求了解不全面，在税收使用中，做出偏离代理人利益的行为，政府提供的公共产品非公民之所需，或者对公民所需公共产品数量判断不充分，导致供需不平衡或者公共资源浪费。最后，政府作为代理者，是人，不是神，"政府本身若不是对人性的最大耻辱，又是什么呢？如果人都是天使，就不需要任何政府了，如果是天使统治人，就不需要对政府有任何外在的或内在的控制了"①。当其利益与委托人利益不一致时，可能因为受公共利益的诱惑，进行利益寻租或者腐败，使税收财政直接变为政府部门利益或者个人利益。

委托—代理理论提醒我们，为了使代理人国家能够真正为委托人纳税者服务，保证政府切实有效地履行公共财政受托责任，以免出现"将在外军令有所不受"的局面，需要实行现代税收制度。

三、公共产品理论

（一）公共产品：集体决定与供给的物品

公共产品理论最先出现在美国经济学家保罗·萨谬尔森于1954年发表的《公共支出的纯理论》一文中。他把产品分为公共产品和私人产品，而公共产品是指每一个人消费某一种物品不会导致他人对该物品消费的减少。萨谬尔森所界定的公共产品的内涵极其丰富，除了物质产品，还包括公共服务、精神产品（如政府政策、制度以及法律）以及其他无形产品。公共产品虽然是人们满足自我需求的必需，是社会正常运转的必需，但其特殊性决定了其无法通过市场交易而获得，因此只能由作为公共部门的政府来提供。②之后，美国经济学家曼瑟尔·奥尔森在《集体行动的逻辑》中再次对公共产品进行了定义。他认为："任何物品，如果一个集团中的任何个人能够消费它，它就不能不被该集团中的其他人消费，这类物品便属于公共产品。"除此之外，布坎南也对公共产品进行

---

① [美]汉密尔顿，等.联邦党人文集[M].程逢如，等译.北京：商务印书馆，1980：264.

② Paul Samuelson.Economics[M].New York：McGraw-Hill Book Co，1976：438-439.

了深入的研究，他把公共产品定义为："任何由集体或社会团体决定，为了任何原因，通过集体劳动提供的物品或劳务。"①布坎南认为，只要是原本由市场提供，由个人决定的私人物品变成了由集体决定，集体提供的物品就可以看作公共物品。保罗·萨谬尔森的公共产品是一个纯粹意义上的产品，而奥尔森和布坎南发现，有些公共产品不仅具有公共性，还兼有私人产品的特性，为此公共产品的定义应该泛化。由以上的定义可知，公共产品是由集体力量决定和提供的，能够供许多人同时消费的产品，集体成员共同承担成本，在集体范围内具有不可分割性、非排他性、非竞争性、公益性。

根据上述学者的定义，我们可以把公共物品分为以下两种：一是纯公共产品，毫无私人产品的特性，而具有消费的非排他性、非竞争性、非分割性，比如国防、国家公共秩序、气象监测等。二是准公共产品，它是介于纯公共产品和私人物品之间的产品，兼有私人物品和公共产品的特性，受益人数小于纯公共产品。对其他集体而言，准公共产品具有一定的排他性、竞争性、地域性、局部性特征，比如地方公共物品、高速公路、有线电视频道、公共鱼塘、游泳池、桥梁、医疗、教育、卫生、公共河流维护、公共图书馆。一般而言，纯公共产品一定由国家提供，严格意义上讲应该由中央政府统一集中来提供。而准公共产品则主要是由地方政府提供或者由中央政府和地方政府共同提供，如大江大河的治理。

（二）公共产品本质：公共利益的体现

公共产品产生于社会中的人们对公共利益的需求，有公共利益的追求才有公共产品的存在。所谓公共利益需求就是群体中全体社会成员的一致需求，比如抵御自然灾害的需要、维持社会公共秩序（市场秩序的需要）、社会稳定发展的需求、国防安全的需求等。这些皆为个人无法实现却又必需的利益。公共利益来源于个人利益，但是又高于个人利益。公共利益的特点决定了公共产品的特点。公共利益来源于个人利益的需要，是个人利益的集合，它不能脱离个人利益而抽象地存在，但也绝非私人利益的简单的数量相加，而是一个整体性概念。公共利益以个人利益为出发点和价值归宿，其形成并不意味着私人利益的消失，而是存在个人利益中，公共利益和个人利益共存共生，同时公共利益

---

① [美]詹姆斯·布坎南.民主财政论[M].穆怀朋，译.北京：商务印书馆，2009：21.

与私人利益相互制约与调节。而制约和调节的可能范围决定了公共利益的范围与边界。公共利益是共同利益，但是每个个体受益的程度与承担的成本大小不一定是一一对应的，而两者的对应比例是否合理决定了公共利益能否实现及被承认。公共利益是变化发展的，随着社会的发展，人们的利益需要随着社会的变化而变化，不同时代的人们对公共利益的需求的范围和数量是不一样的。公共利益可以划分为以下三类：

第一，自在的公共利益，如生态、自然环境。它是客观存在的，不管人们是否意识到，集体范围内的成员是共同受益的，但是一般情况下人们不会引起重视，也不会主动维护，直到他们发现它已经为人们过度或不当使用造成公害的时候，人们才意识到需要一种强制性的力量来维护，即需要强制力量来实现。

第二，已经认识到但无法自我实现的公共利益，如国防安全、公共秩序与公共服务。这一类公共利益，人们已经意识到是生活中必需的利益要求，但是个人力量有限或者即使个人愿意也会带来更大的灾害，最后只能依靠公共力量来实现。

第三，已经认识到并且可以维护的公共利益，如公共道路。这类公共利益是一定范围内全体社会成员或多数人已经认识到，而且为了实现此公共利益，一定范围内的成员都在不同程度和不同层次上自觉自愿地进行投入。

公共利益是客观存在的，不同的利益主体在公共利益面前采取的态度是不一样的，存在为实现公共利益而调节私人利益的公共利益追求者，有享受公共利益而不愿让渡个人私利的"搭便车"者，还有以损害公共利益为代价而无限扩大私人利益者。这就意味着社会公共利益的实现并不是一件很容易的事情，需要有一定的制度安排，需要强制性的公共权力存在。公共权力的存在可以通过强制性力量避免"搭便车"者存在以及打击那些破坏公共利益而无限膨胀自我利益者。因此，公共产品不能由私人来提供，换言之，公共产品无法通过市场选择来决定。公共产品中"提供什么""提供多少"和"如何提供"必须通过公共选择来确定，也就是必须通过公共权力来确定。

（三）税收：公共产品的对价

在公共产品理论基础上，西方经济学者维克赛尔、格伦采尔等人对税收有了全新的认识，提出了"税收价格论"，即税收是公共产品的对价，税收的根本意义是实现公共利益，提供公共产品。

为满足人们的公共利益需求，需要公共权力存在。公共权力以提供公共产品为基本的责任。公共权力虽然是公共产品的提供者，但公共权力本身没有物质财富来支付公共产品的成本。在传统国家可能采用战争等手段强占他人财物以提供公共产品，但是这不是解决公共产品成本的良策。现代国家一般通过强制力要求社会成员让渡部分个人的财产作为公共财富，即通过税收来获得购买公共产品的财物。对民众而言，税收是人们为了满足自己的切身需要所承担的费用，即税收是公共产品的对价，意味着个人将自己的部分收入以税收形式让渡给国家，委托国家利用税收提供公共产品，税收于是就有了货币支付与利益获得的交换关系。因此，人们的收入其实可以分为两部分：一部分以纳税形式支付公共产品的价格，另一部分在市场中支付私人产品的价格。这样，私人购买公共产品与在市场购买私人物品具有相似性。

由此可知，公共产品理论首先为我们揭示了税收征纳双方之间存在的根本性的对等关系，税收并非无偿性而是有偿性的，纳税意味着公共产品的享有、公共利益的实现和个人权利的保障。其次，公共产品理论使我们明白，尽管税收是为保障人们权利之必须，但公共产品的特殊性决定了人们还是容易产生避税、逃税甚至抗税的动机。因此，税收与支付公共产品价格是有差别的。税收与公共产品之间不完全是等价交换的，税收可能变为购买公共产品的代价。

（四）公共产品理论与现代税收制度

依照公共产品理论，税收是公共产品的对价，人们支付税收是为了获得公共产品。国家征税是为了提供公共产品。但是国家在征税、提供公共产品的过程中存在不尽如人意的地方。首先，如何征税的问题，也就是公共产品的成本在受益者之间合理分配的问题，是按能力分配，还是按照受益人的受益程度来分配问题。其次，公共产品的实际需求量和实际供给量之间如何平衡问题，人们对公共产品具有不同的偏好，可是政府提供公共产品过程中一般只能反映中位阶层的人的需要，反映的是大部分人的需要，从而使一部分人的特殊需要得不到满足。最后，公共产品的价格是否合理问题，也就是公共产品在购买中的效益问题。政府官员用的是纳税人的钱，一般不主动考虑使用的效益问题，造成公共资源的浪费和低效率、公共产品的投入与产出之间界限模糊、公共产品成本与收益之间不成比例以及公共权力的异化与腐败的问题。公共权力从规范层面讲应该是为实现公共利益、保障私人利益服务。可是公共权力在实践中很容易产生异化，使得公共资源私人化和部门化，这不仅加大了社会投资的成本，而且破坏了社会秩序，损害了公共利益的实现。因此，为了克服这些问题，需要现代税收制度，使税收的征收和使用都经过人民同意，即国家合理征税、国家税收支出定位在公共产品的有效供应上，从而实现公共财富取之于民、用之于民的目的。

四、公共选择理论

（一）公共选择理论产生的社会背景：政府失灵

公共选择理论"是一种研究政府决策方式的经济学和政治学"[①]的学术流派。它产生于 20 世纪 40 年代末，并于 20 世纪 60 年代末成为一种学术潮流。公共选择理论的产生一方面促进了传统经济学的发展；另一方面，这一理论把经济学分析问题的方法引入政治学，从市场选择引向公共选择，"是对非市场决策的经济学研究，或者简单地定义为是把经济学运用于政治科学的分析。就研究对象而言，公共选择无异于政治科学：国家理论、投票规则、选民行为、党派、官方体制等"[②]，从而促进了政治学的发展，使政治学研究范式发生了革命性的变化。

古典自由主义经济学认为，市场经济是完美的经济运行方式。个人在市场中是经济人，在市场选择中根据成本—收益平衡原则进行理性选择，实现自身利益最大化是一切经济活动的起点与价值归宿；提倡所有商品自由竞争，商品的价格由市场决定，随市场供求关系的变化而变化，最后依靠市场看不见的手来实现社会资源的合理分配；而国家只是"守夜人"，只是维持市场的秩序，不干预市场的运行。但是实践证明，市场经济并非完美的，市场也会失灵，每隔十年世界各国基本上要发生一次经济危机，公共产品市场选择无效。为弥补

---

① [美]保罗·萨缪尔森，威廉·诺德豪斯.经济学[M].萧琛，等译.第16版.北京：华夏出版社，1999：232.

② [美]丹尼斯·缪勒.公共选择理论[M].杨春学，译.北京：中国社会科学出版社，1999：4.

市场失灵，凯恩斯主义诞生。凯恩斯主义提倡者认为，国家应扩大经济职能，加强对经济的调节与干预，扩大公共产品的提供范围。可是凯恩斯主义在实践中带来的问题是国家机构膨胀，财政赤字巨大，经济发展停滞，民众税收负担剧增，失业率居高不下，公共产品供给效率低下，因此政府也存在失灵现象。政府失灵引起了经济学家再次思考"政府为什么会失灵""政府能干什么""政府该怎么办"等问题。以布坎南为代表的一些美国经济学家回到了古典自由主义经济学，采用自由主义的经济学理论来审视政府行为，于是公共选择理论诞生了。

（二）公共选择理论解释政府失灵原因：个人主义、经济人与政治交易

古典经济学指出，个人都是经济人、理性人，都力求自身利益的最大化，实现自身利益最大化是一切经济活动的起点与价值归宿，个人都会从成本—收益的角度进行经济交易与选择。公共选择理论继承并发展了古典经济学思想，提出个人是社会的细胞，社会由个人组成。社会行为，不管是政治行为还是经济行为都可以从个人的视角去分析。

公共选择理论建立者提出，"经济人"的概念不仅可以用于个人市场选择中，还可以用于解释政治选择—公共选择中。尽管公共选择是集体选择，但是参与者是由个人或者个人组成的组织或集体。既然都是由个人组成，那么在公共选择中的个人就应该与市场选择中的个人具有本质的一致性，即都是经济人。以往的政治学把政治选择的个人与经济选择的个人区别对待，认为经济人概念只适合解释个体经济选择，不适合解释公共选择行为；认为人应该有多面性，在不同的行为场域中，处于不同的角色中，人的价值取向是不一样的，即在经济场域中是个经济人，是个利己主义者，而在政治、家庭等场域中其行为具有不同的特性。人在公共选择中出于理想、信仰与情感等因素，应该是仁慈、大公无私、追求公共利益最大化的个人。公共选择理论认为，以往的政治学对公共选择主体的描述是一厢情愿的，是以理想的主观愿望代替现实的真实情况。事实上，通过观察当今社会政府失灵的局面，就可以发现二元人性的推导模式是没有解释力的。公共选择理论认为，即使退一步讲，人在不同的场合可能存在多面性，但是人的多面性并不影响人在任何场合都是经济人的假设，经济人

是人的基本行为特性。因此，政治选择的参与者（官僚、政治家、政党、利益集团、选民等）仍不属于"经济人"之外的个体，与市场选择中的参与者一样，也是经济人，他们在投票箱面前的行为与在市场中的行为并没有本质上的不同，也会追逐自我利益的最大化。在现代国家，政府犹如企业，政治家犹如企业家，选民就像消费者，政治制度犹如市场制度，选举制度犹如交换制度，选票犹如货币，政府提供的公共产品犹如私人物品。因此，政治市场的活动完全可以用经济市场的活动逻辑来分析。

第一，选民是经济人。其一，选民参加选举是为了找到自己利益的最好代表人，使自己的利益得到最大化的实现，其在投票过程中通常会对自己的成本—受益进行计算，会把选票投给能给他带来经济效益最大化的候选人，而不太愿意投给那些使其成本高于收益的候选人。其二，选民不积极参选是基于成本—收益计算实现自己利益最大化的结果。选民清楚，如果他要想尽量选出自己满意的政治人，就得花大量的成本去收集各位候选人的信息，而且即使他们花大力去搜集信息以便理性投票，其个人投票行为往往也不能最后选出他所满意的人。因为在选举过程中，最后一般是以多数人一致原则来选出政治代表，如果其选择的候选人正好处于少数人行列，那么他的全部投入就白费了，而且即使他真的把自己满意的候选人成功选出，他的收益也是潜在的，因此无论如何都存在成本—收益不对称的风险，于是沉默也就是最好的选择。也正是选民这样的理性无知行为，最后导致选民的政治参选率越来越低，政治冷漠度越来越高。

第二，政治家是经济人。政治家在政治活动中首先考虑的是如何扩大自己的利益，而不是增进社会福祉。其一，政治家在竞选中，努力追求自己政治利益的实现。为了争取尽可能多的选票并成功当选，他会向选民详尽地阐释自己宏伟的符合选民利益的施政纲领，许诺如果他当选会采取措施增加就业，减少税收，扩大福利政策，会对竞争对手不遗余力地攻击，直到获胜。其二，在执政中，政治家进行公共选择时并不会真正以公共福利为目标取向，而是以如何争取连选连任、实现自己利益最大化为目标。为了讨好选民，政治家在公共政策选择时会尽量减少税收，增加政府赤字，制造"财政幻觉"。结果必然是有益于政治家，亏了选民以及后来接任者。当政治家不断扩大赤字，通过贷款或者发行货币等方式来提供公共产品，表面上是没有增加税收，可最后的买单者还是纳税者。政府虽是公共产品的生产者，可是现代国家自身没有财富，公共产品的成本还是需要公民以税收的方式来支付。赤字是一种隐性的税收。高额的赤字意味着公民沉重的税收负担。公民税收负担过重，必然影响其生产与生活，影响经济的发展。经济不发展，社会不繁荣，不仅是失业率增高的原因，还可能导致整个国家的溃败。其三，在公共产品的供应过程中，为了取悦选民，政治家不断增加政府预算，增加人民福利，结果必然造成公共资源使用效率低下，公共产品供大于需，铺张浪费严重，不仅养了一群懒人，而且腐化了社会风气，挫伤了人们的工作积极性和进取心。

第三，公共权力变异或腐败。既然政治参与的主体都是经济人，都会努力追求自我利益的最大化。被统治者就可能会行贿，统治者可能会受贿，最后导致公共权力异化与腐败。公共权力不以提供公共产品为使命，不以保障公民权利为义务，而成为侵害公民利益的力量。就公共产品的需求方选民或者利益集团而言，会利用各种合法与不合法手段游说政府，使政府制定出台有利于他们的公共政策与法律，以获得特别收入。就公共产品的供应方而言，为了实现自身利益最大化，会利用手中的公共权力进行权钱交易，形成得权力者得天下，使社会失去公平与正义。

（三）公共选择理论解决政府失灵的方法

在公共选择理论者看来，税收是私人利益的转让，是公共权力与公民利益保障的工具。公民为了更好地保障自我利益，实现自我利益的最大化，缴纳税金，提供购买公共产品的财物。政府利用公共权力征收税收，代表民众进行公共选择，提供公共产品，保障公民利益。

从规范层面讲，政府公共权力来源于公民授予，公共权力作为一种强制的资源分配力，可以强制地把私人的部分物质财富转化为公共资源，即向公民征税；还可以把公共资源转为社会需求的公共产品，即税收支出。公共权力应以公众福祉为使命，以保障公民权利为价值归宿。政府在作为公共利益的代表者利用公共权力征收税收，并且按照公民的公共利益需求提供公共产品时，应该使公民缴纳的税收数量与公共产品的成本一一对应，还应使公民的公共利益需求与政府公共产品供给之间一一对应。而在实践层面上，公共权力的掌握者却是经济人，追求自身利益最大化，对征什么税、征多少税、如何征税以及税收如何支出很难首先从公共福祉的角度去认真权衡与思考，结果带来的是分配不公，以及公共产品供给低效率，公共选择不能反映公民偏好与意愿，即政府失灵。

为了矫正政府的失灵，防止公共权力异化，防止公权掌握者以经济人的身份实现自我利益的最大化，需要税收立宪。防止政府失灵的根本出路不是针对政府每个具体的政策，而是建立政府制定政策的规则。基本规则一旦确立，具体的内容也就容易确立。因此，约束一国政府的公共权力，需要进行宪法改革，必须重建基本的宪法规则来约束政府的权力。而宪法改革的基本原则是一致同意。"只有在全体一致规则占主导地位时，亦即只有当群体的所有成员都必须在采取行动之前达成一致时，个人所预期的来自集体行动的外部成本才表明已被最小化了。"[1]

而在宪法约束中，对政府权力约束中最重要的约束是税收制度制定之规则的权力，即税收立宪，因为控制了政府的税收收入与税收支出，事实上就控制了政府的公共权力。通过税收立宪，税收制度必须反映纳税人之意愿与价值偏向，使公共产品的提供尽可能地反映公共之需求，使税收支出总数额与公共产品的供给相平衡。对纳税人而言，通过税收立宪，首先纳税人能够确定凡是与宪法相冲突，不利于公共利益，不保障其利益的税收法律都是无效的法律，都是可以不遵守的法律。其次，可以保障纳税人支付的公共产品的成本与公共产品的价格相一致。再次，还能使纳税人能够根据既定的税收制度准确判断其税收支出，为其经济发展提供稳定的环境。

税收立宪的主要内容：①税收立法最大多数通过。在税收决策过程中，在应然层面上讲，议会应一致同意才能通过一项税收法案，凡是不经过全体一致同意的有关税收事务决策都可能产生财政剥削。但是一致同意的执行成本昂贵且不易执行，在现代国家，为保障税收法律的公正，在有关税收事务决策中要求尽可能多数通过，如三分之二多数或者四分之三多数，而不是仅仅过半数通过。②规定一级政府的税收来源应该与其事权相匹配，以保障公共产品有效供应。③对税额在国民经济中所占的比例给予宪法确定，允许税收随经济增长而适当增加，允许公共产品随经济增长而适当增加。④税基的宪法限制，防止国家征税权力随意扩张。⑤特定税率的宪法控制。对一些关乎国计民生、影响

---

① [美]詹姆斯·布坎南，戈登·塔洛克.同意的计算——立宪民主的逻辑基础[M].陈光金，译.北京：中国社会科学出版社，2000：93.

经济发展的重要税种的税率通过宪法来确定。

另一方面，政府的市场化改革。公共选择论者认为，要实现应然层面的公共权力的职能，提高税收使用的效率，防止政府部门官僚主义，尊重纳税人、投票人、受益人的权利，可以把市场选择中的成本—效益、供给—需求等经济分析方法引入税收领域，从而实现纳税人成本—受益、纳税人需求与政府公共产品的供给尽可能平衡，努力完善税收制度，实现帕累托最优。为此，他们对如何完善税收制度以及实现税收支出的高效率提出了一整套规则、程序与方法，以便使每一个纳税人（投票）与受益人更为直接地感应缴纳的税收与预期公共产品的对应联系，以便使每一个纳税人（投票人）都能较好地策划任何一项公共产品供给和税收方案，努力争取以最小的税收成本，换取最大的经济收益。

（四）公共选择理论与现代税收制度

1. 公共选择解释了现代税收制度为何是现代国家之必须

人的需求是多方面的，有些需求自我无法满足，只能依靠集体共同实现。这种无法由个人实现的需求称为公共需求。公共需求的物质载体就是公共产品。公共产品具有消费的非排他性、非分割性以及非竞争性等特性，因此只能通过公共选择来实现。为了公共产品的实现，人民组建国家，赋予其公共权力，特别是税收权力。现代国家存在的基本职能是提供公共产品，但国家自身无财产资源，因此公民赋予其税收权力，允许其向公民征税。也就是说，公民把自己的财产通过社会契约的形式部分转让给国家，本来是希望政府按照契约行使公共权力，为公民提供公共产品，可令人忧郁的是，政府在征税和用税的过程中并没有遵照契约，而是滥用税收权力。需要引起思考的是：为什么会产生如此之结果？公共选择理论解释道，公共选择者也是经济人，也会追求自身利益的最大化。当公共利益与其自身利益不一致的时候，公共选择者就会使其公共权力为实现其自身利益最大化服务。公共选择理论强调，不要把政府公职人员想象成高尚、大公无私、仁慈之人，本质上都是经济人。税收是私人财产的转化，是私人财产的一部分，作为经济人的纳税人，缴纳的税收却不一定收回等价的公共产品。因此，从这一角度来看，现代税收制度是现代国家之必须。

2. 公共选择理论与税收立宪

公共选择理论者认为，现代西方国家所存在的困境，与其说是市场调控失败的结果，不如说是政治制度设计失败的结果。因此，必须重新审视政治制度。因为按照社会契约论，国家是社会契约的产物。既然如此，那么这种社会契约并非永久不变的，而是可以根据社会环境的变化不断调整和改变的，目标是实现每一个社会成员的利益最大化。为防止人们在变更政治制度中损害人们的整体利益、长远利益需要重视制度之元制度，或者说规则中的元规则，即宪法性规则，必须进行宪政改革。"当人们看到一项政策没有带来预期结果时，不要立即去寻找一项'更好'的政策手段，最好还是首先审查一下使人们选中该项政策的制度原因，并优先考虑一下改善公共选择制度之效率的方式。"[①] 同时，公共选择理论者指出，宪法性规则的制定必须遵循一致同意而非多数人同意原则。"除非自愿参加签约的所有成员对立宪的内容表示一致的赞同，否则没有真正的契约和宪政可以建立。假如一致同意的规则不被遵守，就必然给那些利用政治程序掠夺别人财富的人提供机会。"[②] 为实现一致同意，公共选择论提出了无知之幕的理论假设。不过，公共选择理论者认为无知之幕的假设终究是一个理想化的模型，一致同意在政治生活中从来没有实现，但是进行制度设计时可以尽可能地接近一致同意。公共选择理论者认为，既然政府的使命是提供公共产品，因此控制政府权力异化的最核心的内容是防止税收权力异化。为防止税收权力异化，公共选择理论者对税收立宪的具体内容进行了详细的阐述，认为现代税收制度是一个系统性的工程，现代税收制度的实现需要具体的制度来支撑，现代税收制度目的是控制公权力。毫无疑问，税收立宪就是控制公权力的主要手段，因此，税收立宪是现代税收制度的核心内容。

第三节　现代税收制度与现代国家的互动关系

现代国家是税收国家，然而现代税收制度为何是税收国家题中应有之意，或者说税收国家为何要现代税收制度，现代税收制度对税收国家有何意义，税收国家能产生现代税收制度吗？

---

① [法] 亨利·勒帕日. 美国新自由主义经济学 [M]. 李燕生，译. 北京：北京大学出版社，1985：134.

② 胡代光. 西方经济学说的演变及其影响 [M]. 北京：北京大学出版社，1998：476.

一、税收国家需要现代税收制度

现代国家是税收国家。税收是私人财产向国家公共财产的转化，因此税收是公民与国家之间的纽带，它一端连接着公民，另一端连接着国家。就国家而言，税收对国家意义重大，是国家之大事，是国家存在的物质基础，是国家实现经济职能、实现分配正义的工具。税收权力为税收国家的根本权力，是主权之体现，

税收就其本质而言，是纳税人为满足自我利益而需要公共产品时产生的对自我财产的理性让渡，税收本身就蕴含着现代税收制度。在一个私有财产得到保障的国家中，统治者税收征收与税收使用本身就意味着要获得纳税人的同意与许可；如果统治者可以不经过人民的同意就强制性地征税，就可以随意使用税收，那这无异于偷窃行为。"税收是一种纯粹和简单的偷窃行为。"[①] "如果政府需要为自己的财政收入和开支做预算，那么罪犯同样需要；政府强行征税，罪犯也可强行取得自己牌号的强制性保护费；政府发行欺骗性货币，即法定货币，罪犯则可以制造假币。应当明白的是，在人类行为学看来，税收、通货膨胀与抢劫、制造假币的性质和后果，并没有多大区别。它们都是市场上的强制性干涉行为，都是牺牲其他人的利益为代价使一部分人受益……因此，政府和犯罪团伙之间就只有程度的差异，没有性质的区别，而且二者常常可以互相转换。"[②] 在税收国家，税收必须经过人民同意，没有无同意之税收。

再就是税收具有恶性。税收是国民私人财富的一种让渡，无论国家出于什么样的目的进行征税，都是对个人财产的一种占有，与私有财产存在着矛盾。正如恩格斯所言："或者是私有制神圣不可侵犯，这样就没有什么国家所有制，而国家也就无征税权力；或者是国家有这种权力，这样私有制就不是神圣而不可侵犯的。"[③] 税收与私有财产之间存在此消彼长的关系，税收增加，则私人可自我随意支配的财产就会减少。对于纳税人而言，税收犹如切肤之痛，没有人会很乐意纳税。然而，税收又是一种必要，是保障公民权利之必须。人民纳税

---

① [美] 穆雷·罗斯巴德. 自由的伦理 [M]. 吕炳斌，等译. 上海：复旦大学出版社，2008：221.

② Chodorov. Frank: Taxation is Robbery[M]// Chicago： Human Events Associates, 1947.

③ 马克思恩格斯全集：第 6 卷 [M]. 北京：人民出版社，1961：651.

可使国家以"全部的力量来维护和保障每个结合者的人身和财富"①，税收是公民生活的一部分，离开税收，公民的生活将无法充分保障。因此，税收对纳税人而言是一种需要隐忍的恶。但是，一旦纳税人允许统治者纳税成为事实，统治者拥有了税权，就可能不断地加重纳税人的税收负担，从而不仅影响纳税人的私有财产支配权，而且影响纳税人再生产能力，进而影响国民经济的健康有序发展。正如孟德斯鸠所言："生活在自由状态中的人们倾向于放下他们的防卫，并忍受沉重的税收，但是一旦如此，他们就已经无法回头了：对于自己已拥有的这些伟大的优点，自由本身已经被滥用了，因为一个适度的政府已经拥有了令人羡慕结果的生产能力，这种适度就会被搁置一方；由于很多税收已经提高了，他们就希望将它们提高到超额的程度；他们忘记了曾经给予他们这些礼物的自由之手，他们将自己成为奴隶，而奴隶从来没有给他们任何好处。自由产生了过分的税收，过分税收的结果就是奴隶。"一旦在一个自由的社会中授予政府征收过分的税收能力，征税人员就必须"拥有特殊的压迫手段，然后，整个国家就毁灭了"②。而实践证明，一国之税收负担通常而言，是用一定时期内的税收总额与国内生产总值（GDP）的比率来确定的。纳税人税收负担与经济发展之间的关系密切。1991 年，佩登（Peden）分析了美国 1929—1986 年宏观经济增长率与税收负担之间的关系，发现税收负担在 17% 以内时，能够提升美国经济的增长率，超过 17% 就会降低美国经济的增长率。斯卡利（Scully）也分析了美国 1929—1989 年经济增长与税收负担之间的关系，发现美国税收负担超过23% 时，经济增长呈下降趋势。斯卡利还估计了 103 个国家 1960—1980 年税收负担与经济增长之间的关系，发现税收负担不超过 19.3% 的国家经济增长达到了最大化，而税收负担大于 45% 时，经济增长将趋向于零。另外，1987 年世界银行的一份调查资料也揭示，人均 GDP 在 260 美元以下的国家，最佳税收负担为 13%；人均 GDP 在 750 美元左右的偏低收入国家，最佳税收负担为 20%；人均 GDP 在 2000 美元以上的国家，最佳税收负担为 23%；人均 GDP 在 10000 美元以上的国家，最佳税收负担为 30% 左右。③ 由此可知，税收不仅关系着个人

---

① [法] 孟德斯鸠. 论法的精神 [M]. 张雁深，译. 北京：商务印书馆，1961：23.
② [法] 孟德斯鸠. 论法的精神 [M]. 张雁深，译. 北京：商务印书馆，1961：164.
③ 辛波. 政府间的财政能力配置问题研究 [M]. 北京：中国经济出版社，2005：73-75.

的权利与自由，也关系着国家与社会的运行与发展。在税收国家中，如何保障税收负担控制在合理的范围之内，如何既充分利用税收实现社会利益，又保证国家税收的合理性与合法性，即国家如何创制一套较好的税收制度，使其既可广泛运用，又可因地制宜；既能有力实施，又能避免因权力滥用而导致过度的负担问题，这些难题实质上是如何实现国家税权与个人权利之间平衡的问题。而解决这些问题的最佳途径是建立现代税收制度。税收国家不只是表明其财政依赖于税收，更重要的是国民掌握着税收征税同意权和税收使用的同意权。税收国家须有现代税收制度。

二、现代税收制度依托税收国家

在税收国家中，国家本身是"无产"者，国家不再占有主要生产资料，国家的收入来自公民私人财产的让渡，国家财政权与人民财产权之间存在明晰的边界。"在全世界的一切政府中，公家都是只消费而不生产。那么，它们所消费的资料从何而来？那就是来自其成员的劳动。正是个人的剩余，才提供了公家的所需。"[①] 税收是国家为提供公共产品而使社会财富从私人领域向公共领域转移的结果，即所谓的"借由征税分享私人之经济收益以为国用"[②]。税收国家的存在意味着政府不以直接占有社会资源来获取财政收入。在税收国家，国家不是地主，也不是资本家，即使拥有或管理的资产，都是非营利的，并不是国家财政的直接来源，国家主要靠税收收入来维持其存在与运转，税收在国家财政收入体系中占有非常重要的地位和作用。税收犹如国家的血液，没有税收就无法正常运转，国家就有可能破产。税收国家不仅仅给国家提供了坚实的物质基础，而且国家对税收的极其依赖，推动着现代税收制度以及现代国家的产生与发展。在税收国家中，"从一个富政府（拥有自己的财产收入）变成了一个穷政府（没有自己的财产收入，必须借助于别人的财产收入），从一个不必求助于纳税人收入和财产的政府转向依赖于纳税人的政府"[③]。国家变成了"无产"

---

① [法] 让·雅克·卢梭. 社会契约论 [M]. 何兆武，译. 北京：商务印书馆，1980：104.

② 葛克昌. 国家学与国家法——社会国、租税国与法治国的理念 [M]. 台北：月旦出版社股份有限公司，1996：146.

③ 刘守刚. 西方立宪主义的历史基础 [M]. 济南：山东人民出版社，2005：269.

者,迫使其不得不与私人部门进行讨价还价,促使民众必须缴纳税收的社会氛围,但税收的支出和使用必须征求纳税人的意见——现代税收制度就此诞生。"事实上,无处不在的首要问题是,当政府需要抽取的时候,也就承认和允许了代表权和选举权。"①

首先,在税收国家中,统治者为了获得税收收入,为了赢得纳税人合作,愿意妥协。"国王开始考虑通过转让特权——产权及对产权的保护——以换取收入。显然,国王接替庄园领主对产权实施保护是经济的,并能获得好处。当贸易和商业的发展超过庄园和城镇的范围时,农民、商人和托运人就会发现,更大的强制性权威可以降低保护的私人成本,互惠交换的基础存在于私有部门和国家之间。"②即统治者必须"以权力换收入",统治者必须做出让步——建立、容忍一个机构,使纳税人的代表能够对政府的税收收入、支出进行控制,于是现代议会产生。这样就形成了民众必须缴纳税收,但是税收的支出和使用必须征求纳税人的意见,取得纳税人的同意的局面——建立在国家公权力与公民私权合理制约和公平基础上的现代税收制度就此诞生。相反,如果国家占有主要生产资料,靠自营而获得财政收入,那么就增加了国家活动的自主性,国家可以不必通过人民同意就可以获得财政收入,人民也就无法有效制约国家权力,从而必然滋生人民权利被挤占、侵犯、剥夺等诸多问题。

其次,税收国家有利于纳税人现代税收制度意识的产生。在税收国家中,税收一般占国民收入的三分之一左右。税收的缴纳意味着个人合法财产的削减,不管个人纳税多少,都会有税收痛感,更不要说税收占国家收入的三分之一。同时,就宏观层面而言,税收是公共产品的对价。从微观层面而言,公共产品的特殊性质决定了个人纳税之税与公共产品之间是不等价的。因此,国家繁重的税收就更加增强了民众的税负痛感,容易使他们产生现代税收制度意识,从而关注国家税权行使的情况,希望能够通过各种形式参与、影响、控制国家税权的行使,甚至希望直接掌握国家税权,希望税收取之于民,公平、合理地用

---

① [美]伊恩·夏皮罗,等.民主的价值[M].刘金厚,译.北京:中央编译出版社,2015: 113.

② [美]道格拉斯·诺斯.经济史中的结构与变迁[M].陈郁,罗华平,译.上海:上海人民出版社,1994: 158.

之于民。

正是在此种意义上，"税收国家"是现代国家建构的历史课题，现代国家如果要想建设成功，税收国家是必经之路，这犹如马克思所言"卡夫丁峡谷不能跨越"。

三、现代税收制度形塑现代国家

（一）现代税收制度与现代国家政治制度发展

正如罗伯特·A. 达尔所言："统治者需要取得被统治者的同意这一理念，一开始是作为一个征税问题的主张而提出的，这一主张后来逐渐发展成为一种有关一切法律问题上的主张。"[1] 也就是说，现代税收制度推动现代国家政治制度的发展。

在传统国家，财政收入模式是家财型财政，即国家财政收入主要通过君主直接占有生存资料等方式取得，其具有明显的国王私人属性。这是一种落后的财政收入模式，导致国家财政汲取能力有限，国家职能有限。随着市场经济的发展、国家职能的扩充，国家财政收入捉襟见肘，使国家陷入了"财政危机"甚至导致"政治危机"。为了克服财政危机，国家开始通过普遍性的税收来获取财政收入，即逐渐成为税收国家。税收是私人财产的剥夺，随着私人财产意识的增加，税收的强制性与剥夺性使国民的个人财产权与国王的行政权力之间呈现出一种对抗关系，个人利益与国家的利益冲突难以协调，议会因此而产生并成为平衡和协调二者关系的利器。议会起源于中世纪城市市民社会，"中世纪城市之新政治形式，乃一种代议政治"[2]。议会最初产生并不是用于限制王权的需要，而是为了讨论城市防御经费的需要。这是因为中世纪城市基本是自治的，为保护城市的安全与独立，需要各市民共同关注城市公共防御，需要市民参加会议讨论决定公共防御的经费，于是议会作为一种财政汲取创新方式就慢慢地在各城市中产生并世代沿袭下来。"因为纳税者这时是根据自己的能力

---

① [美]罗伯特·达尔. 民主理论的前言[M]. 顾昕，译. 北京：东方出版社，2009：19.
② [美]孟罗·斯密. 欧陆法律发达史[M]. 姚梅镇，译. 北京：中国政法大学出版社，1999：216.

为公共事业纳税，而不是为诸侯的个人利益缴纳专断的封建税。这样，税收就恢复了它在封建时期所丧失的公共性质。为了估定与征收这种税款，为了应付随着城市人口增加而产生的不断增长的需要，设立或选举市参事会很快成了必要……12世纪时，各处的市参事会都成为公共权力机关所承认的组织，并且成为每个城市中相沿的制度。"①议会是市民社会与政治国家二元结构分离的标志，也是二元结构得以联结的纽带，"所以，在中世纪社会中，赋税是新生的资产阶级社会和占统治地位的封建国家之间的唯一联系。由于这一联系，国家不得不对资产阶级社会做出让步，估计到它的成长，适应它的需要。在现代国家中，这种同意纳税和拒绝纳税的权利已经成为资产阶级社会对管理其公共事务的委员会，即政府的一种监督"②。议会发展成为国王通过和平途径解决财政问题的工具。议会税收同意代表大部分纳税人的共同同意，只有议会同意的税收才是需要缴纳的税收；没有获得议会同意，国王不能随便征税。于是，围绕着税收主权的争取，议会不断得到发展和完善。由此可知，西欧国家现代议会制度是在议会获得税收权力的过程中逐步得到完善的。

具体到英国而言，正是议会现代税收制度，推动着英国现代政治制度的发展。在英国，"面临抽取的人们拥有充分的议价权将导致对代表权的有效需求"③。随着骑士、工商业者、市民等新兴阶级的产生，随着国家逐渐进入税收国家，新兴阶级围绕着税收同国王进行了斗争，迫使国王签订了《自由大宪章》等制度，而使现代税收制度提上了议事日程。《自由大宪章》最为经典的条款是：在征得"全国一致同意"外，国王不得课征任何"兵役免除税或捐助""为了对某一捐助或兵役免除税的额度进行讨论并取得全国的同意，国王应发起召集大主教、主教、寺院长老、伯爵和大男爵等开会，讨论研究征款事宜"。《自由大宪章》强调国王非经"大议会（由国王、市民、诸侯三方参加）"的同意不能向封建领主征收任何额外的附加税和临时税，还规定了君主必须遵守法律，如果其违法，臣民有权强迫其遵守。这种反抗国家任意征税、要求限制、规范政府征税收权力、

① [比]亨利·皮朗.中世纪欧洲经济社会史[M].乐文，译.上海：上海译文出版社，1964：91.

② 马克思恩格斯全集（第6卷）[M].北京：人民出版社，1961：303.

③ [美]伊恩·夏皮罗，等.民主的价值[M].刘金厚，译.北京：中央编译出版社，2015：144.

追求"国民同意方可征税"的斗争，实际上就是现代税收制度的雏形。

不仅如此，《自由大宪章》虽然还是封建性质的，但是其为资产阶级在议会取得征税收权力、对王国政务的国民参与权、监督权以及"国民自由"的观念奠定了坚实的基础。1688年英国取得"光荣革命"的胜利后，议会制定了《权利法案》。《权利法案》继承了大宪章精神，继续强调"国王不经国会同意而任意征税，即为非法"。之后英国人民围绕着关涉人民根本利益的税收继续展开斗争。通过长期的曲折斗争，议会不仅控制了国王的征税收权力，而且凭借课税收权力获得了税收支出审批权，使税收开始用于满足国家公共开支的需要，而不再主要用于王室消费，从而改变了国家财政与王室收入混淆在一起的中世纪传统体制，使国王所代表的行政权力最终转化为一种真正的公共权力。事实上，国王和议会的争端包括了征税的程度与支出的必要性等问题，以及征税最后决定权的归属问题，即谁做主、谁说了算的问题。而且英国革命为之而战的并非仅仅停留在财产权同意权本身，而是要通过此，建立起人们对整个国家的统治权。总之，在现代国家建构中，英国资产阶级革命起源于税收争端，但并非仅仅停留在税收问题上，而是通过现代税收制度的革命，确立了王在法下、王在议会之下，最终从法律上解决了谁是国家权力享有者的问题。伴随着现代税收制度的建立，英国由王朝国家最终发展成为现代国家。

无独有偶，因现代税收制度而促进现代革命不仅在英国落地生根，也是18世纪美国和法国现代国家建构的基本模式。北美的独立革命从现代税收制度斗争开始，以"无代表不纳税"作为口号，就税收问题和宗主国展开了斗争，强调征税收权力作为一种对人民财产进行剥夺的强制性权力，人民才是其真正的主人，其征税时必须获得人民的同意，否则就没有存在的合法性。而法国大革命的重要原因也是税收问题，特别是各种税收特权的存在，导致下层阶级税收负担过重的问题。而随着人民财权意识的增强，这种强制性的剥削再也维持不了了。法国大革命前夕，三级会议被迫召开，然而第三等级代表在此次会议中与特权等级发生了激烈的冲突，于是第三等级单独组织了国民议会。国民议会成立后采取的第一个行动就是宣布立法权不可分割并要求限制宫廷的税收。第二个行动是在大革命中制定了《人权与公民权利宣言》，从而以法的形式明确规定税权在民，公民有税收决定权。由此可知，现代国家建构的过程，其实就是由现代税收制度推动现代政治制度的发展过程。正如黄仁宇在《资本主义与二十一世纪》一书中所提到的，资本主义之兴起，从威尼斯的城市国家开始，到荷兰共和国的独立，以及英国几代皇室的兴亡等，都是因王室财政困难有求于民而逐渐形成现代政治制度的。

总之，伴随国家财政收入的逐渐转型和税收国家的形成，现代税收制度成为现代国家建构中的一种必然。因为税收是对私人财产的剥夺，而财产是人们生存之根本，财产权是人民权利中最基本的权利。人民缴税是为了更好地维护自己的天赋人权，为了得到政府的保障或者说是购买政府的服务产品而必需的代价。但是到底缴多少税、到底购买多少产品、税收制度如何设计等必须经过人民当家作主。人民只有具有税收同意权，能控制国家的税收权力，人民主权才能真正实现。现代税收制度是主权在民的最重要内容，为主权在民奠定了坚实的基础，并推动着所有关于人民主权思想或制度的形成和发展，最后促使主权在民成为现代国家的基本内容。

（二）现代税收制度与现代国家分配正义

1. 分配正义是人类永恒的价值追求

分配正义作为人类社会重要的价值追求之一，古往今来，不同的人，从不同的角度出发，给予正义不同的理解，使得正义的内涵丰富多彩。在分配正义问题的探讨中，功利主义坚持以社会效用的大小来衡量分配正义与否，该理论在一定程度上有利于刺激经济的增长，但是这种分配理论给侵犯他人的权利留下了空间。因为只要遵循"最大多数人的利益"的分配原则，就有可能用一些人的较大利益补偿另一些人较少的损失，甚至为了使很多人分享较大的利益而剥夺少数人的自由。自由至上主义则以坚持自由至上和追求个人幸福为导向。在分配问题上，分配以权利为基础，权利以获取正当为前提。私有财产神圣不可侵犯，财富的分配和再分配必须以严格的财产权为界限，以市场分配为主要模式，反对国家的过度再分配，任何一个人正当拥有的财产不得被强行再分配。在自由至上主义者看来，不平等是不行的，但是不平等不等于不正义。自由至上主义分配正义理论容易造成社会财富向精英倾斜，社会贫富差距过大。而罗尔斯的分配正义论主张：社会分配正义必须以承认个体差别为前提，必须以社会弱势群体利益的最大实现为分配正义的标准；社会是一个合作体系，应该以一个双赢并进的过程来实现社会财富的分配；最小受惠者是否获得最大利益是财富分配正义制度建设的中心。罗尔斯的分配正义论对当代社会产生了巨大影响，但也存在不足，如"无知之幕"具有一定的乌托邦色彩。另外，还应该对造成个人差别的原因进行细化，其实有些时候造成差别的原因除了天赋、运气、社会环境等方面的因素，还有个人勤奋的程度因素，甚至还有自然环境的因素。最后，阿马蒂亚·森在总结三种理论的基础上，提出了"可能能力平等"为信息基础的分配正义理论。在阿马蒂亚·森看来，贫困不仅仅是收入低下的问题，还是作为对人的基本能力的剥夺，是能力实现过程的中断。因此，在分配正义中不能以单纯的收入标准来判断贫困，还需要通过能力的实现条件来认识。而贫困者能力的增强则毫无疑问需要政府采取更加合理的分配制度。

总之，在现代经济社会，资源的分配活动极为重要，没有合理的分配，整个社会就无法正常发展。政治的核心问题就是公共权力对社会资源如何分配的问题。而分配正义以及哪种途径可以实现分配正义是人们自古以来就高度关注的问题。

2. 现代税收制度有利于国家再分配正义

人类的实践历史表明，在分配领域，坚持市场的分配具有合理性和有效性，但是市场分配容易造成社会财富贫富差距的扩大。为弥补市场的分配缺陷，需要国家进行再分配，国家的再分配是社会发展必需的手段。那么问题又产生了，国家再分配的手段是什么，再分配限度在哪里？如何在国家再分配中实现国家分配权与公民财产权的平衡，如何实现公民之间财产权的平衡？

在现代国家，为了实现分配正义，通常在坚持市场分配为基本分配手段的同时，还运用税收等杠杆对社会财富进行权威性分配。正如学者李光辉所言，"税收是一项伟大的权力，是一项撬动社会结构的权力，更是一项保持生存的权力。国家征税不是剥削和掠夺，也没有违反自然法理和社会正义"[1]。国家运用税来实现分配正义需要从两个层面进行分析。

第一层面，税收支出制度的正义要基于生存与发展的逻辑。国家通过合理的税收制度，可"劫富济贫"，可使穷者摆脱贫困，使穷者不至于丧失自我生产与发展的能力，从而实现阿玛蒂亚·森提出的人的能力的平等，最后实现社会的长治久安。托马斯·皮凯蒂对政府税收支出的研究发现，"在 19 世纪，政

---

①　中国战略与管理研究会.战略与管理 5：税源监控 [M].北京：台海出版社，2016：64.

府只能履行基本的'王权'职能。如今这些职能开支占国民收入的 1/10 都不到。税收收入的增长使得政府可以承担更多的社会职能，当前这些社会职能开支占各国国民收入的 1/4~1/3。社会职能可分为两块：一块是医疗和教育，另一块则是替代收入和转移支付。……如今在所有的发达国家，教育和医疗开支都占到国民收入的 10%~15%（当然各国之间还是存在差异）；在所有发达国家，教育和医疗服务的成本大部分都是由公共财政承担。……这样做的目标是给所有人提供平等的基本公共服务，即无论其父母收入水平如何，每个孩子都应获得教育；每个人都应获得医疗服务，尤其是当生活陷入困顿时"[①]。"在如今的发达国家，替代收入和转移支付一般占国民收入的 10%~15%（甚至达 20%）。与教育和医疗上的公共开支不同的，替代收入和转移支付可以直接构成家庭可支配收入。"[②]总之，"现代再分配基于权利逻辑，以及人人都可以获得基本公共服务的平等原则"[③]，从而才能实现阿马蒂亚·森的分配正义。

第二层面是国家征税制度的正义，即税收制度特别是税制结构、税率、税基的正义。第二层面的正义是第一层面正义的前提，只有保证征税制度的正义，才可能实现社会再分配的正义。税收来自私人合法收入转让，国家不能随意通过税收剥夺民众的合法财产，不能随意把民众 A 的财产放入民众 B 的口袋中。国家再分配行为必须是正义的再分配，既要保障富者的合法权利，又要保障穷者的合法利益，从而实现权力与权利的动态平衡，以及权利与权利之间的动态平衡。因此，国家再分配的正义实质上是征税制度与用税制度的正义，即税收制度之正义是国家再分配正义的首要问题。而要制定正义的征税与用税制度最好的办法就是现代税收制度。

现代税收制度承认税收是必须的，纳税是一种义务。对富者而言，没有穷者也就没有富者，因为社会是一个合作的社会，任何人的发展都离不开相互之间的合作；对穷者而言，其贫困很多时候并不是自身的问题造成的，国家有义务通过社会分配制度（税收制度）的改革与创新来解决贫困问题。现代税收制度还认为纳税是一项权利。这项权利根源于税收使公民私有合法财产权的转让。

---

① [法]托马斯·皮凯蒂.21 世纪资本论 [M]. 北京：中信出版社，2014：491– 492.

② [法]托马斯·皮凯蒂.21 世纪资本论 [M]. 北京：中信出版社，2014：492.

③ [法]托马斯·皮凯蒂.21 世纪资本论 [M]. 北京：中信出版社，2014：493.

国家征税与用税必须经过税收转让者的同意，税收制度必须经过转让者自己制定或者经过转让者代表制定。"国家的收入是每个公民所付出的自己财产的一部分，以确保他所余财产的安全或快乐地享用这些财产……要把国家收入规定得好，就应该兼顾国家和国民两个方面的需要。当取之于民时，绝对不应该因为国家想象上的需要而排除国民实际上的需要……没有任何东西比规定臣民应缴纳若干财产，应保留若干财产，更需要智能与谨慎了。计算国家收入的尺度，绝不是老百姓能够缴付多少，而是他们应当缴付多少。如果用老百姓能够缴付多少去计算的话，那么至少也应当用他们经常的缴付能力作标尺。"[①] 正因为税收对社会、对国家、对纳税人具有如此重要的意义，因此税收的征收（向谁征税、征多少税、如何征税等问题）以及税收的使用（谁来决定税的使用，用于何处等问题）必须经人民同意后制定。

就税收征收制度而言，不同税制结构是不同税种的组合模式，不同的组合模式意味不同的税负模式，意味着针对不同的人去征缴。因此，税种的不同组合的背后，实质是隐含着社会成员税负如何配置的问题。选择什么样的主体税种，实际上就是选择以什么因素作为税负分配的主要标准，如以间接税作为主体税种，意味着这个社会的税负分配是以社会成员的消费支出状态为标准；以所得税作为主体税种，实际上是以社会成员的收入为主要征税标准，体现的是高收入者多纳税、低收入者少纳税或免税的量能课税原则；以财产税包括房产税、车船税、遗产税和赠与税等为主要税种，实际上意味着社会的税负以公民的财产拥有状况作为税负分配的标准。

间接税的分配办法如流转税，虽然给了社会成员一定的选择空间——消费多少缴纳多少税，消费多的多缴税，消费少的少缴纳税，但是这种程序公平的后面隐藏的是实质不公平和不正义。间接税不能充分照顾到不同社会成员对于公共服务的受益程度差异和支付能力的差异，特别是支付能力不同的成员的消费支出不仅不会与其支付能力呈现相同或者类似的比例，反而形成累退现象——支付能力高的成员所缴纳的税收与其支付能力呈反比例关系，因而造成实质上的不正义。发达国家的间接税，虽然相对复杂，但是能照顾到不同社会成员的

---

① [法]孟德斯鸠. 论法的精神（上册）[M]. 张雁深，译. 北京：商务印书馆，1961：213.

实际支付能力。总之，到底选择哪种税收制度为国家的主要制度，事实上需要人民根据自己的国情来具体决定，没有放之四海而皆准的税收征收制度。可以肯定的是，现代税收制度可以使各方利益主体利益需求得到充分表达和尊重，可以使各利益主体就税收事务进行充分的讨论、博弈、协商，从而制定出能平衡各利益主体利益的税制结构，实现分配正义。同理，税收使用制度的正义只有通过纳税人同意，才能避免公共资源的浪费，才能提高公共产品的供给效率。税收的使用制度如果不经人民的同意，则征税的目的就无法有效实现。

总之，现代税收制度可促使国家税收征收以及税收使用制度的正义，避免国家税收权力滥用，使税收征收与税收使用控制在合理的范围内，从而实现国家再分配的正义，使穷者有安身立命之处，使富者有恒产有恒心，这样既保障了公民的生存权与发展权，又保障了人们的财产权。

（三）现代税收制度与国家统治合法性

合法性是指"一种政治统治或政治权力能够让被统治的客体认为是正当的、合乎道义的，从而自愿服从或认可的能力与属性"[①]。合法性包含着两层含义：一是政治行为具有获得合法性的能力，二是被统治者内心的认可与服从。既然合法性是人们内心的一种意识、理念、价值判断，那么不同国家、不同时代的国民，因为其所处的时代、所处的经济地位、所处的文化环境不同，会形成不同的意识和价值判断，所以对一个政权的信服的内容也就会有所不同。在"家国同构"的儒家文化背景下，君主政权的政治合法性最重要的因素是血缘；在一个贸易、市场发达的原子化的社会中，政权的合法性最重要因素是选举；而在一个威权政权中，其统治的合法性最重要因素是政绩和国家目标。在当今世界，随着市场经济的发展，人们利益主体的多元化，新的阶级、阶层的多元化，以及价值观念的多元化，一个政权合法性的最基础因素是建立在人民同意基础之上，民众的同意是政治合法性存在的前提因素，"人类天生都是自由、平等和独立的，如不得本人同意，不能把任何人置于这种状态之中，使受制于另一个的政治权力"。[②]需要强调的是，人民同意的内容要上升到法律的层面，需

---

① 张星久．论合法性研究的依据、学术价值及其存在的问题 [J].法学评论，2000（3）．

② ［英］洛克．政府论：下册 [M].叶启芳，等译．北京：商务印书馆，1964：59.

要法治化，使政治权力受到法律约束，使其形成和运行必须在法律允许的范围内。公共产品和公共服务的效能化是指一国政府存在的价值不是为了某一利益集团，某一阶层的私人利益服务，而是维持社会公共秩序，最大限度地代表公共利益，最高效率、高质量地提供公共产品和公共服务，从而实现善治。政治理念的共识化是指基于政治理念多元化、多样化，在多元化与多样化中寻求最大公约数，寻找交集点的过程，共识化既不是对多元化和多样化的消解，也不是寻求一种纯粹的、无所不包的统一理论，而是"和而不同、美美与共"的和谐状态。当今社会是个政治理念多元化的社会，"要想在所有的重大问题上取得一致是不可能的，但在基本政治问题上的一致又是社会稳定所必需的，'重叠共识'是解决这个问题的一种巧妙而合理的思路"。① 政治理念的共识化是一国政治体系和政治秩序的稳定的文化基础。如果一个国家中政府与民众、族群与族群、阶层与阶层、不同政治力量之间就正义、平等、权利、政治程序等达成共识，甚至形成一种政治文化，而且政府的统治行为又建立在这一基础上，那么就可以有效提升国家政治统治的合法性。

税收是公共权力与公民权利关系的桥梁与纽带，是保障国家权力之需要，是国家职能实现的基础，是公民权利保障之基础。因此，税收问题是国家合法性中重要的问题，当然也是国家获取合法性的重要突破口。而现代税收制度有利于增强国家政治统治的合法性。

现代税收制度以承认私有财产为前提，这为界定政府权力边界、防止政府侵犯个人财产权以获得合法性提供了基础。私人财产权是公民其他权利保障的物质基础和政治基础，没有财产权的公民定将无法真正享有一切政治权利。因此一国政府对公民财产权的尊重与保护是对公民最大的尊重与保护，进而可知，一国政府要想获得统治合法性，首先也是最重要的事情之一是保障公民的财产权。现代税收制度理论先驱者洛克提出，政府的运行虽然需要一定的经费支持，但国家对公民的征税必须得到人民的同意，否则税收就是不正义的。如果政府坚持这种不正义的税收，那么其很难获得民众的认同。布坎南在与马斯格雷夫的讨论中强调，国家必须坚持个人权利优先公共利益，在税收关系上，个人权利构成了税收正义的关键。诺齐克认为，"对行为的边际约束反映了其根本的

---

① 姚大志. 打开无知之幕 [J]. 开放时代，2001（3）.

康德式原则：个人是目的而不仅仅是手段；他们若非自愿，不能够被牺牲或被使用来达到其他的目的。个人是神圣不可侵犯的"①。罗尔斯也认为，个人权利拥有的不可侵犯性即使以社会整体利益也是不能逾越的。而现代税收制度是以承认私有财产权为前提，以保障私有财产权为价值归宿，以约束国家税收权力滥用为目标，因此可以增强国家政治统治的合法性。

现代税收制度有利于将国家税收征收控制在合理范围内，从而增强国家统治合法性。税收与经济增长、经济结构、经济治理与效益以及国家公共产品与服务的提供息息相关。税率过高，税负过重，将影响人民的生产与生活，影响国家经济的发展、社会的繁荣；税负过轻，导致国家职能不能实现，公共产品所供与所需不吻合，不利于公民利益之保障。所以，税收的过多与过少都将伤及人民利益。现代税收制度意味着人民在税收事务上当家作主，人民掌握了税收权力，人民有权决定对哪些人征税、征收哪些税以及征多少税等，即税种、税率，征税环节、征税方式的设定等事项以及税收如何使用必须由人民决定。在现代税收制度下，不同的利益主体，不同价值追求的人都可以围绕着自己的核心利益问题畅所欲言、讨价还价，最后达成共识。这种理性、审慎、科学的决策，使税收征收与使用保持在合理范围，从而为社会的稳定、经济的发展、人民权利的保障提供了基础，缓和了国家权力与个人权利的冲突，有效地增强了国家政治统治的合法性。

现代税收制度，税收使用必须经人民同意，可以强有力地保障公民公共财产权，增强政治统治合法性。税收是公共领域与私人领域之间的桥梁，通过税收，使民众的私有财产转变成了国家公共财权，成为政府为公民提供的公共产品和公共服务、公共资源的来源。但是如何使公共资源最后成为民众的共有财产需要制度保障。在现代税收国家，通过现代税收制度，公民能够约束国家税收权力的行使，使政府的税收支出必须用于公共产品和公共服务，并且通过人民的监督，使政府提供公共产品和公共服务的能力和效率得到提高，从而保障了公民的公共财产的所有权。因此，通过现代税收制度平衡了公共利益与公民权利之间的关系，从而减少了冲突，使二者和谐共处，从而增强国家政治统治的合法性。

---

① [美] 诺齐克. 无政府、国家与乌托邦 [M]. 北京：中国社会科学出版社，1991：39.

总之，现代税收制度以税收议会同意为基本平台，人们通过选举代表，可以就税收的方方面面在国家层面进行讨论和协商，可以就国家税收制度执行情况进行控制和监督。现代税收制度实行横向与纵向税权分立，能使税收权力更好地保障人民利益。现代税收制度通过政府预算制度，保障公共产品有效供应，最大可能地保障公民的利益。现代税收制度以税收法治为支撑，可以防止统治者滥用税收权力，能有效地将权力装进制度的笼子里。总之，现代税收制度以现代程序性与法治性制度为载体，以公共产品效能化为目标，有利于增强国家政治统治的合法性。

（四）现代税收制度与现代国家权力、权利问题的解决

1. 现代税收制度有利于维系权力的基础：实现国家税收收入最大化

现代国家是税收国家，国家对税收的依赖性极强。没有税收，国家的活动就无法展开。因此现代国家要维持其存在的物质基础，要实现自己的职能，需要尽可能实现税收最大化。而税收是国家对私人财产的征缴，对公民来说永远是一个痛，通常无法产生自愿服从。因此，如何让纳税人痛感减轻，使税收成为纳税人基本能够接受的痛，也就是使纳税人能够产生准自愿服从，这是国家实现税收最大化的关键。所谓准自愿服从，就是纳税人出于理性选择，基于其理性行为而做出的精打细算的决策。"只有纳税人相信统治者会遵守协议，且其他人也遵守他们的协议，准自愿服从才会发生。纳税人是策略性的行动者，只有当他们预期其他人也合作的时候才会发生……""准自愿服从要求统治者像政治企业家一样行动。为了创造并维持准自愿服从，统治者要寻求能够使选民产生高度合作的非强制策略，他们必须树立纳税人的信心，相信统治者提供所承诺的税收回报的可靠性和能力；还必须使纳税人确信，纳税人的贡献对合意产品的生产意义重大。他们必须协调纳税人的行动，使每个人都认识到其他人也在照章纳税。"[①]那么如何形成纳税人的准自愿服从呢？利瓦伊认为政治制度设计很重要。一是需要国家进行政治改革，使得纳税人及其代表在税收制度的形成过程中具有发言权，使纳税人具有税收同意权。二是国家必须对税收

---

① [美]玛格利特·利瓦伊.统治与收入[M].周军华，译.上海：上海人民出版社，2010：55.

支出进行事前承诺,使其按照契约的规定开支。如果它们超过事前承诺的限度,就会遭到制裁。国家必须承诺征缴税收的目的是提供公共产品和公共服务,并且尽量实现承诺。

而现代税收制度就是这种设计良好的政治制度。一方面,通过现代税收制度,纳税人因此具有充分的话语权、知情权和参与权,使税收征收问题都是经过大家讨论通过,所有的税收制度都是经过其同意制定的。因此服从法律也就是服从民众自己的意志,民众也就没有太多的怨言,从而增加了税收制度的服从度,减少了抗拒性,这样就最大限度地增加了国家税收收入。正如托克维尔在《论美国的民主》中指出:"不管一项法律如何叫人恼火,美国的居民都容易服从,这不仅是因为这项立法是大多数人的作品,而且因为这项立法也是本人的作品。他们把这项立法看成一份契约,认为自己也是契约的参加者。"① 现代税收制度确保税收行为代表公众意愿,使税收的强制性征收转变为公众自觉地履行自己签订的契约。另一方面,通过现代税收制度,所有的税收支出都是经过民众同意的,使得政府必须实现提供公共产品和公共服务的承诺,增加了民众纳税的积极性,国家的税收也因此可以达到最大化。总之,现代税收制度有助于形成公民对纳税义务的准自愿服从,使国家收入最大化,为国家权力的存在奠定坚实的基础,而"专制的政权,是一个无能的筹款者"②。

2. 现代税收制度有利于化解权利与权力之间的冲突

财产权是公民赖以生存和发展、享受自由与自治的一项基础性权利。在现代国家,人们之所以牺牲自己的部分财产权,授予国家征税的权力,是因为权利依赖税收,自由依赖税收。人们缴纳税收是为了获得个人无法完成的公共产品和公共服务,可以更好地保障自己的权利。但是无论如何,税收对公民来说都是对私有财产的一种强制性的剥夺。"人民之金钱给付,系作为财政中国家财政收入之核心要素,国家经由课税收权力之行使,将人民财产权转换成公法之强制性财政收入。"对公民而言,永远都是别人缴纳的税是最美的税,永远希望国家征税之手伸进别人的口袋。因此,如何实现公共权力与私人权利平衡

---

① [法]托克维尔.论美国的民主:上卷[M].董果良,译.北京:商务印书馆,1988:275.

② [英]埃德蒙·柏克.美洲三书[M].缪哲选,译.北京:商务印书馆,2003:65.

一直是政治中的核心问题，而现代税收制度有利于缓和二者之间的矛盾。

税收的价值是通过维持国家的正常运转来实现公民的权利的保障，片面强调国家征税权力或过分强调纳税人权利都不利于税收价值的实现。因为片面强调国家征税权力，国家征税权力过度行使甚至滥用，将违背税收的最后价值指向，侵害了公民的权利；如果过分强调纳税人权利，国家征收不到充足的税款，就无法为社会提供公共服务，整个社会运行都会受到影响，最终也不利于纳税人权利的保护。

现代税收制度，即税收的征收和使用都必须得到人民的同意、接受人民的监督，使税收权力不至于滥用而侵犯人民进一步的财产权利，使纳税不仅是公民的一项义务，而且是公民的一项权利，从而强化全体公民的主体意识、权利意识，规范了公共权力的行使。

现代税收制度可以避免国家征税中产生的税收冲突。通过现代税收制度，公民在税收事务中具有了参与权、表达权、知情权和监督权，能充分反映自己利益要求，并可以把自己各种不同意见和对立性情绪尽情地发泄，从而可避免对立情绪不断地累积而产生如骚乱、罢工、暴动等税收冲突，进而使税收的征收与使用的矛盾乃至整个社会的利益矛盾得到一定的协调和平衡。

现代税收制度，能较好地解决现代国家构建中国家一体化与社会多元化的难题。国家一体化是国家现代化的基本保障，社会多元化是国家现代化的内在动力，如何将社会多元化和国家一体化有机统一起来并产生良性互动是一个不易解决的问题。现代税收制度的建立，使民众在税的征收与税的使用事务中能够当家作主，不仅能保障国家税收收入最大化和国家税收使用效益的最大化，从而维持国家的长治久安、繁荣昌盛，而且通过公民积极参与和自己切身利益相关的税收事务，还能增强公民当家作主的能力，促使国家治理形式的转化和国家治理能力的增强，最后实现国家治理的现代化。

（五）现代税收制度有利于实现权利之间的平衡

现代税收制度意味着税收不仅是人民之义务，还是人民之权利。纳税人在税收事务上当家作主，掌握着税收的同意权、决定权，能对其利益相关的税收问题进行平等、公开、自由、广泛的讨论、对话，讨价还价，反映自己的价值偏好，表达自己的利益诉求，影响他人的观念，并通过利益博弈、妥协与包容，形成共识，达到不同利益主体的利益最大化，从而缓和民权与民权之间的冲突。其结果必然是不仅实现了国家税收的最大化，保障了国家权力的正常运转，也实现了公民利益之最大化，实现了权力与权利的良性互动。

四、本章小结

税收是现代国家的形成动力和基本内容，现代国家必须是以税收作为财政收入主要来源的国家，而其他类型财政无论是政府大量发行货币、大量借债，还是依靠自然资源的垄断都不足以支撑国家的长久发展，最后还得回到税收国家状态。在税收国家，相当大一部分的社会财富为私人占有，国家所有权控制下的财产所形成的社会财富不再能够满足国家大部分财政需求，国家只能依靠纳税人的钱来维持国家机器的自身运作与国家职能的开展，只能依靠纳税人的钱来履行国家的公共职能，而不是依靠拥有庞大的营利性财产，或依靠营利性资产来获得财政收入。熊彼特也说："西欧现代国家的产生，原因无他，只是因为政府丧失了财产，不得不常规化地向私人征税，于是国家成为税收国家，政府成为民主政府。"税收国家是现代税收制度的前提，没有税收国家，就不可能有以私有财产自由为中心的现代税收制度；而现代税收制度是税收国家的题中应有之义，税收国家必须以现代税收制度作为保障。"租税国家，须依赖国民经济支付能力供养，故不得摧毁其支付动机，削弱其支付能力。租税国家须尊重纳税人之纳税意愿，并保持其经济能力。否则超过此界限，纳税意愿及纳税能力减退，则租税之源泉，势将枯竭租税之基础，势必崩坏，终至租税国家之灭亡。"[①] 现代税收制度的本质是国家税收征收与使用须经人民同意。现代税收制度是税收国家之必须，通过现代税收制度，不仅使国家征税获得了合法性，而且可以使国家获得税收收入的最大化；现代税收制度，不仅控制了国家的征税权力，而且更为重要的是，控制了整个国家权力的行使，因为掌握政府钱袋就掌握了政府的其他权力。现代税收制度，不仅保障了公民财产权，避免了国家对私人产权进行随意的侵犯和否定，而且保障了公民其他权利的顺利实现。现代税收制度既是现代国家建构的基本力量，也是现代国家建构的基本内容。

[①] 葛克昌．租税国家界限 [M]// 财税法论丛：第 9 卷．北京：法律出版社，2007.

第三章　现代国家建构与现代税收制度的发展：
以英、法、美为例

马克思曾说："哪怕是最抽象的范畴，虽然正是由于它们的抽象而适用于一切时代，但是就这个抽象的规定性本身来说，同样是历史关系的产物，而且只有对这些关系并在这些关系之内才具有充分的意义。"[①] 因此，本章将从历史的维度来揭示现代税收制度是如何推动现代国家建构的，从而使本研究具有更加广阔的研究背景。

第一节　英国立宪式现代税收制度的发展历程

马克思在《对民主主义者莱茵区域委员会的审判》中指出："使查理一世上了断头台的英国革命就是从拒绝纳税开始的，以宣布北美脱离英国而独立告终的北美革命也是从拒绝纳税开始的。"[②] 税收问题是观察社会与制度变迁的重要路径。英国在现代国家建构的过程中，正是征税力量与纳税力量之间的斗争——现代税收制度，推动了英国现代民族国家建构进程。本节将通过详细地阐述英国现代税收制度的发展历程，来揭示现代税收制度在英国现代国家建构中的作用。

一、国王靠自己收入生活与封建税收同意

在中世纪，私有财产神圣不可侵犯的观念已经深入人心。国王是正义的化身，其使命是保护臣民的生命、自由和财产不受侵犯。中世纪的国王拥有双重的身份：一是封君，其拥有自己的领地，主要靠自己的领地收入生活，有权要求封臣在

---

① 马克思恩格斯选集：第 2 卷 [M]. 北京：人民出版社，1972：107-108.

② 马克思恩格斯全集：第 6 卷 [M]. 北京：人民出版社，1961：304.

其生活困难时缴纳协助金与事件金，以及服兵役以保障国王安全；二是国君，国王有保护国民财产安全的使命，当国家处于紧急情况的时候，特别是处于战争状态的时候，有权征税。同时作为国君，国王为臣民们判案时可以收取诉讼费。

因此，中世纪的国王不能随意征税，国王主要靠自己的领地收入生活。而不能随意征税，暗含着国王在一定情况下还是可以征税的。那在什么情况下可以征税？中世纪的税收与现代税收有何区别？中世纪英国的税收又是如何发展为现代税收的？在发展为现代税收的过程中，税收对英国现代国家建构具体产生了什么影响呢？

1066 年诺曼底公爵威廉征服英国之后，英国封建制度至此完全建立，这意味着英国国王首先是封建领主，要靠自己的领地收入生活；其次是国君，在战争状态时，国王可以征税，获取特别收入。

（一）国王靠自己的收入生活

在诺曼底公爵威廉征服英国之后，威廉一世在英格兰建立了以土地分封为基础的封君封臣制度。按照封建制度的法理——"国王靠自己的收入生活"，拥有王室领地的英王只能靠其领地收入以及封建习惯所允许的其他收入维持自己的生活，这一收入可称为一般收入。国王的一般收入主要包括王室领地收入、王室法院的司法金、封建协助金和事件金等，具体情况如下：

1. 王室领地收入

英国王室领地主要来源于盎格鲁—撒克逊王室的地产和一些没收的贵族领地，其面积巨大，遍及整个英格兰，占全国耕地面积的 1/7 或 1/5。[①]《末日审判书》记载：在牛津郡，国王拥有 6 个大庄园，占该郡土地面积的 1/2。[②] 国王庞大的土地除了直接雇用人耕种和管理外，大多数的领地由各郡的郡守帮忙耕种并收取一定数额的租金作为补偿，租金的数额主要根据土地面积的大小来决定。王室领地收入是当时英王财政收入的主要来源。为了增加领地收入，英国历代国王要么不断扩大王室的领地面积，要么改革领地管理制度或出售领地。例如，为增加领地收入，爱德华四世在位期间，先后 4 次（1461 年、1461 年、

---

① John Tiley. Studies in the History of Tax Law[M]. Oxford：Hart Publishing，2004:207.

② Robin Fleming. Domesday Book and the Law：Society and Legal Custom in the Early Medieval England[M]. Cambridge：Cambridge University Press，1988：218–221.

1467 年、1473 年）颁布法令要求封建领主归还曾经侵占的王室领地，另外，还在 1461 年罚没了 2 个公爵、5 个伯爵、6 个男爵的领地。亨利七世在位期间，除了连续 5 次颁布法令要求贵族归还在玫瑰战争期间侵占的王室领地，还通过罚没等手段扩大王室领地。伊丽莎白在位期间，除了多次出售王室领地来换取财政收入外，还通过改革领地管理制度来增加领地收入。詹姆斯一世和查理一世在位期间，主要是通过出售王室领地换取财政收入。詹姆斯一世通过出售其四分之一的领地获取 77.5 万英镑的财政收入，而查理一世通过出售王室领地获取了 65 万英镑的财政收入。[1]

2. 王室法院的司法收入

在诺曼王朝时期，英国王室开始加强司法权的控制，把破坏国王和平及特权等重大犯罪的审理权收归王室，使王室获得了刑事案件的审判权。到安茹王朝时期，王室的司法权进一步加强。亨利二世在全国设立了司法巡回制度，通过这一制度，国王是正义化身的观念逐渐为民众所接受。于是，当民众之间发生纠纷时，他们愿意诉诸王室法院，这使得王室又取得了民事案件审判权。而且，随着英国司法体系逐渐一体化，王室在获得审判权的同时，还获取了不少诉讼金和罚没金。[2]民众到王室法院诉讼必须支付 100 英镑左右的诉讼费，有时甚至更多。在约翰统治时期，威廉·德·斯特坦维（William De Stuteville）在要求王室法院判决对威廉·毛布雷（william Mowbray）男爵领地的权利诉讼案中，花费了 200 英镑的诉讼费。另外，民众如果违反王国法律将被王室法院处罚，被惩罚者需要缴纳罚金的数额一般不固定，主要是由王室法院与被罚者同级别的贵族根据违法行为的性质来共同估算。

3. 封建协助金和事件金

根据封君封臣原则，国王作为封君，有权要求封臣获得领地的同时承担一定的封建义务。当国王遇到财政困难时，封臣有义务承担财政忠孝义务帮助他渡过难关。但是基于封建习惯，国王并不能随意以财政困难为借口征收协助金，而只有出现下列三种情况时才可以征收：其一，国王的长子或继承人被封爵；

---

[1]　陈曦文，王乃耀. 英国社会转型时期经济发展研究 [M]. 北京：首都师范大学出版社，2002：324.

[2]　John Tiley. Studies in the History of Tax Law[M]. Oxford：Hart Publishing，2004:210.

其二，国王的长女出嫁需要准备嫁妆；其三，在战争中国王被俘需要缴纳赎金。最初，协助金缴纳的数额没有固定下来，完全是封臣的一种自愿行为。但到 12 世纪时，协助金的缴纳以封建习惯的方式固定下来，缴纳数量的多少以接受封土的面积大小为准。除协助金外，国王还可以根据封君封臣关系向封臣征收事件金，其中最主要的是封臣们的领地继承金和婚姻金。根据封建国王与领主之间的权利与义务关系，封臣的领地是国王授予的，在封臣去世后，封君封臣关系即行终止，封地应当由国王收回。如果领臣的继承人想继续保有这块封地，则应当向国王缴纳一定的领地继承金。这些协助金与事件金主要涉及国王个人利益和私权，与后面的特别收入不一样，后面基于臣民的共同利益——王国之安全而征收。

（二）基于同意的特别收入：封建税收

国王在治理国家过程中遇到战争或其他紧急情况需要耗费大量金钱而单纯依靠国王自身无法满足时，需要向领主们征收税收。因为税收已经超出了封建领主义务的范围，所以国王征税时必须经过领主们的同意。

1. 封建税收同意

作为国君，当国王与他国发生战争时，国王首先有权要求各封建领主提供军役，军役后来发展为免服兵役税，以保护王国的安全；其次，有权要求臣民缴纳一些特别税收，即国王在臣民同意的基础上要求封臣提供任何超出封建习俗所规定的服役、物品和金钱。[1] 为什么需要获得臣民的同意？按照封君封臣原则，各封建领主获得领土后，依靠土地而进行统治，获得了土地上的政治与经济权利。作为对国王的回报，封建领主缴纳一定的协助金、事件金以及免征军役税等。在缴纳完封君要求的各项经济义务后，封臣享有领地内所有的收入，经济上相对独立，且私有财产神圣不可侵犯。国王要征税，必须获得他们的同意。但是这种同意具有封建性。在封建税收时期，"代表"观念还没有形成，国王就征税问题必须与各封建领主分别讨论决定，税收同意是个人行为。出席者的同意不能代表缺席者，多数人的同意不能代表少数人，即使是出席大会议的贵族也仅仅代表其自身意志。1217 年，温切斯特主教由于没有缴纳协助金而被起

---

① Sydney Knox Mitchell. Taxation in medieval England [M]. Hamden：Archon Books，1971:156.

诉至王室法院。但法院以他缺席大会议的投票、没有人可以代表他表示同意表决为由释放了他。[1] 在当时，没有形成全国性的税收同意。[2]

2. 基于同意的税种

丹麦金：这是英国最古老的封建税收，在盎格鲁—撒克逊时期为防止丹麦人进攻而以土地面积为基础向全国征收的、税率统一的封建性质税种。到威廉一世时期，虽然遭丹麦进攻的危险消除，但丹麦金成为一种国家处于紧急状态下征收的税收继续征收。丹麦金是一种封建性质的税收，征收时间和频率不固定。后来由于封建制原因，土地被层层受封，土地面积变得越来越小，丹麦金越来越不好征收。亨利一世时期，丹麦金基本上是每年都征收的一种税收；亨利二世时期，只征收了两次；1162 年，国王停止了征收丹麦金。

犁头税：犁头税（又称卡鲁卡奇）也是一种土地税，起源于 1193 年国王参加十字军东征回国途中被俘虏而须筹集 10 万马克的巨额赎金，是对全国土地征收的一种税。犁头税也是一种封建税种，征收数额依据土地面积的大小来确定。因为土地层层受封、土地贵族经常抵抗，所以犁头税征收频率很低，只在安茹王朝早期征收过 5 次。1224 年后，犁头税被宣告废止。

免服兵役税：免服兵役税是国王对不服军役的封建贵族开设的一种地道的封建税种。依据封君封臣制度，为保卫国王的安全，作为封臣有义务根据封地面积为封君提供一定数量的骑士服兵役 40 天。免服兵役税起源于威廉一世把很多土地分给了教士，可是根据教会的法规，教士又无法服兵役，于是开始用实物代替兵役。亨利一世时教士缴纳货币代替军役。到亨利二世时，随着战事增多，传统的 40 天军役已不能满足频繁的战争需求。另外，随着封建土地的层层受封，骑士数量不好计算，骑士役改成了依据土地面积频繁征收的免服兵役税。亨利二世在统治 35 年间征收了 9 次免服兵役税，理查德一世在统治 10 年间征收了 3 次免服兵役税，约翰在统治 16 年间征收了 11 次。1322 年，国王爱德华二世有了税额更大的动产税和关税，于是取消了教士的免服兵役税，之后该税种在英国封建税制中彻底消失。

---

[1]　Charles Adams. For Good and Evil:the Impact of Taxes on the Course of Civilization[M]. New York. Oxford，Madison Bokks，Lanha M. 1999:163—164.

[2]　Sydney Knox Mitchell. Taxation in medieval England [M]. Hamden: Archon Books，1971:161.

摊派税：摊派税是国王依据封建特权向自己领地上的农民和自由民征收的一种直接税收。这是一种针对个人财产征收的财产税，征税对象只是国王自己领地的农民和领地范围内的城市自由民，征税数额需要和农民以及自由民的团体协商决定，但无须取得封建贵族同意。

动产税：动产税起源于为十字军东征筹集军费，是国王对全国民众（教士除外）的动产和收入征收的直接税。1207 年以后以动产为基础，故又被称为"个人财产税"。动产税的征收要经过议会（起初是贵族大会议）的同意，故又被称为议会税。最初动产税的税率不固定，征税比较烦琐，每次征税时都要根据民众的财富增长情况重新估税，但是国王的税收收入可以随着民众财富的增加而增加。后来，随着城市经济的发展，国王为了稳定税收收入来源，根据城市和农村财富的特点，把动产税的税率固定化了，规定城市按照 1/10 的比例征收，农村按照 1/15 的比例征收，这个税率一直沿用到 1623 年。

关税和羊毛补助金：关税是一种古老的间接税，早在 8 世纪盎格鲁—撒克逊时期就存在，当时叫作"通行税"。最初，通行税征税范围包括市场上出售的实物以及港口和城市的商品。诺曼底公爵威廉征服英国后，通行税被沿用并得到发展，增加了贸易税。贸易税主要是针对出口羊毛征收的羊毛补助金。羊毛补助金也是一种封建性质的税，税收理由是国王应付紧急战争情况，征收税率必须得到商人公会的批准，征税时间是临时性的。到 1362 年，下议院获得关税和羊毛补助金的批准权，使羊毛补助金成为一种现代税收。

3. 基于同意的封建税收特点

第一，根据经同意才能征税原则，封建税收只有在国王处于紧急情况时才征收，且税率、税种的设置都要经过被征税主体（主要是贵族）的同意，封建税收的缴纳义务是与封建领主的政治权利相一致的。依据封君与封臣的契约，王室的日常开支一般来源于国王自己的日常收入，而国家处于特别时期如维持战争或者国王被捕等"非常"情况时，封建领主才需要缴纳封建税收，因此封建税收一般是临时性的、非固定化的，每一次征收都要取得各位封建领主的同意。一旦非常情况不存在，国王渡过了难关，封建税收就不存在了。例如，始于 991 年的丹麦金的征收是为了防止丹麦人侵犯英格兰领地而征收的一种土地税。随着丹麦人威胁的消失，丹麦金也就停止征收。在中世纪早期，王室内没有专门的征税机构，封建税收一般都是由地方的郡守辅助征收。

第二，封建税制结构的主要变化趋势是由土地税变为动产税。在封建国家早期，国王主要征收土地税。但是根据封建契约原则，国王分封的土地被层层受封，依据土地而征税变得越来越困难，最后被取消，而代替封建土地税的是关税等全国性税种。

第三，封建税制结构发生变化的物质前提是经济的发展和社会财富形式的变化。封建社会早期，由于经济不发达，国王征收土地税来维持国家特殊情况的需要。随着商品经济的发展，对外贸易的繁荣，社会财富的丰富，国王逐渐开征新的全国性关税、动产税、免服兵役等全国性税。封建税制结构变化的直接原因是频繁的战争使得国王入不敷出。自安茹王朝建立以来，国王不断地发动战争，巨大的军费开支使得国家财政紧张。为增加财政收入，满足战争的需要，国王不断地开设可以带来更大收入的新税种。

第四，封建税收结构的发展促使税收国家的产生。首先，封建税制结构的变化，使国家的财政收入越来越充沛，使国家军队日趋职业化，使国王逐渐摆脱对封建领主的依赖，促使封建国家结构解体。其次，封建结构的变化，使国家税收管理告别宫廷制走向现代官僚制。最后，封建税制结构的变化，国家税收收入的增长，促使税收国家的形成、英国议会制度的产生和发展、现代税收制度的形成。

二、封建税收同意的重构：《自由大宪章》的诞生

随着英国封建税收的发展，国王的权力也不断得到加强，封建税收同意对王权的约束力变得越来越弱小，最后臣民们只能就税率的高低进行讨论，而不能否定国王对各税收的征收。正因为封建税收同意的有限约束力，国王权力未受到全面有效的控制，所以国王征税权扩张和滥用的现象不断发生。约翰国王执政时期，恣意征税发展到了无以复加的程度。约翰随意征收税收极大地伤害了封建贵族的经济利益，招致贵族的强烈不满，被迫签订贵族们拟定的《自由大宪章》。

（一）约翰国王财政紧张

英格兰封建制度建立之后，国王和封建贵族们按照税收同意精神，在各自的领土范围内寻求着自己的利益。当约翰继位成为英国国王时，他面临着极为

严峻的财政困难。造成财政困难的原因具体如下：

首先，通货膨胀使得王室财政紧张。早在亨利一世期间（1180—1220年），英国就发生了严重的通货膨胀。当时小麦、羊毛、牛肉的价格上涨了2~3倍，银价下降了三分之一左右。约翰执政时期的通货膨胀更加严重，英国牛肉的价格上涨了118%，羊肉的价格上涨了132%，小麦的价格则上涨了264%。随着物价的上涨，王室的支出也大幅增加。

其次，军费空前膨胀使得财政支出扩大。约翰是个好战的国王，也是个失地的国王。他屡战屡败，屡败屡战，造成了巨大的战争经费。第一，英法战争不断。诺曼王朝的君主们还是法国的封臣，在征服英国之前就拥有诺曼底领地。在征服英国后，诺曼王朝不仅依旧拥有诺曼底领地，而且按照封建婚姻继承传统还获得了法国其他地方的不少领地。在约翰执政时期，法国国王腓力二世在位。腓力二世是一位有所作为的国王，其为实现法国领土与政治的统一，决心收回被英国封建领主所占领的诺曼底领地。为此，腓力二世不断地煽动诺曼底当地民众反叛英王约翰，并帮助诺曼底民众对抗英王约翰对他们发动的军事镇压，结果引发英法两国之间连绵不断的战争[①]。第二，约翰国王经常率军征讨爱尔兰、苏格兰和威尔士，以迫使他们臣服。第三，约翰国王经常响应教皇的号召，组织军队参加十字军东征。频发的战争需要巨大的财政支出，这样迫使约翰国王想尽一切办法征税。

最后，政府机构膨胀增加了王室财政的开支。为了增强王权统治，安茹王朝的国王们进行了行政和司法体制的改革，增加了负责税收和财政管理的财政署、负责司法的高等法院（普通诉讼法院）和指导、协调其他部门工作的文秘等永久性的、专业化的政府部门，这些机构的存在增加了王国的财政支出。

（二）约翰对封建税收同意的破坏

面对巨大的财政压力，约翰不断地冲破封建税收同意的限制，不断地提高领主们的税收负担，拼命地将自己的财政危机转嫁给封建领主们，严重地损害了封建领主的利益。

首先，约翰提高了免服兵役税的税率和征收的频率。约翰在位期间，把免

---

① John Tiley. Studies in the History of Tax Law[M]. Oxford：Hart Publishing，2004:204.

服兵役税的税率提高到 2.5 马克甚至 3 马克，还经常性地征收免服兵役税。他在统治 16 年间共征收了 9 次免服兵役税，这几乎相当于亨利二世和理查德一世两个时期的总和（他俩在位的 45 年间总共征收了 12 次免服兵役税）。令人更加愤怒的是，约翰每次征收免服兵役税的理由都是为了发动对外战争，而事实上国王在征税之后并没有发生战争。这就使得该税种的征收失去了正当性，严重地破坏了自古以来的封建税收同意原则。

其次，约翰加大了对财产税的征收。他在统治期间，前后共征收了 4 次动产税，最初以满足教皇十字军东征的名义号召全体人民包括国王自己按照税率 1/40 缴纳税收。但是，后来随着财政亏空的加剧，约翰不断提高税率，从 1/40 到 1/30 再到 1/7，最后竟然提高到 1/4。并且，为了防止逃税，约翰还不断完善税收管理制度，并对拒绝缴纳者给予监禁和没收土地等惩罚，这严重违背了税收同意原则。

再次，约翰经常征收罚金。罚金是当封臣违反封建封君封臣权利与义务时国王给予的经济惩罚。征收处罚金的目的是督促封建领主遵守自己的封建义务，但是约翰滥用这一权利，把它当作聚敛财物的手段。

最后，约翰在 1209—1211 年间，从教会掠夺了 2.8 万英镑的财产，造成了教会贵族的严重不满。

约翰王突破封建税收同意原则，恣意妄为地向封建贵族们征收高额税收，最后引起贵族们强烈不满，他们带着武器逼迫国王签下了《自由大宪章》。

（三）《自由大宪章》的诞生

按照封建封君封臣原则，国王发动对法战争，处于非常困难时期，封建领主有义务缴纳封建税收。但是，约翰是个失地的国王，屡战屡败，屡败屡战，最后使得战争结束遥遥无期。为了维持战争，约翰横征暴敛，最后导致贵族们的不满，1214 年，贵族们开始发动全国性的、有组织的反抗。1215 年 6 月，在反抗者的巨大压力下，约翰国王与贵族代表签下了著名的《自由大宪章》。

《自由大宪章》是封君与封臣经签订契约而产生的封建性法律文件。封臣们迫使国王签订此法律文件的主要目的是继续维持封君封臣的权利与义务关系，维护封建领主既得利益不受侵害，重塑国王的政治形象和权威。"为了我们自身及先辈、子孙后代的灵魂救赎，同时也为了教会的荣誉和王国的安宁，在上帝面前，我向大家申明下列内容：……"《自由大宪章》的主要内容来自《男爵条例》，只是"陈述了旧法律，却未制定新法律"①。换言之，《自由大宪章》并未增加封建领主任何新的权利与自由。尽管如此，《自由大宪章》毕竟以封建法律的形式重构了税收同意原则，使得税收同意原则由一般封建习俗变成了一个约束国王以及保护纳税人的法律文件，不仅提醒了国王法律至上、王权有限，而且明确规定保障税收同意原则的实施办法，即国王征税必须由若干贵族组成的会议讨论决定。从此，每当国王需要征收额外的税收时，他不可采取强盗的方式或者任意增加税收的方式，而需要召开由纳税人代表组成的大会议来讨论决定，从而在一定程度上保障了臣民的政治和经济权利，并为数十年后英国现代议会的产生，国王在议会之下政治规则的形成，以及对现代国家的民主制度的发展产生了深远的影响。《自由大宪章》中规定的未经大会议批准不得征税原则为"无代表权不纳税"的议会税收同意提供了历史依据与理论基础，成为新兴阶级参与议会、通过议会限制王权和夺取政治权力、维护自我利益的理论基础。另外，国王征税必须取得全国一致同意的原则，经过修正，成为平民税收参与权的理论基础。平民凭借税收参与权的行使，得以进入下议院，为税收政治参与和限制国家税权奠定了基础。

三、税收国家的逐渐建立与民族国家的形成

（一）转型的原因

1. 城市的发展与市民阶级的扩大

诺曼王朝征服英格兰之后，国王为加强王权，大力发展城市以抗衡封建领主庄园。在 11 世纪末期，英国已经建立了 80 个城市；到 13 世纪，城市数量增加到 166 个；到 14 世纪，英国的城市数量达到了 276 个；到 16 世纪，英国建立了 26 个大城市，17000 个小城镇。城市与封建庄园有本质的区别，城市民众主要以动产为经济基础而不是以领地为基础，主要从事金融业和商业的活动而不是农业生产，主要以财富积累为价值追求，而不为其他目的。在市民眼中，追逐财富的人生才是有价值的人生，身份地位与财富呈正比例关系，有财富才

---

① ［美］亚当斯 . 英国宪政史 [M]. 哈尔滨：黑龙江科学技术出版社，1997：129.

有地位。因此，他们富裕之后并不追求爵位和奢侈品享受，而是继续努力创造财富。在国王与市民的努力下，英国城市发展迅速，城市财富积累得越来越多，城市资产阶级力量越来越强大，最后足以撼动封建领主的地位。城市的发展带来了市民阶级的壮大。1086 年，城市人口只占全国总人口的 5%；13 世纪末，城市人口占全国总人口的 9%~10%；到 1377 年，城市人口比例增加到 12%。[1]城市的繁荣，不断吸引着封建领主的依靠者骑士加入市民阶级。亨利二世开始向骑士征收免服兵役税。这一税收的征收，使得骑士不用亲自为国王征战南北，没有贵族头衔的骑士由作战人转为商业经营者，很多骑士加入了城市自由民队伍，开始从事养羊业以及其他工商业活动。正如恩格斯在《论封建制度的瓦解和民族国家的产生》一文中所言："骑士的城堡在被新式火炮轰开以前很久，就已经被货币破坏了。……凡是在货币关系排挤了人身关系和货币贡赋排挤了实物贡赋的地方，封建关系就让位于资产阶级关系。……农民都向主人缴纳货币……在那里，主与奴都已经向变为地主与佃农迈出了踏实的第一步，因而封建主义的政治制度在农村也丧失了它的社会基础。"[2]骑士加入市民社会，提高了市民阶级的社会地位和政治地位，使市民阶级逐渐成为国家公共生活中的重要力量。而英国市民阶级的不断壮大，推动了英国政治、经济制度的不断发展。

2. 商品经济的发展与资产阶级的形成

英王在大力发展城市的同时，努力进行政治体制改革以推进商品经济的发展。亨利二世时期，开始司法制度改革，在全国建立了巡回法庭。在英国封建制度早期，司法权也和领土一样层层分割，每个封建领土内都有自己的司法制度。亨利二世登位后，为加强王权，进行司法制度改革，在全国建立巡回法庭。法官到哪里，国王的法庭就带到哪里。巡回法庭的建立，不仅树立了国王的权威，而且统一和规范了国家的法律制度，这为商业的发展和产权制度的确立提供了法律的保障。另外，亨利二世还进行了货币改革，取消封建领主的货币，统一全国货币。货币的统一，有利于全国统一市场的形成。14 世纪，英国的矿业特别是煤炭贸易已经发展起来了，之后许多金属制品特别是皮革制品、呢绒民族

---

[1]　郑如霖 . 略论英国中世纪城市的特点与作用 [J]. 华南师范大学学报（社会科学版），1984 .

[2]　马克思恩格斯全集：第 21 卷 [M]. 北京：人民出版社，1965：450.

工业和呢绒贸易得到迅速发展。到 17 世纪初,英国的呢绒和羊毛出口占全部出口的 90%。而随着商业贸易的发展和货币经济的逐渐发达,国家的税源也逐渐扩大,国王因此可以逐渐由依靠领土、特权为财政来源转为依靠动产为主要财政来源。

商品贸易的发展,使得商品货币经济逐渐渗透到农村,逐渐瓦解了农村的自然经济,从而破坏了英国封建制度的经济基础。随着商品经济的发展,特别是粮食、羊毛、锡以及呢绒的大量出口,以伦敦为中心的统一市场逐渐形成,传统的自然经济模式已经不可能再维持了,代替它的是资本主义农场经济,因此买卖土地慢慢成为一种无须掩饰的经济交易。土地买卖便越来越频繁,土地的产权转移成为普遍现象,最后造成西欧社会的封建色彩越来越淡,封建领主和附庸之间的关系由原来的封建人身依附关系开始演变为一种现金交易和契约关系。随着商品贸易经济的发展,王权与城市新兴资产阶级结合得更加紧密,相得益彰。

"因为市邑归领主保护而领主对市邑有很大的权力,所以国王的利益在于尽量削弱领主的权力,而给予市邑以特权。亨利二世更变本加厉地规定,如果一个奴隶逃到市邑,并安分守己地住在那边满一年,他就可以变为自由民。他给予市邑很多其他特权,在这些特权中,使他们得到最大利益的乃是:在向国王缴纳一笔款项以后,他们就要取得把自己组成为法人团体的权力。他们是直接从国王得到这个权利的,最初每一个人向国王缴纳他的那一部分的保护税,但后来必须由市邑向市民征收此项捐税,因为市邑认为征税是它分内的事。这样,随着市民人数的增加,这种负担日益减轻,而市邑变得越来越富裕,其地位日益重要。"① 为了商品经济的进一步发展,资产阶级希望有一个强大的王权来维持良好的社会秩序,创造一个和平的商业贸易环境,希望王权能提供更多的社会职能。市民"本身还过于软弱,不能实现自己的愿望,所以就向整个封建制度的首脑即王权寻求有力的支持"② 。反过来,随着商品与城市的发展,城市资产阶级财富的增多和经济实力的增强,国王希望得到经济力量日益强大

---

① [英] 布坎南. 亚当·斯密关于法律、警察、收入及军备的演讲 [M]. 陈福生, 陈振弊, 译. 北京: 商务印书馆, 1997: 61.

② 马克思恩格斯全集: 第 21 卷 [M]. 北京: 人民出版社, 1965: 451.

的城市新兴资产阶级的支持，特别是在百年战争期间，英王为筹集巨额的战争经费，急需城市资产阶级的大力支持，这反过来提高了资产阶级的政治地位。

3. 战争频繁爆发

自从诺曼王朝征服英格兰以来，英国就没有停止过对外战争。最初战争主要在英法之间进行，战争原因是诺曼王朝占有诺曼底的领地，法国想收回诺曼底地区以实现国家统一。16—18 世纪战争则在欧洲许多国家之间展开，战争原因是欧洲各国推行重商主义，为追逐境外更多的物质财富以改变国家的地位和能力而战。"在一个旨在从传统社会过渡到现代社会的过程中找出某种规律的思想体系中，战争问题是不能回避的。"[①] 频繁的战争、庞大的战争经费使得英国传统的封建税收制度远远不能满足国家的需要。"近代早期，西欧各国政府开支大幅度增长，其主要原因是战争的频繁发生、战争期限的延长和战争费用的迅速增加。由于这种战争消耗大，花钱多，所以每一方都迫切需要更多的钱。"[②] 为了筹集战争经费，英国国王必须变革国家财政体制，必须依靠国民财富。国王征税时由向封建领主征求同意转为向全国国民征求同意，国家税收逐渐形成。布罗代尔指出："现代国家是为了应对新的和迫在眉睫的战争需要而产生的。火炮、战舰队和庞大的步兵，使战争所需的费用空前。战争是万物之母，它也造就了现代世界。"[③]

（二）13 世纪英国税收国家形成

在王室早期，国王自古即有的永久性收入数量非常庞大。"但是，对国民们的自由而言，幸运的是，这些世袭的不动产收入经过一系列挥霍性的安排和处置，几乎已经所剩无几，而产生于 census regalis（国王全部收入）的其他部分的临时收入，也几乎全部被国王以类似的方式转让出去了。为补充国王收入的不足，我们现在被迫通过一些我们早期的祖先闻所未闻的新的办法来筹措资

---

① ［美］罗斯托. 经济增长的阶段——非共产党宣言 [M]. 郭熙保，王松茂，译. 北京：中国社会科学出版社，2001：111.

② ［美］保罗·肯尼迪. 大国的兴衰 [M]. 梁于华，等译. 成都：成都出版社，1988：97.

③ ［法］费尔南·布罗代尔. 文明史纲 [M]. 肖爬，等译. 桂林：广西师范大学出版社，2003：302.

金。"① 在国王依靠自己领土收入生活时期，当国王遇到特殊情况（如战争）导致国王通常的收入不足以满足其财政需求时，国王可以向贵族"大会议"请求增加税金。贵族们如果认为国王的要求合理就会同意增加。这导致国王在某种程度上需要依赖民众的资助维持其日常的开销和供给，从而使"国王靠自己领地而活"逐渐转变为"国王靠臣民税收而活"。不过，此时税收是封建税收，反映的是国王与领主私人之间的契约关系，只是封建领主的义务，主要征求各领主的同意，而不可能也不需要征求民众的同意。

随着城市的发展、商品经济的繁荣、市民社会的形成、国王权力的加强以及战争的频发爆发，英国的经济、政治制度发生了巨大的变化。首先，封建领土制度逐渐受到破坏，土地逐渐变成私人财产，封建封君封臣关系逐渐消失，封建庄园经济逐渐解体。其次，随着王国封君封臣关系逐渐消失，君主的封建领主身份日益淡化，而国家首脑身份渐趋明显，逐渐成为公共力量的象征。"因此，国家不再是国王、国王的领地和国王的臣民。更确切地说，国家这时由公民（主要指有财产的公民）组成。"② 最后是国家职能逐渐扩大，国家承担的公共事务逐渐增多。随着公共事务的增加，国王以封建领土为收入来源的财政模式显然无法满足整个国家的公共需要，因此必须向国民征收更多的税收，必须由封建领主财政转为税收财政。"在中世纪社会中，赋税是新生的资产阶级社会和占统治地位的封建国家之间的唯一联系。由于这一联系，国家不得不对资产阶级社会做出让步，估计它的成长，适应它的需要。"③ 13 世纪，英国税收制度发展的一个重要的特征就是国民的国家税收取代封建领主的封建义务。④ 税收国家的形成，为议会税收同意的形成、现代税收制度的发展奠定了基础。

四、王权主导下的议会税收同意与代议制度的产生

在中世纪的英国，当处于非常情况下，在出现财政困难时，国王有权征收

---

① 郭富民. 自由与赋税关系的宪政考量——以约翰·迪金森《一位宾夕法尼亚农夫的来信》为文本 [D]. 重庆：西南政学大学，2015.

② [美] 斯塔夫里阿诺斯. 全球通史（1500 年以后的世界）[M]. 吴象婴，等译. 上海：上海社会科学院出版社，1999：355.

③ 马克思恩格斯全集：第 6 卷 [M]. 北京：人民出版社，1961：303.

④ 任超. 英国财税法史研究 [D]. 上海：华东政法学院，2006：58.

封建税收，但是国王必须征得封建领主们的同意。税收支出是否合理，能否为封建领主们接受，是税收开征的前提条件，事关税收征收的成败。随着王国事务的增多、战争的不断，这种传统的财政收入模式已经完全不能满足王国的财政需要，英国逐渐从领地国家向税收国家转型。英国在税收国家逐渐形成的过程中，限制国王征税的问题成为政治的核心话题。在这一背景下，在13世纪，议会正式登上国家历史的舞台。

（一）税收同意与模范会议的召开

议会起源于中世纪城市讨论城市防御经费的需要。中世纪的城市基本是自治的，为保护城市的安全与独立，需要各市民共同关注城市公共防御，需要市民参加会议讨论决定公共防御的经费，因此议会作为一种财政汲取创新方式就慢慢地在各城市中产生并世代沿袭了下来。《自由大宪章》产生之后，虽然贵族会议和咨议会对制约王权有一定的作用，但是贵族会议和咨议会仍旧只是王朝财政体系中一个商议性机关，没有实质性权力，很难对王权进行有效的控制，国王可以继续侵犯人民的财产，因此，要防止国王对臣民私有财产的侵犯，英国必须建立职能明确的政治权力机关以便制约王权。这样，议会便顺应历史潮流而产生。"在1230—1240年间，'议会'这一名称用来记述国王与王国之内的大人物之间的会议。"[①]1254年，亨利三世为征税召集贵族大会。出席此次大会的除了贵族之外，还有每郡请来的2名骑士。这些骑士所代表的并非贵族，而是他们所在郡的全体自由人，是郡的代表。这次会议首次突破了贵族大会的贵族性，引入了代表性，这个时候的骑士在议会中基本没有发言权。

1265年，反叛国王的贵族西孟·戴孟特福特打着国王的名义召集了一次议会。在这次议会中，城镇的市民代表首次与贵族、骑士共同参会，被誉为革命性议会。但是这次会议不能视为英国议会的开端，它不具有国家机构的合法性基础。

1275年起，爱德华一世为扩大税源经常召集贵族、骑士和市民三个阶级的代表参加议会。自诺曼王朝以来，国王和贵族经常发生冲突，到亨利三世时期，

---

① David Abulafia. The New Cambridge M edieval History[M].Volume V. Cambridge：Cambridge University Press，1999:337.

贵族甚至起兵造反，国王和王子爱德华被贵族囚禁。饱受政治磨难的爱德华一世总结以往的政治经验与教训，认识到议会是国王与贵族等各阶层进行良好沟通的平台，发现经议会协商后制定的法律比国王单独制定的法律更有权威，因此国王要进行和平征税，最好的办法就是召开议会。议会的召开使税收同意的主体发生了变化，开始由封建贵族同意转为全国所有臣民同意，使税收的封建色彩开始弱化，税收的性质也开始发生变化，由封建税收开始逐渐变为国家税收。不过这个时候的议会还不能算是英国议会制度的开始，因为虽然他在位的时候召开过 30 次会议，但是普通议员只参加了 4 次，而且他们一般不能参与高层政治的商议。

1295 年，爱德华一世为了争得各阶级同意征税而召开了一次议会，这次议会被称为模范议会。"国王征税应获得同意"，这是中世纪英国的另一项财政准则。国王征税到底要获得谁的同意呢？在模范议会以前，国王向谁征税就应获得谁的同意。如果找贵族征税，国王就得征求贵族们的同意，一般通过召开贵族大会进行。如果要向市民征税，就得获得市民代表的同意。模范会议之后，国王征求税收同意的机构变为议会。"议会的主要内容此时全已具备，并且是骑士和市民被吸收到全国性政治会议中的起点。"[①] 其一，国王召开议会的主要目的就是求得纳税人税收同意，模范议会具有的重要职能就是主持财政税收的立法。其二，模范会议的参加者包括贵族、骑士、市民和国王。骑士和市民代表的加入使得封建税收同意走向国民的税收同意，使模范会议真正具有代议的性质。此后，英国的财政、立法等重大国务都由他们共同决定，国王只是参与决策的一方，他必须和参与决策的另一方组成议会，达成共识，才能立法，方能征税。但是模范会议还不独立，是王权主导下的议会，骑士和市民代表被召至议会的最初目的是向国王传达地方对增加税收的认可，他们一般不能对新税说不，而且并非国王所有的征税行为都要经过他们批准。

（二）14—15 世纪议会上下两院的形成

1337—1453 年英法百年战争时期是英国议会税收同意权发展的重要时期。战争不断，传统的财政收入模式已经不足以支持战争的费用。国王开始由靠贵

---

① 马克尧．英国封建社会研究 [M]．北京：北京大学出版社，1992：292.

族纳税逐渐转为依靠全民纳税，平民自由人逐渐成为税收的主要贡献者。征求平民自由民的税收同意对国王很重要，议会开始分为上下两院，平民院权力增大，税收的封建性减弱、国家性增强。"1307 年，人们仅视议会为贵族与国王共商国是的场所，骑士和市民只是被邀参加议会，作为请愿者而非参政者出席议会。""1307 年尚不存在下院独立的必要性，因为国王只是偶尔宣召骑士和市民，以便国王在处理某些具体问题时以他们为咨询对象。""14 世纪下半叶，百年战争导致平民力量上升和议会两院形成，因为那时候所讨论的问题，诸如批准赋税和支持战争等已是涉及全民利益的问题。"[①]14—15 世纪议会的权力得到发展。首先，是议会取得了控制税收的权力。1339 年《征税法》序言中首次明确规定：本次征税"由平民院同意，并获教俗贵族的意见和赞同"，"1341年，国王承诺非经议会许可，民众'不会被征税以及课取捐俸，已有的税费也不会持续增征收'"[②]。其次，下院逐渐取得了立法议案的动议权。在 14 世纪，英国普通民众只享有口头上的请愿权。到 15 世纪，下院享有了提交书面税法议案的立法草创权。1407 年，亨利四世敕准：此后征收钱款的法案由平民院拟定，获两院同意后再呈国王。从此，国王征税的基本程序是：国王提议征税，平民院订立征税法草案，贵族院同意，最后国王签发。"依靠同意—国会批准—制定法律，准许征税，以及制约内在于君主制政府中的暴政潜力。"[③]再次，下院取得了税收使用监督权。14 世纪中叶，议会开始尝试对政府财政活动施加必要的监督，主要做法是在同意征税时，议会明确规定税金的使用范围，组织专门委员会审查王室的财产情况，防止浪费和挪用，从而确保税收收入和税收支出的合理性。之后随着贵族权力的逐渐被削弱，城市自由民特别是资产阶级的形成与壮大，以及其中相伴随的国王战争的不断，国家对国家税收的依赖性不断增强，税收国家的逐渐形成，下议院权力越来越大。

（三）王在议会中：都铎时期议会税收同意权的强化

都铎王朝是从封建社会向资本主义过渡时期。资本主义经济得到快速发展，

---

①　钱乘旦，许洁明.英国通史[M].上海：上海社会科学院出版社，2002：84.

②　[英]菲利普·诺顿.英国议会政治[M].严行健，译.北京：法律出版社，2016：18.

③　[美]菲利浦·T.霍夫曼，凯瑟琳·诺伯格.财政危机、自由和代议制政府（1450—1789）[M].储建国，译.上海：格致出版社，上海人民出版社，2008：7.

已经在工农业中占主导地位。手工工厂的规模和水平稳步上升，毛纺织业成为英国的民族工业。为了支持其发展，国王提高关税，禁止羊毛出口。与此同时，商业发展迅速，城市市民财富增加。1524年，不到全国10%的城市人口已经拥有全国财富的15%。城市人口还在继续快速增加。随着财富、人口、贸易的发展，政治权力结构也在发生变化，市民阶级已经在国家权力结构中占有越发重要的地位。商品经济的发展不仅带来了城市的繁荣，而且促进了封建庄园经济的瓦解，封建封君封臣关系也因此解体。在此时期，国王们还进行了宗教改革，宗教贵族地位下降。在这样的社会、经济背景下，英国的政治制度也在发生变化，国王为了分享发展成果，逐渐提高了市民和骑士阶层的地位，议会的权力特别是税收同意权得到强化。

都铎王朝时期，"国王在议会"的原则开始形成。之前一般都是王权凌驾于议会之上，但到都铎王朝时期，国王与议会上下院三者一起组建议会。1534年的《限制任教职者支付首年薪俸法案》宣布，首年薪俸"由现届议会中的最高统治者国王、教俗两界贵族和平民共同行使权力制定"[①]。这在一定程度上承认了议会的立法权力。此时国王不可随意或者随时参加议会活动，而主要是去出席上院活动以及主持议会开闭幕式，并在闭幕会议上允准或否决议会呈递的议案，这有利于上下两院议会活动相对独立和自由。在这一时期，议会在向国王夺取权力的过程中，下院起了决定性的作用。此期间充满着国王、下院、上院的斗争与合作：有时候是两院联合起来向国王夺权，有时是国王联合上院打击下院，有时是国王联合下院打击上院。在三者博弈的过程中，最后下院占了上风，国王和贵族权力都有所削弱。到16世纪中期伊丽莎白女王统治时期，议会虽然处于国王之下，但是逐渐成为抗衡国王的重要力量。

都铎王朝时期，封建税收转为国家税收。国王召集议会的主要目的之一就是要求议会征税同意。国王要求优先审议税收议案，而议会总是希望把赋税议案拖延审议，以免国王在取得赋税同意后解散议会。下院利用国王对征税的强烈欲望，建立起自己的权力和地位。赋税法案的前言总会写上感谢国王英明统治的言辞，总是强调国家处于危机之中。但是1556年和1557年的税法中则出现了"更长久地维持了和平与稳定"的言辞，这意味着英国税收从"战时危机税"

---

① 阎照祥．英国史 [M]．北京：人民出版社，2014：141．

转变为"和平时期税"，由封建领主对君主的义务转变为国民对国家的义务，由国王靠自己生活原则转变为由国民供养政府原则。[①]这一转变使得国王的税收要求在议会中越来越难以通过。此时，国家税收对于政府的存在与运转越来越不可或缺。即使议会不同意，国王也必须要开征，这严重加剧了议会与国王的矛盾。

都铎王朝时期，议会开始向专业化、制度化方向发展。从亨利七世开始，英国议会开始实行议案制度，代替之前效率低下的请愿制。从亨利八世开始，英国议会实行计票制度和提案三读制度。这既是议会权力加强的结果，又是议会权力进一步强化的基础。

五、现代议会税收同意与英国君主立宪制的确立

自 13 世纪以来直至中世纪末期，议会召开的目的主要是国王为获得议会税收同意，但是这种同意基本上不能违背王权意志，否则国王就会解散议会；议会主要是国王筹集财物的工具，是王权统治下的附属机构，没有国王的同意，议会是不能召开的。但是随着资本主义经济逐渐在英格兰占据统治地位，英国的议会税收同意开始由王权主导下的税收同意转为现代议会税收同意，议会掌握着税收的立法权与税收的使用权和监督权，议会拥有了至上的权威。

（一）英国内战与议会课税权的获取

1. 詹姆士一世与议会税收同意权的对抗

"到 17 世纪早期，'绝对财产权'原则在英国法律中已经出现，它以某种形式坚持'没有国会的同意，国王陛下的绝对权威不能也不应该改变任何人对物品和牲畜的产权，也不应该对同样的物品和牲畜进行任何的课费'。其次，产权观念不仅涵盖土地和物品，而且已经延伸到诸如一个人的职业———一个人的生活来源———之类的事项。产权已经内在于个人，成为生活一部分的抽象权利，没有本人的同意不能被合法地拿走。"[②]

从 1604 年，面对王权的日益膨胀，下院开始利用手中的税收同意权对抗王

---

①　刘新成.英国都铎王朝议会研究 [M].北京：首都师范大学出版社，1995：178.

②　[美]菲利浦·T.霍夫曼，凯瑟琳·诺伯格.财政危机、自由和代议制政府（1450—1789）[M].储建国，译.上海：格致出版社，上海人民出版社，2008：44.

权。1604 年到 1611 年，詹姆士一世因为税收问题召开了第一次议会。在此届议会中，国王与议会产生了激烈的冲突。詹姆斯一世于是不经议会同意就发布了《税率评估书》，从而改变了英国进出口税制。1610 年，议会认为这种做法侵犯了税收同意权，宣布此法律无效。此外，下院对詹姆士一世干涉下院议员选举的做法也十分不满，他们针对王室物资征发权展开了辩论，并拒绝同意征收新的税种。1611 年，詹姆士一世一怒之下解散了议会。1611—1614 年，詹姆斯一世的财政状况极其糟糕。1614 年，詹姆士一世被迫重新召开议会，并和上届议会的几名首脑进行谈判。他们答应，只要詹姆士一世做出让步，听从他们的意见，他们将说服下院议员提供补助金。然而，他们的行动没有得到下院议员的认可，下院议员对詹姆士一世态度强硬。于是，议会仅仅活动了 2 个月，且没有通过任何一项议案就又被解散了，一直到 1621 年才召开第三次议会。在第三次议会上，下议院的议员告诉国王，如果不废除专卖制度就不会提供补助金，这次詹姆士一世本来妥协了，但是后来因反对议会对他女儿的婚事指手画脚，一怒之下又解散了议会。1624 年，詹姆士一世为了摆脱财政困境又召开了第四次议会。鉴于詹姆斯一世正在卷入 30 年战争，议会准备授予他巨额补助金，但是议会也不想白白地给予国王这一好处，于是迫使国王签订了《废除专卖制度法》。该法规定：取消所有向个人或团体授予专卖制度、许可证、特许令状、专利证书，以享有唯一的买进、售出、制造、加工权。作为回报，议会随后通过了《补助金法》，授予詹姆士一世征收动产税的权力，议会声称这是为了帮助英王组建皇家海军。议会在如此短暂的时间内所授予的这些协助金数额是空前的，为了补给战争需要，授权征收三次，税率是 1/15 和 1/10。而且，更为严格的是，议会没有简单地将大笔的补助金交给詹姆士一世。该法规定，补助金由议会任命的司库管理，司库得到战时委员会的令状后才交付补助金，补助金必须用于指定用途，司库和战时委员会向议会负责，下院有权检查相关账簿。在这次斗争中，议会占据了主动权。

2. 查理一世与议会间税收问题的冲突

查理一世登基之后，为获得议会的财政支持，在 1625 年召开了第一次议会，但是"议会拒绝授给他征收关税的权力，以及所有新君主的通常补助的权力"①，并要求将其宠臣白金汉从枢密院中清除出去。查理一世认为，这种要求是对其王权的严重挑战，遂解散了议会。之后，英西、英法战争爆发，英国王室财政枯竭，查理一世不得不在 1628 年再次召开议会。面对求财若渴的专制国王，下议院决心捍卫自由，保护英国人民的财产安全，向议会递交了《权利请愿书》。《权利请愿书》重申"未经议会批准不得开征任何新税，未经法庭审判不得逮捕臣民，不得剥夺未经法庭判决为有罪者的财产等，不可让士兵强占民房等"②。查理一世对《权利请愿书》的内容尤其是对不得随意监禁条款并不满意，"因为这限制了其将不合作的借款人及纳税人关起来的权力"③。但是为获得议会税收同意，他被迫签署了《权利请愿书》。在这次会议上，议会以国王接受《权利请愿书》为条件同意其对动产税的征税，但是对国王享有终身关税权的提议给予了拖延。一怒之下，查理一世解散议会后强制征收关税——镑税和吨税，这种强制征收受到全国商人的一致谴责和抵制，引起社会冲突。1629 年，查理一世再次召开议会，坚持要求议会授权其终身享有镑税和吨税这两种关税权。议会对查理一世从 1625 年开始一直在未获授权的情况下强制征收关税的行为进行了批判，并提出如下决议：未经议会同意，任何建议征收吨税和镑税者将视为国王或王国的敌人；未经议会同意，缴纳吨税和镑税者将视为自由的叛徒和国王及王国的敌人，议会坚持对关税进行每年审核和授权。最后，当得知其征收永久性关税的请求被下议院转交给一个专门的委员会来研究时，国王迅速做出了解散议会的决定。至此国王破坏了"王在议会中""税收同意"的传统。随后查理一世有 11 年没有召开议会，进行蛮横统治：重新恢复封建税收，恢复中世纪的森林法，制定新的关税。但是这些措施并没有有效解决国王的财政问题，而且激起了民众的抗税斗争。在当时，英国缺少专制性权力，既没有常备军，也缺乏有组织的警察，国王的统治只能依靠臣民的自愿服从，依靠议会等机构，没有议会支持的国王已经寸步难行了。1640 年 4 月，查理一世为获得议会的税

　　① [美]查尔斯·亚当斯.善与恶——税收在文明进程中的影响（原书第二版）[M].翟继光，译.北京：中国政法大学出版社，2013：258.
　　② 钱乘旦，许洁明.英国通史[M].上海：上海社会科学院出版社，2002：149.
　　③ [美]查尔斯·亚当斯.善与恶——税收在文明进程中的影响[M].翟继光，译.北京：中国政法大学出版社，2013：259.

收支持以便继续对苏格兰的战争，被迫再次召开议会。查理一世声称，对苏格兰的战争是为了保卫英国的安全和宗教传统，如果议会不授予协助金的话，即将进行的战争将以英国的失败而告终。① 为此，他向议会提出 80 万英镑协助金的要求。但是，已经被压制了 11 年的议员们对国王的征税请求并不热衷，他们提出国家改革的口号，要求查理一世首先纠正其造成国内痛苦的不当政策，然后才可以讨论是否给予协助金的问题。② 无法满足议会要求的查理一世，在一怒之下又做出解散议会的决定。由于本次议会从召开至解散只有短短的 3 个星期，因而被人们称为"短期议会"。

3. 英国内战爆发与议会课税权的暂时取得

议会解散后不久，查理一世再次发动对苏格兰的"第二次主教战争"，但缺乏经费的英国军队很快被苏格兰人击败。查理一世的财政再次濒临破产，教会提供的 2 万英镑赞助已经花光，伦敦的商人们则坚决不再提供借款，③ 更为严重的是，作为战胜方的苏格兰人继续停留在英格兰境内，并要求查理一世每天支付 850 英镑军队开支，直至他们完全撤离英格兰的国土。④ 在强大的财政压力下，查理一世不得不再次召集议会，以商讨应对之策。1640 年 11 月 3 日，查理一世时期的最后一次议会在威斯敏斯特召开，议会通过了《大抗议书》。这是一个宪法性文件，它列举了几十年国王滥用权力的种种暴政；要求进行立宪改革，以及由议会任命政府官员，建立对议会负责的政府等政治改革；要求保护私有财产、商业自由和企业经营自由；要求限制主教权力，停止宗教迫害……但是国王断然拒绝了《大抗议书》，并于 1642 年宣布"讨伐议会"，悍然发动了内战。内战的爆发后，议会获取课税权，使英国税收体系进一步发展。具体表现如下：

第一，关税的改革。大概在爱德华一世时期，英国已经设立了全国性的关税，

---

① Paul LH, Robert FF. Crown and Parliament in Tudor–Stuart England [M]. New York：Literay Licensing LLC，1959: 200–202.

② Lacey Baldwin Smith. This Realm of England 1399 to 1688[M]. Lexington：DC Heath，1996:274.

③ 钱乘旦，许洁明 . 英国通史 [M]. 上海：上海社会科学院出版社，2002：156.

④ [美] 查尔斯·亚当斯 . 善与恶——税收在文明进程中的影响 [M]. 翟继光，译 . 北京：中国政法大学出版社，2013：259.

那时主要是对羊毛、皮革的出口征税。内战爆发后，长期议会获取了关税课征权。议会首先重申课征任何未经议会批准的吨税和磅税等关税都属于非法征税，然后将关税税率的制定权和调整权由原来国王的枢密院转为关税委员会行使，同时将关税征收目的由保护国王利益转为保护国家工业、贸易，从而使关税的性质发生了根本性变化。议会获得关税课税权之后，为了保护国家工业、贸易体系，降低了一些进口原材料和出口制成品的关税税率，提高了一些出口原材料和进口制成品的关税税率。议会关税的改革，使关税摆脱了封建性质，成为现代税收，不仅促进了国家工业、贸易关税的发展，而且极大增加了国家的税收收入，使关税成为现代国家财政收入的重要来源。

第二，消费税的设定。消费税（excise）是一种对民众的消费行为征收的间接税。1643 年，议会为了筹集内战军费，在皮姆（Pym）的提议下，开始征收消费税。消费税的税源最初主要来自啤酒（非家庭酿造）、苹果酒、荞麦酒和梨酒，后来扩展到盐、肥皂、家畜肉、淀粉、帽子、铜以及许多其他物品。需要强调的是，消费税是区别于封建税收的现代税收。封建税收往往以封建领主的地位、身份、土地财产为基础，而消费税摆脱了封建性特质，是以民众的消费行为为基础的全国性税种。最初，消费税并不受欢迎，1647 年甚至有人反对这一税收，但是这项税制后来成为英国现代税收体系的重要组成部分。

第三，月课税的设定。月课税（assessment）是一项针对土地财产定额征收的直接税。在内战以及整个共和国时期，议会取消了带有封建性质的 1/15 税、1/10 税以及补助金，代之以月课这种直接税。月课的税率和时间固定，最初每周征收一次，到 1645 年开始每月征收一次，因此称为月课。月课税税率比较高，1643 年到 1646 年期间，通常一个农户要缴纳他总收入的 1/4，到 17 世纪 50 年代月课税税率降为 1/8。月课是一种全国性税收，它为打破中世纪封建税收制度，并为 18 世纪土地税、19 世纪个人所得税的产生以及整个现代税收制度的建立做出了重要贡献。

第四，废除关税包税制。包税制是一种古老的税收汲取制度，是指国家将某种税收或者特权收入的征收权承包给最高的投标者，以提前获取定额租金的税收汲取方式。包税制的实行不仅使国家不用税收人员就可以完成税收的征税，保障了国家税收收入，而且在一定程度上促进了现代民族国家的形成。因为它使得这些国家新兴的商人阶层成为国家的"投资人"，为现代国家建构奠定了物质基础。1604 年，英国实行了关税包税制，国王将关税的征收权转让给包税商，以提前换取一定的租金。关税包税制的实行，弥补了英国官僚体系的薄弱，保障了国王的关税收入，到 1640 年内战之前，关税占王室总收入的 50% 以上。但包税制的弊端也非常明显，它使得国家关税的征收被贪得无厌的包税商操纵着，严重损害了纳税人的利益。内战爆发以后，关税成为议会控制的间接税，为了更好地保障纳税人的利益，长期议会废除了关税包税制，设置征税机构，用政府任命的专门人员来征收税款。

（二）光荣革命与现代议会税收同意的建立

英国内战把查理一世推上了断头台，以议会的胜利而告终。但是，内战之后的议会并未最终取得国家的控制权，不久议会被克伦威尔解散，英国进入了克伦威尔军事独裁时期。为应付财政危机，克伦威尔随意征税，彻底取消了协助金和十五分之一税及十分之一税，增设了消费税、人头税及财产税等新税种。这些税种对个人财产和生活带有极强的攻击性[①]，取得革命胜利的民众税负非但没有减少，反而比以前更为沉重。正所谓造反者赢得了战争，但纳税人却失去了税收。[②]民众呼吁改革税收制度，要求恢复议会课税权。陷入财政困境与传统习俗、舆论压力下的克伦威尔为获得更多财政收入，被迫于 1657 年再次召开议会。这次议会虽然是在军队的控制下召开的，但议员并没有完全听命于克伦威尔，而是向克伦威尔提出《谦恭请愿与建议书》，否则议会不可能同意其征税要求。克伦威尔在军队的干预下拒绝签收《谦恭请愿与建议书》并解散了议会。克伦威尔去世后，财政困难的军人政府继续召开议会，而议会则继续着反对军事专制统治的斗争。最后议会在解散与复会中徘徊，直到 1660 年 4 月，新的"国民会议"召开，斯图亚特王朝复辟。

在斯图亚特王朝复辟初期，议会与国王处于平衡状态，议会课税权威得到尊重和保障，议会掌握着国家的财政大权，国王负责行政。国王不可立法，但可以否决议会法案。随着王权的巩固，议会和国王围绕征税问题再次发生冲突。首先，针对国王进行耗资巨大的战争，使政府陷入严重财政赤字的情况，议会

---

① Lacey Baldwin Smith.This Realm of England 1399 to 1688[M].Lexington：DC Heath，1996:298.

② [美]查尔斯·亚当斯. 善与恶——税收在文明进程中的影响 [M]. 翟继光，译. 北京：中国政法大学出版社，2013：262.

开始谋求财政支出的审批权，并于 1665 年通过《审查法》，规定只有在确信协助金的开支符合其政策目标时，议会才能兑现之前承诺的协助金数额。而在两年后，议会更是建立了公共开支审查委员会，对查理二世的协助金使用进行审查，以确信其执行授予的财政政策。①面临财政破产危险的查理二世，不得不屈服于议会的法律，接受了这项法律。《审查法》的通过，使得议会在限制王权的问题上又一次获得胜利，并为光荣革命后议会税权的完全确立奠定了思想和制度基础。

　　1685 年，詹姆士二世接替查理二世登上英国王位。为了与国王和睦相处，议会答应授予国王每年 190 万英镑的年金。但是詹姆士却不满足，还想继续加强王权，以向专制王权的路上前进。他首先想建立一支常备军，其次任命天主教徒担任文武官员。他的专制计划完全不得人心，最后因为宗教等问题，英国的辉戈党与托利党联手以议会的名义把詹姆士二世驱逐，邀请詹姆士二世的女婿威廉为英国国王。历史上把这次非流血的革命称为"光荣革命"。光荣革命之后，威廉以史为鉴，做出了和议会妥协的决定，接受了议会提出的权利宣言，批准了《权利法案》，标志着权力由国王向议会转移过程的结束。从此议会拥有了"卓越的和绝对的权力"，"既然在立法上没有宪法限制，则任何问题下院在适当的场合都可以加以讨论"。②

　　《权利法案》以国家法律的形式宣布詹姆士二世的某些做法是违法的，强调"未经议会授权，为王室所需要而凭借特权征收钱财，超期征收或以其他非授权方式征收，均属非法"③，确立了"王在议会之下"的现代议会税收同意。现代议会税收同意意味着议会不再是王朝财政体系中税收协商的机构，而成为对税的征收与使用拥有立法权、监督权的国家税权拥有者。④从此国家的税法只能由议会制定即税收法定，最大可能地禁止了对公众财产随意剥夺，保障了公民的权利和自由。议会还将国家税收支出置于其管制之下，有权审查和监督

①　Lacey Baldwin Smith. This Realm of England 1399 to 1688[M]. Lexington：DC Heath，1996:317.

②　刘建飞. 英国议会 [M]. 北京：华夏出版社，2002：17.

③　Paul LH, Robert FF. Crown and Parliament in Tudor-Stuart England [M]. New York：Literay Licensing LLC，1959: 311–315.

④　[美] 格瑞特·汤姆森. 洛克 [M]. 袁银传，等译. 北京：中华书局，2002：102.

税收支出情况。根据这一原则，议会建立了由议员组成的公共账目审查委员会，专门审查国家税款使用的途径。历史资料表明，在1690—1691年，英国议会下院尽管要经常向政府拨款，但能确保每笔税款都用于提供公共产品而不被挪作他用，确保了国家财政的公共化，这也意味着英国政府预算制度开始出现。

税收议会同意不仅使英国建立了现代税收制度，而且议会通过对税收支出的监管实现了对王权的约束，使王权最终转化为国家公共权力，使其权力的行使"仅仅是为了公共福利"，使英国从传统国家转变为现代国家。"对统治者的控制，一直是通过对征税权的约束来实现的。英国议会通过限制君主的税收而处于支配地位，这是我们的政治遗产的一部分。"① 总之，议会税权的确立对英国政治、经济的发展产生了深远的影响。

第二节　法国议会式现代税收制度的发展历程

税收随国家的产生而产生，国家制度的发展影响税收的发展，税收的发展又反作用于国家制度，推动国家制度全方位的变革。根据国家与税收关系的不同，美国学者赛力格曼把税收的发展过程分为三个不同的历史时期：第一个时期称为自由纳贡时期，即税收的起源期。在这一时期，国家税收制度极其不发达。第二个时期称为承诺时期，即封建税收期。在此时期，当国王处于紧急状况，如战争爆发等非常情况时，国王代表国家在获得贵族同意的基础上有权征收临时性的税款，但当国家紧急情况结束，税收就应该停止。第三个时期称为专制征税时期（国家税收）。随着城市经济的发展、重商主义的推行、战争军费的急剧扩大，王朝君主把封建税收转化为国家税收，国家因此由封建国家向绝对主义国家迈进。笔者认为，在专制税收之后，税收发展的脚步并未停止，而是随着社会的发展不断地向前推进，进入现代税收制度时期。在这一时期，税收依旧成为全国纳税人的绝对义务，但是税收的政治属性发生了变化，税收主权掌握在纳税人手中，纳税人掌握着税收立法权和税收使用监督权。现代税收制度是税收发展的高级阶段，对国家的发展意义重大。现代国家建构的核心命题之一就是现代税收制度的实现，国家税收由国王主权转为税收人民主权（议

---

① [澳]布伦南，[美]布坎南. 宪政经济学[M]. 冯克利，等译. 北京：中国社会科学出版社，2004：10.

会主权）。法国现代国家建构的过程实际上是由封建税收、专制税收走向现代税收制度的过程。

一、封建制下王权式微

弗雷德里克·梅特兰曾言："在阐述封建体系的时候，我们必须充分地认识到，法兰西的封建主义完全不同于英格兰的封建主义，13 世纪的封建主义也很不相同于 11 世纪的封建主义。"[①]

公元 486 年，日耳曼法兰克人征服高卢，建立法兰克王国，开始了墨洛温王朝时期。初期，王朝实行国王死后其土地平分给各个王子的土地制度。后来，土地制度发生变革，宫相查理·马特为加强王权和战争需求，推行军事采邑制，即国王把土地分给贵族，而贵族获得土地后作为义务为国王提供军事服务，即在王国战争时要为国王服军役以及提供马匹和其他战争武器。公元 751 年，查理·马特之子丕平篡夺王位，开始了加洛林王朝时期，他在军事采邑制度的基础上继续进行土地制度改革，把大部分土地当作采邑分封给臣下。查理大帝统治期间（768—814），战争不断，为了战争动员需要，国王把战争强占而来的土地也分封给有功将领。此后，国王之下的大领主又把自己的土地作为采邑分封给下属，而下属再把自己的土地作为采邑分封给自己的下属，从而形成土地层层受封的封建封君封臣制度。依据封君封臣制度，封君保护封臣土地等不受侵犯，而封臣在获得封建领主土地时，有义务效忠封君，为封君而战。

查理大帝死后不久，法兰克帝国处于分裂状态，法兰西王国因此建立。在法兰西王国时期，封建采邑制度继续发展，封建领土所有制完全建立。在封建领地内，各封建领主建立了自给自足的封建庄园。"每一座封建庄园都自给自足，甚至军费也是征收实物。没有商业来往和交换。"[②]庄园经济体系完备，不仅有农业，还有工业，农奴基本能生产除极少数物品，如盐、铁和封建主需要的贵重武器和奢侈品之外的一切产品。自然经济占绝对统治地位，法兰西是由许多经济上隔绝、政治上独立的封建领地（伯国和公国）组成的。这些封建领地

---

① Maitland FW. The Constitutional History of England：A Course of lectures Delivered[M]. Cambridge: Cambridge University Press，1919.

② 马克思恩格斯全集：第 21 卷 [M]. 北京：人民出版社，1965：449.

的统治者和领主，自认为是所辖土地上的全权主人。那时候既没有种族感觉又没有民族情绪存在，王国只不过是封邑的集合体。王权式微、土地被层层受封、土地所有权被层层下放，法兰西王国出现领主林立与封建割据局面。封建领主权力巨大，不仅占有土地所有权，而且获得了领地政治统治权力，形成了"我的附庸的附庸不是我的附庸"，最后形成与国王抗衡的局面。国王虽然是最高的领主，但是已经无法控制其臣民了。11 世纪之前，法兰西王国四分五裂。"封建主义所特的一般特性……是人民和权力被分裂为许许多多的小国家和小君主；既没有一个幅员广大的国家，也没有一个中央政府。"[①] 公元 1000 年左右，国王"所控制的只是一个从奥尔良伸展到桑利斯（Senlis），南北长约 200 公里，宽不足 100 公里的地区"。[②] 甚至在王领内部，国王也无法实现有效的管理与统治。在公元 1000 年前后，在领地内形成以城堡为中心的新的地方领主统治，堡主成为实际的地方统治者。王室在领地内同样建立了封建城堡，国王在领地内的各种权力被堡主所瓜分。到 11 世纪中叶，大批小堡主割据成风，国王对此情形根本无能为力。由于国王权力有限，王国没有统一的财政收入，国家收入散落在各封建领主手中，因而国王主要靠自己的领地收入生活。

二、三级会议税收同意与同意权被取消

（一）三级会议税收同意的形成

税收同意是封建王国的政治传统与社会习俗。在中世纪的欧洲，国王是正义的化身，国王的主要职能是保护人民的生命权、生存权和财产权；国王的主要权力是司法诉讼权，当人民之间发生纠纷时，国王应该成为仲裁人，发挥积极的调节作用，通过"行使道德权力来要求人民的服从"[③]。首先，为了保护臣民的利益，国王主要靠自己的领地收入生活。但是作为国君，封建领主的领主，国王拥有特权要求封建领主保卫国王私人的安全，要求封建领主依据土地面积

---

① ［法］基佐 . 法国文明史：第 3 卷 [M]. 沅芷，伊信，译 . 北京：商务印书馆，2009：4-5.

② Edward James. The Origins of France：from Clovis to the Capetians 500—1000[M]. London：The Macmil-lan Press LTD，1982:187.

③ 伯恩斯 . 剑桥中世纪政治思想史（350 年至 1450 年）：下册 [M]. 郭正东，等译 . 北京：生活·读书·新知三联书店，2009：654-656.

服骑士役和缴纳一定的协助金和事件金。其次，当国家处于非常时期，国王作为一国之君在封建贵族同意的基础上有权向臣民征税。但是如果国王不经同意就征税，"国王从他的臣民那里骗取钱财，犹如小偷盗窃……这种行为是不能被原谅的，因为它触犯了臣民利益"[①]。封建制度下的税收虽然也面向全体臣民，但还不是国家税收，这是因为征税的原因是王国处于紧急状态需要资金支持，当王国紧急情况消失，王国就得停止征税；而且国王的征税时间、额度、方式也不固定；此外，征税同意不是全民同意，而是向谁征税就应取得谁的同意。

在 11 世纪之前的法国，贵族领主势力强大，国王一般靠自己的收入生活，很少征税。根据传统的封君封臣的契约精神，特别是从 12 世纪开始，罗马法"凡涉及众人之事须经众人之同意"的思想在政治理论界与法学界的传开，国王不可随意征税，必须获得当事人的同意。然而，获得臣民同意在政治实践中并不是一件很容易的事情，国王根本无法一一征求臣民意见，因此国王通常通过等级和团体代表来获取税收同意。腓力二世以及后来的一些国王为此曾分别召开过贵族会议、教士会议以及城市平民会议，这为三级会议的产生和议会税收同意原则的产生提供了历史依据。

"14 世纪，'无纳税人同意不得征税'成为人们心中的税收铁律。人们认为：违反它相当于实行暴政，恪守它相当于服从法律。在那个时代，正如我说过的，法国的政治机构和英国的政治机构存在许多相似之处；但是后来，随着时间的推移，两个民族的命运彼此分离，越来越不同。它们就像两条线，从邻近点出发，但沿着略有不同的倾斜度伸展，结果两条线越延长，相隔越远。"[②]

法国三级会议的召开始于 1302 年。国王腓力四世统治期间，除了频繁地要求教会贵族提供捐赠，还开始向法国的教士征税，这引起了罗马教皇卜尼法斯八世的强烈抗议。按照 1296 年卜尼法斯八世发布的敕令：教皇对所有教会的财产都享有最高主权，没有经过教皇的同意，国王不得向教士征税，否则开除教籍。1297 年，为了筹集战争经费，腓力四世与教皇卜尼法斯八世讨价还价，最后教皇妥协，允许教士自愿纳税。可后来腓力四世却不遵守契约，竟然向法国教会

---

① Elizabeth Brown. Taxation and Morality in the Thirteenth and Fourteenth Centuries： Conscience and Political Power and the Kings of France[J]. French Historical Studies，1973:3.

② [法]托克维尔. 旧制度与大革命[M]. 冯棠，译. 北京：商务印书馆，1992：136.

征税，这严重损害了教皇的利益，自然遭到了教皇的抗议。腓力四世以教皇卜尼法斯八世干涉法国内政为由，向其开战。1302 年以筹集战争经费为由，腓力四世第一次召开了由贵族、拥有市民权的城市居民、教士三个阶级参加的三级会议，要求会议同意其开征新税。经三级会议同意，腓力四世征收了代服兵役税，同时开征了战争税，对一切商品贸易"每价值一磅征一便士"税款。此次三级会议的召开对国王与民众而言都有重大意义。对国王而言，通过三级会议的召开，国王税收法律的合法性更强，为以后频繁征税，解决王国财政问题收入提供了条件。对民众而言，三级会议通过同意国王因反抗教皇的战争需要开征临时税收，获得了税收同意权，开启了三级会议控制国王征税权、限制王权的先河。之后，腓力四世还经三级会议的同意开征了通行税、营业税、财产税、烟囱税，甚至准备尝试建立直接税体系，但受到民众的坚决抵制，未能很好地实施。

腓力四世三级会议的召开对法国的政治产生了巨大的影响，他的后继者们甚至使三级会议制度成为王国政治制度的组成部分。整个国王内，不仅设有全国性的三级会议，而且国王领地内的各个城市也设有三级会议。但是三级会议完全处于国王的控制之下，召开的目的主要是解决国王的财政问题；召开时间不固定，一般在王国遇到紧急情况，主要是国王需要征收新税时；其主要职能表面上是代表民众行使税收同意权，对国王征税进行讨价还价，进行税收审议，以及后来对税收支出进行监督，实际上还是国王意志的表达。此时，腓力四世所征税的税率虽不高，但法国从此产生了国家税收，从而为法国从家财型财政国家转变为税收国家提供了基础。因此，后世的学者认为，腓力四世时期的税收在法国税收发展史中具有里程碑意义，是法国现代国家形成的助推剂。

（二）三级会议税收同意权由被削弱到被取消

腓力六世继承了腓力四世的强势风格，围绕着收回英王在法国所拥有的封建领地，以及两国之间的商业贸易、王位继承问题同英国展开了不停的斗争。1337 年，英法百年战争爆发。战争一爆发，王室财政紧张。为了筹集军饷，国王进入了向臣民全面征税的时期。无论是不动产还是动产，无论是私人财产还是教会、王室所有地，无论是商业还是工业全都成为征税对象，法国的税制结构因此发生明显变化，由以农业税为主转为以资产商业税为主。1337 年，腓力六世对巴黎城征收商品交易税（腓力四世时期的战争税）。商品交易税主要是对酒的征税，故称酒税，税率是每价值一磅的货物征收四便士。此外，英法战争导致法国各省农田遭到破坏，农业受损，使得国王无法继续征收农业税。为了稳定税收收入，1341 年，法国国王开征盐税。盐税是一种稳定和容易征收的税种。但是盐税的开征使得国王垄断了盐的生产和销售，招来民众的反抗。[①]1342 年，腓力六世在法国北部和南部分别征收统一的商品交易税和统一的炉灶税。1346 年，腓力六世为此召开三级会议。在三级会议上，议会对国王的征税行为表示强烈的抗议，但是国王对此解释说，他无意使盐税成为一种永久性的税，这只不过是临时的战争税，三级会议还是同意国王征收盐税。这些征税为法国建立全国统一的税收体系奠定了基础。

1356 年，百年战争如火如荼地进行。在普瓦提埃战役中，法军战败，国王约翰二世以及众多臣民被俘，英国借此要求索求巨额赎金，这成为法国赋税史上的关键期。为支付国王巨额的赎金以及继续筹集战争经费，查理五世再次召开三级会议，开征新税。在这次三级会议中，以艾田·马塞为代表的第三等级希望通过税收同意换取议会政治权力，因此他们在同意查理五世提出的征税方案的同时，要求王国必须进行全面的政治改革：定期召开三级议会，设立新的税收机构，并由三级会议组建新的议政会对税收的征收以及使用进行监督。在强势的议会面前，陷于财政危机的查理五世在 1357 年发布"大敕令"，同意了三级会议提出的要求。但是国王查理五世之后却反悔，借故不履行诺言，大敕令最后并没有很好地践行而成为一纸空文。对此，以艾田·马塞为代表的三级会议在 1358 年发动了巴黎市民起义，但遭到国王的镇压，起义失败，三级会议税收同意权从此开始衰弱。"14 世纪初，在大量城市中贵族与资产者为保卫国民自由和各省特权，反对王权的侵害而联合起来，这一著名的运动是大家所熟悉的。在那个时候，我们的历史有许多这类的插曲，就像是从英国的历史中抽出来的一样。在以后的世纪中，这样的景象再也见不到了。"[②]1360 年，查理五世没有经过议会同意直接向所有民众每年征收商品税、盐税。1370 年，查理五世要求向没有贵族身份的人征收人头税。大敌当前，鉴于王国面临的险恶形

---

①　[美]詹姆斯·汤普逊.中世纪晚期欧洲经济社会史[M].徐家玲，译.北京：商务印书馆，1996：143.

②　[法]托克维尔.旧制度与大革命[M].冯棠，译.北京：商务印书馆，1992：55.

势,议会虽表示抗议,但是最后还是妥协了,默认了国王的这次征税请求。之后,战争继续,军费激增,三级会议还授予查理五世连续几年的商品交易税和盐税的征收权。但是当商品交易税和盐税征税期限到达时,查理五世却继续以战争为由,干脆要求三级会议同意其税收征收到其不在时为止。三级会议鉴于战争形势险恶,同意了查理五世的征税请求。三级会议的这次税收同意影响巨大:一是极大地增加了王室税收收入,到了 14 世纪 70 年代,王室特别税收收入约为 165 万里左右;二是为以后国王紧急情况可不经过议会同意随意征税提供了历史依据,为法国税收专制、三级会议丧失对王权的监督埋下了祸根,甚至影响了法国现代国家的建构模式。

需要说明的是,这时三级会议并没有退出王国的历史舞台,还在努力想办法限制国王的权力。1380 年查理六世上台后,当其未经三级会议同意继续征收这些特别税时,遭到了普通民众的强烈反抗。迫于财政压力,1382 年,查理六世召开三级会议,要求重新开征商品交易税和盐税,三级会议同意了国王的请求。税收同意后的王国税收收入急剧增加,查理六世(1380—1422 年在位)统治初期,王国的年常规收入约为 10 万里。自 1382 年起,商品交易税和盐税最先成为法国每年都征收的常规税,到1394年王室年常规收入增加到 19 万里左右,而 1384 年至 1389 年间仅消费税和盐税收入就在每年 200 万里以上,人头税每年收入约 400 万里,法国已经由封建领地国家转为税收国家。"战争的性质随着十四世纪的终结而改变了,于是开始了对外战争;再没有一个封臣反对封建主的战争,也没有了封臣反对封臣战争,只有国家反对国家、政府反对政府的战争了。⋯⋯这个确凿的证据表明封建时代在这个界限上终结了,另一种社会已经开始了。"[①]

1422 年,查理七世(1422—1461 年在位)登上王位。此时百年战争还在进行中。大敌当前,形势险峻,为取得战争胜利,查理七世在 1435 年和 1436 年连续两次召开三级会议。经过三级会议同意,查理七世可以每年征收商品交易税和盐税。随后,国王立即颁布法令规定商品交易税的范围、征税对象、税率、征税方式以及管理条例,使商品交易税、盐税成为王国的常规税。1439 年,国王以建立国家常备军而筹集军队经费为由,召开了三级会议。三级会议同意了

---

① [法]基佐.法国文明史:第 3 卷[M].沉芷,伊信,译.北京:商务印书馆,2009:6.

国王的请求，允许其可以每年征收人头税（达依税）。这就意味着，随着国王每年征收商品交易税、盐税、人头税，法国税收开始由临时税逐渐向固定税过渡，税收的性质也由协议税转为强制税。因为只要国家永远存在，常备军永远存在，那么税收就永远需要征收。"1436年，三级会议批准永久征收交易税、盐税等间接税，征收的数量由中央政府决定。1439年，三级会议同意按同样原则对平民征收基于财产的直接税，主要是人头税。查理七世末年，仅人头税的年税收总量就达到了120万里，甚至超过了商品税的税收总量。自此，国王取得了不经三级会议同意而自行征税的权力。"[①]而查理七世通过三级会议的召开，获得了"内外的双重胜利"，新税不仅赋予王国一位难得的保卫者，也缔造了一个绝对君主。查理七世成为不经三级会议同意可随意征税的第一人，这为法国国王最终取得不经三级会议同意便可自行征税的权力，三级会议退出法国的政治舞台埋下了基础。对此，托克维尔怒言："我敢断言，自国王约翰被俘、查理六世疯癫而造成长期混乱、国民疲惫不堪日起，国王便可以不经国民合作便确定普遍税则，而贵族只要自己享有免税权，就卑鄙地听凭国王向第三等级征税；从那天起便种下了几乎全部弊病与祸害的根苗，它们折磨旧制度后期的生命并使它骤然死亡。我很赞赏科米内这句具有远见常识的话：'查理七世终于做到了不需要各等级同意便可任意征派军役税，这件事成为他和他的后继者心上沉重的负担，并在国王身上切开一道伤口，鲜血将长期流淌'。"[②]由于国王常备军的存在，征税权力大为加强，因而导致三级会议的权力大幅削弱。查理七世从1439年开始就不再召开三级会议了，三级会议由此走向衰弱。"实际上，随着领地统治的瓦解，三级会议越来越少召开甚或停止，普遍自由权利最后死亡，地方自由随之毁灭，资产者和贵族在公共生活中再也没有联系。"[③]因为三级会议的衰弱，无法有效约束国王的征税行为，所以法国由封建税收同意时期进入君主税收专制时期，同时税收国家也在此时已经彻底建立起来。税收专制与税收国家成为一对经典的矛盾，这一矛盾的激化最后导致了法国大革命的爆发。

---

① 沈炼之，楼均信.法国通史简编[M].北京：人民出版社，1990：93–94.
② [法]托克维尔.旧制度与大革命[M].冯堂，译.北京：商务印书馆，1992：136–137.
③ [法]托克维尔.旧制度与大革命[M].冯堂，译.北京：商务印书馆，1992：125.

三、国王税收专制与贵族税收特权

（一）绝对君主制的建立与税收专制

查理七世之后，其子路易十一继承王位，从此，法国的绝对君主制逐渐建立。他在位期间，法国基本上实现了领土和政治的统一，法国人民的民族意识增强。正是因为政治的统一，有力地推动了法国经济的进一步发展。15世纪晚期，法国经济从战争的破坏中复苏。进入16世纪之后，法国的呢绒、纺织、印刷、玻璃等手工工场得到发展。与此同时，随着地理大发现和新航路的开辟，法国的商业也迅速发展起来，法国的工业制成品输往全国各地以及西欧各国。随着工业、商业的快速发展，法国农村封建领主制已经解体而封建地主制度建立起来。法国除了局部地区还保留农奴制外，绝大多数农奴都成为自由民。另外，随着新航路的开辟，大量贵重金属涌入西方，上层社会开始追求奢华生活，造成的后果是王公贵族挥霍无度，政府债台高筑，政府不得不发行公债和卖官鬻爵。于是一批大商人、高利贷和富有的行会商人成为新的贵族，也称为穿袍贵族，而传统世袭的"佩剑贵族"因此逐渐衰弱。面对穿袍贵族的挑战，佩剑贵族希望通过王权的加强来保护其即将没落的政治与经济地位。而新兴的贵族也同样希望通过强大的王权来统一市场，为其资本的原始积累保驾护航。正是在他们的推动下，法国王权大大加强，与此相反，他们自身则成为国王的一个棋子。"法国历史学家基佐指出，法国君主之所以能够强势，是因为法国封建贵族在政治上的脆弱：封建贵族在各自的采邑里沦为孤家寡人，在地方上的权力被居民的抗争所蚕食，中央则被国王这位一手遮天的君主捏在掌心。……它既无贵族政府的原则，也无其他原则；它在消亡中只能把一批贵族丢在王座的周围，那是一批高于人民的权贵，而国家机构里根本没有贵族。"[①]法国君主专制制度建立的另一个重要因素就是常备军的建立引起的税收专制。在路易十一时期，国王已经建立了一支由八千骑兵组成的大方阵联队和各教区提供的一万名自由弓手组成的常备军。由于常备军的建立，国王拥有了永久的征税权，因而三级会议的税收同意权由此丧失。

---

① [法]弗朗索瓦·傅勒.思考法国大革命[M].孟明，译.北京：生活·读书·新知三联书店，2005：200.

"专制主义基本上是财政的孩子。"①在封君封臣的封建社会时期，法国国王是最高的封君，代表着整个国家，位于封建政治权力的最高点，手里拥有国家大权。但是，在征税等重大问题上，国王必须取得臣民的同意，国王基本上能够遵守封建习惯和传统法规。"从百年大战到法国大革命，财政危机似乎刺激了法国政治体系中的每一次变革，而税收体制比法国国家的其他方面更尖锐地凸现了专制主义的限度和法国自由的特殊性质。"②之后，法国国王成为唯一的宗主，三级会议基本停止召开，"14 世纪以后，在财政陷于危机时，国王被迫设立了三级会议。专制君主制并未将它废除，只是自 1614 年以后不再召集它了。三级会议纯属咨询性机构。国王还要求三级会议提供建议，而是否采纳则由国王自便。召集三级会议成为王权在危机时候不得已的权宜措施"③。各行政机构和司法机构必须执行国王的命令，控制高等法院和穿袍贵族，统领着教会，削弱贵族权力。到了 17 世纪路易十四（1643—1715 年在位）时期，法国的君主专制达到了历史的顶峰。

在法国三级会议停开的 160 年间，为了征税，国王们已经不顾一切了，已经把自古以来的税收同意原则彻底抛弃了，法国税收专制已经发展到极致了。"1790 年 8 月 18 日，在法国制宪议会上，税收委员会主席拉罗什福柯说，'法国已经在一种邪恶的税收制度下呻吟太久……它是专制主义酝酿出的恶果'"④。"在绝对主义统治下，国王穷兵黩武、横征暴敛，税收成恶，人民怨声载道，甚至连'税'这个词也成了'集各种令人恼火的弊端于一身的野蛮词语'，'应该从我们的语言中消失'，新的公共捐税应改称为公共贡献，只有这个词语才能'更好地表达每个公民所承担的社会必需的开支'。"⑤

①　[美]菲利浦・T.霍夫曼，凯瑟琳・诺伯格.财政危机、自由和代议制政府（1450—1789）[M].储建国，译.上海：格致出版社，上海人民出版社，2008：245.

②　[美]菲利浦・T.霍夫曼，凯瑟琳・诺伯格.财政危机、自由和代议制政府（1450—1789）[M].储建国，译.上海：格致出版社，上海人民出版社，2008：245.

③　[法]阿尔贝・索布尔.法国大革命史[M].马胜利，等译.北京：北京师范大学出版社，2015：45.

④　黄艳红.法国旧制度末期的税收、特权和政治[M].北京：社会科学文献出版社，2016：1.

⑤　黄艳红.法国旧制度末期的税收、特权和政治[M].北京：社会科学文献出版社，2016：2.

（二）卖官鬻爵与税收特权

在中世纪，国王一般靠自己的收入生活，如果要征特殊税，则需要取得三级会议的同意。14 世纪，特殊税收一般都是经过三级会议同意而确定的，贵族、教士和平民共同负担，而且主要采用间接税，所有的消费者一视同仁。但是鉴于法国封建制的特殊性，即封建领主的强大、国王权力的式微等特点，国王为了征税成功又不得罪贵族阶级，于是免除了贵族的军役税。"从那时起，国库的需求随着中央政权权限的增长而增长，军役税也随着扩大和多样化；不久便增加到十倍，而且所有新捐税都变成了军役税。这样，捐税的不平等每年都使各阶级分离，使人民彼此孤立，其深刻程度超越了以往任何时代。最有能力应税的人却得免税，最无能力的应付的人却得交税，当捐税以此为宗旨时，就必然要导致那一可怕的后果——富人免税，穷人交税。"① "法国的特殊点在于在贵族等级丧失政治权力的同时，贵族作为一个人，却获得了许多从未享有过的特权，或增加了他已经享有的特权。可以说，肢体靠死亡的躯体致富。贵族阶级的统治权越来越少，但是贵族却越来越享有充当主人第一奴仆的专有特权。"②

在法国所有特权中，税收特权最让人深恶痛绝。"然而，所有这些将人和阶级加以区别的措施中，捐税不平等危害最大，最易在不平等之外再制造孤立，并且，可以说，使不平等与孤立二者变得无可救药……每年，每一个特权者都感到一种现实的、迫切的厉害，即不让自己再与民众混同，并作出新的努力与之分离。"③ 可是随时国王征战不停，财政支出成倍增加，仅仅靠平民纳税已经远远不能满足财政需求。而与此相悖的是，平民为了获得免税权，获得身份特殊性，则希望挤进贵族阶级。"税收的增长赶不上军事动员所需要的努力；由于战争对经济的干扰，间接税可能下降了。为满足飞速增长的开支，唯一的办法就是借债。每次战争带来了赤字的飙升，以及获取贷款的疯狂的努力。在积累军事开支之外，积累着王室不得不偿付的巨额利息……王室转而诉

---

① [法] 托克维尔. 旧制度与大革命 [M]. 冯棠，译. 北京：商务印书馆，2009：141.
② [法] 托克维尔. 旧制度与大革命 [M]. 冯棠，译. 北京：商务印书馆，2009：124.
③ [法] 托克维尔. 旧制度与大革命 [M]. 冯棠，译. 北京：商务印书馆，2009：129.

诸不顾死活的财政变通手段。"① 路易十三以后，王国战事不断，债台高筑，国王为了增加财政收入，饮鸩止渴，通过卖官鬻爵来获取临时收入。有钱者买到官职后，就可以享受贵族免税权。为了逃避王国繁重的税收，富裕的新兴阶级（城市商人、律师等）踊跃购买官职。由此所带来的恶性循环是随着频繁对外战争导致的财政支出的增加，国家的税收负担也因此日益沉重，而这导致贵族头衔更是炙手可热。根据法国学者科尔贝尔调查，自 1644 年起，人们投入将近 5 亿里弗尔资本来购买官职，卖官鬻爵收入构成王国中央政府的重要财源："1600—1654 年为 710 万里，占王国财政正常收入（包括包税收入、军役税收入、杂税收入和鬻官收入）的 8.7%；1610—1614 年，卖官鬻爵收入为 1450 万里，占王国财政收入的 14.5%；1615—1619 年，卖官鬻爵收入为 2530 万里，占王国财政收入 20.7%；1630—1634 年，卖官鬻爵收入增加到 7530 万里，占王国财政的 46.6%；1630—1634 年，甚至达到 1.296 亿里，竟然占王国收入的 55.3%。"② 之后，虽有所减少，但是占财政的比例依旧很大。

卖官鬻爵导致严重的政治、经济以及社会后果：一是王国官僚队伍增大，官僚机构膨胀，王国财政开支数额巨大。"16 世纪前期，法国中央政府的财政、行政、司法和军队官员总数为 2.5 万人，到 17 世纪，国家官员达到 5 万人；一个世纪中，官员总数增长了 100%。"③ 庞大的官僚队伍需要巨额资金支持其运转。二是普通人税负过重。新兴阶层对王国沉重的税收负担极其恐惧，为寻找出路，一旦有可能他们都努力挤进贵族阶层，从而获得免税权。据统计，从 1760 年开始，第三等级晋身为贵族的人大幅度上升，行政官员受封为贵族的增加了五倍，商人和艺术家的受封则增加了 12 倍和 5 倍。④ 庞大的免税者的存在使得王国的税负直接压在了没有税收特权的普通人身上，使法国税收变成穷人的代名词。

---

① ［美］菲利浦·T. 霍夫曼，凯瑟琳·诺伯格. 财政危机、自由和代议制政府（1450—1789）[M]. 储建国，译. 上海：格致出版社，上海人民出版社，2008：260.

② 法国大革命怎样发生的？[EB/OL].（2013-10-22）. http://www.360doc.com/content/13/1022/11/1241083_ 323235386.shtml.

③ 法国大革命怎样发生的？[EB/OL].（2013-10-22）. http://www.360doc.com/content/13/1022/11/1241083_ 323235386.shtml.

④ Guy Chaussinand—Nogaret. The French Nobility in the Eighteenth Century：From Feudalism to Enlightenment[M]. Cambridge：Cambridge University Press，1985:37–39.

越是穷人，越需要交税，法国的税收制度也就成了一种不正义的制度。三是卖官鬻爵使得社会财富大量用于非生产行业，导致法国工业经济、农业经济落后，使得法国经济总是停留在小手工业、小农经济状态。经济不发达、财富不增加，严重影响了国家税收收入，使得王国为满足国家庞大的财政支出，只能再次借债……终究造成王国覆灭。最后，卖官鬻爵使一切社会精英都匍匐在国王的脚下，王权专制进一步扩大，不仅打击了封建领土贵族，也打击了社会精英，可谓一箭双雕，王权专制至极。"由千奇百怪的特权构成的税收迷宫'连大臣自己都搞不懂方向'，'结果人人都被愚弄……'"① 托克维尔对此评价道："尽管国家在捐税问题上，整个欧洲大陆都存在不平等，但是没有哪个国家的不平等像法国那样表现得如此明显。"②

总之，在税收专制下的国王将其拥有的税权的作用发挥到极致。他一方面用税权来削弱贵族权力。国王为了削弱和分化贵族阶层的权力，防止其对王权构成威胁，向封建贵族和教士做出妥协，放弃了向贵族和教士征税，给予其"所有特权中最令人厌恶的特权"——免税特权，以换取他们的支持。更为恶劣的行为是王国为迅速化解财政危机，竟然饮鸩止渴，大肆卖官鬻爵。而泛滥的官职与免税特权结合起来，使免税阶层进一步扩大，"于是，在已经存在所有个别的不平等中，又加上了一项更普遍的不平等，从而加剧并维持所有其他不平等"③。另一方面，他又随意所欲地、不断地加大征税力度。最后出现的局面是：国家虽想随心所欲征税，然而承担赋税的人数却在不断下降，出现了富人免税而穷人纳税、纳税等于贫穷的代名词的尴尬局面。沉重的税收负担落在第三等级身上，可怕的后果是财源枯竭，抗税斗争不断。法国税收制度已经成为一种罪恶的、不正义的制度。此时，法国大革命一触即发。

四、现代税收制度改革与大革命后税收立宪

（一）向特权阶级征收直接税

路易十四登上王位后，为让法国称霸欧洲，发动了法荷战争、七年战争、

---

① 黄艳红.法国旧制度末期的税收、特权和政治[M].北京：社会科学文献出版社，2016：1.
② [法]托克维尔.旧制度与大革命[M].冯堂，译.北京：商务印书馆，1992：129.
③ [法]托克维尔.旧制度与大革命[M].冯堂，译.北京：商务印书馆，1992：138.

大同盟战争以及西班牙王位继承战等重大战争。连绵不绝的战争导致军费猛增，引发法国税收制度的重大变革，国家开始向免税特权阶层普遍征收直接税，最后造成特权阶层与王国关系的紧张。1695 年，大同盟战争进行时，高昂的战争费用迫使国王向所有阶层征收人头税（capitation），并承诺战争结束后三个月内取消这一税收。出于王国共同利益的需要，征税获得了特权阶层的同意。1702 年，西班牙王位继承战爆发。1710 年，路易十四再次以战争为由，向一切有财产的人征收十分之一税，但是遭到教会的强烈抵抗。经过一番讨价还价，1711 年，教会以自愿捐助的方式向国王提供 800 万里弗尔而获得永久免税权。1725 年，为了偿还巨大负债，国王再次宣布向所有人征收五十分之一税，“由所有等级之业主承担，无论他是教会的还是世俗的，是贵族还是平民……”[1] 这次征税还是遭到了教会的强烈抗议，9 月 2 日的法国教士大会为它的特权辩护道：“我们给予国家的捐助是自由和自愿的……教会是教会财产的保管人和支配人，只有它有权把这些财产挪作他用。”[2] 最后王国放弃对教会征税。1725 年的新税 “没有也不能包括教会的财产。目前及将来不论以何种原因和名目归于教会所有的财产，均享有五十分之一税的豁免权……朕特别宣告，从现在起，教会豁免一切已经设立或将会设立的税收”[3]。自 1760 年起，王国尝试对最高法官征收直接税。王权和最高法院的法官们开始冲突不断。国王一怒之下，再次削弱了法院法官的权力。1760 年 5 月 10 日，鲁昂高等法院就国王强制征收二十分之一税进行坚决抵制，向国王提交诤谏书。但是国王还是没有动摇征税的决心，强制法院法官进行税收登记，并把法官关押和流放。总体而言，18 世纪 50 年代之前，国王对特权阶层征税还不是很多，还在贵族阶层能够忍受的范围内，还没有激起特权阶级对国王的强烈反抗。但是随后当国王仍然不停地向各特权阶层缴纳更多的直接税，从而严重损害贵族阶层利益的时候，贵族阶层特别是穿袍贵族们开始奋起抵抗，两者之间关系恶化，国王众叛亲离。

（二）三级会议再次召开

1774 年，路易十六继位。法国长期的对外战争（特别是对北美的战争）、

① 黄艳红.试析法国旧制度末年的教会免税特权[J].世界历史，2009（2）.

② 黄艳红.试析法国旧制度末年的教会免税特权[J].世界历史，2009（2）.

③ 黄艳红.试析法国旧制度末年的教会免税特权[J].世界历史，2009（2）.

凡尔赛宫的奢华生活、向特权阶层提供各种年金、国家官僚机构庞大的支出、还债款等导致路易十六时期的法国已经入不敷出了，国家财政赤字巨大。为了缓解财政危机，王国只好借贷，而债务利息高达 8.5%~10%。到 18 世纪 80 年代，王国政府每年花费在应付债务上的钱远远超过 3 亿里弗尔，"国家的债务已经占国家税收的一半以上"。[①]到 1787 年国家财政赤字高达 1.12 亿里。[②]1788 年 3 月法国财政预算报告显示：收入约为 5.03 亿里左右，而支出约为 6.29 亿里以上，财政亏空高达 1.26 亿，即支出的 20%。这份报告预计借债 1.36 亿里。在整个预算中，民用支出为 1.45 亿里，占预算的 23%……军用开支（战争、海军、外交）达到 1.65 亿里，占预算的 26%……在预算中，即占支出的 50% 以上。[③]由此可见，法国政府已经产生了严重的财政危机。

为化解财政危机，路易十六认识到税收改革是最后和最好的救命稻草。"国家之所以手头拮据，是因为法国有超过一半的财产并没有正常纳税，对于政府来说，取消这些税收豁免，让贵族和教士交出他们的特权，跟其他人一样纳税，这是至关重要的。"[④]"增加税收已不能弥补财政亏空。对于人民群众来说，税收的负担已无法承受，因为在旧制度的最后几年中，物价比 1726—1741 年增长了 65%，而工资只增长了 22%。劳动阶级的购买力相应地下降了。在不到 10 年间，税收已经增加了 1.4 亿里。任何新的加税办法都不可能实行了，唯一的挽救措施就是实行一切人平等纳税。"[⑤]为此，财政总监卡隆设计了税收改革方案：以土地税替代十分之一税、降低军役税和盐税税率，贵族、僧侣、平民的地产统一被征直接税，实行国民平等纳税。为使高等法院同意国王的税收改革，1787 年 2 月 28 日，王国召开 144 人参加的"显贵会议"，希望贵族们同意国王改革，并说服高等法院支持改革，进行税收登记。

① ［美］保罗·肯尼迪.大国的兴衰[M].刘晓明，译.北京：世界知识出版社，1990：102.

② 沈炼之，楼均信.法国通史简编[M].北京：人民出版社，1990：155.

③ ［法］阿尔贝·索布尔.法国大革命史[M].马胜利，等译.北京：北京师范大学出版社，2015：58.

④ ［英］阿克顿.法国大革命讲稿[M].贵州：贵州人民出版社，2004：41.

⑤ ［法］阿尔贝·索布尔.法国大革命史[M].马胜利，等译.北京：北京师范大学出版社，2015：59.

　　然而，令国王失望的是，显贵们死守他们的权利，对国王的税收改革感到非常愤怒。贵族们提出，如果国王要向他们征收直接税，那么他必须向会议汇报国库情况、政府预算依据，以及往后每月向会议报告王国收支总账，把每年的收支情况递交财务法庭审核，并要求更换财政部部长。迫于压力，国王更换了财政部部长，由布里昂接替卡隆。布里昂公布了账目，显贵们因此同意以终身年金的方式举债 6700 万里。但是，之后随着王国财政的继续恶化，向贵族征税成为一种必然。布里昂不仅向特权阶级征收直接税，还增加了印花税。布里昂的税收改革遭到了贵族们强烈抗议。1787 年 5 月 25 日，国王解散显贵会议，布里昂直接向高等法院交涉，要求其同意税收改革，进行税收登记，然而利益受到损害的法院贵族们坚决反对，向国王提交了诤谏书，要求召开三级会议，指出只有三级会议才有权力通过新税。"……以前当法国存在三级会议的时候，人民通过他们的代表参与公共需要的评估，并得以了解这些需要的性质和规模；了解这种性质和规模后，他们就知道如何衡量和安排捐税。……在三级会议停开期间，这一权利由被民众视为立法受托者的机构行使，只有通过它们，这一神圣永恒的权利才能继续存在。也许这些权利通过强制性权威会行使得很好，但从原则上来说是很糟糕的……陛下，请把古老的宪法还给我们，它会将我们从无尽的税收弊端中解脱出来……请把这种宝贵的自由还给我们，请把三级会议还给我们……"[1]1787 年 8 月 6 日，国王御临法院，强行予以注册，高等法院表示坚决不同意，并于 1787 年 8 月 7 日宣布国王这次强行的注册是无效的。[2]对法院的此种不配合行为，国王也非常愤怒，并给予了报复性行为——于 1787 年 8 月 14 日把法国高等法院的法官放逐到特鲁瓦。各省法庭对国王的税收专制行为进行了强烈抗议，最后互相妥协：国王同意取消土地税和印花税，法院同意国王普遍性地征收两种利益税。但是需要强调的是，国王与法院的斗争并没有停止，随着王国财政危机的继续，国王继续要求高等法院注册登记新税。当法院不同意登记时，国王继续放逐法院法官。

---

　　[1]　Remontrances du Parlement de Rouen au de l'edit du mois de fevrier dernier,et de la declaration du 3 du meme mois ,1760:4–42.

　　[2]　Remontrances du Parlement de Rouen au de l'edit du mois de fevrier dernier,et de la declaration du 3 du meme mois ,1760:4–42.

1788 年 5 月 3 日,法国高等法院发表宣言:国王征税必须获得纳税人的同意;自由是一种权利,而不是一种特权;没经过法官审理,国王不能随意逮捕国民。[①]法官提出只有三级会议和宪法才是税收合法性的真正基础;国王只有取得了三级会议的同意才能开征新税;在三级会议停开期间,这一权利应由"民众的受托者"——指的当然是高等法院——来代理;国王不经过他们的同意擅自开征税收的专制行为,严重违背了传统法国的契约精神及自由原则。法官们公开提出税收的合法性问题,这无疑给法国的现代税收制度提供了思想基础。随着这些言辞的广泛流行,特权阶层和非特权阶层联合起来,掀起了反对专制主义的斗争。最后国王不得不在 1789 年 5 月 5 日召开了中断 175 年的三级会议。而在这之前,存在了 5 个世纪之久的三级会议仅仅是个咨询机构,响应国王的征税目的而召开,只能顺从国王的意志,没能有效地限制王权。三个等级的地位与权力极不平等,占全国人口 95% 的第三等级的代表名额,只有两个特权等级的一半,没有上下两院。

这次三级会议的召开,虽然也是因为国王财政危机,内克在三级会议的开幕式上说:"出于这一紧迫要求、公共利益和正义……陛下决定向他的人民要求新的捐税。"但是这次三级会议的召开却是在贵族的强烈要求下召开的。国王、贵族以及第三等级都抱有不同的希望。国王的意图是要取消税收特权,纠正传统的税收制度的弊病,让税收成为统一的、普遍的税收,从而增加国家的财政收入。贵族的意图是限制国王随意征税,维持贵族的税收特权和贵族身份。而此时的第三等级不再是为获得原来的税收同意,更是作为税收立法者,作为税收的主人来参加会议,他们要求取消贵族税收特权,限制王权,增加代表名额,重新划分社会权利与权力。"你们同我们一样担负起捐税的重担,确实是时候了,这笔捐税对你们比对我们更有用。你们早就清清楚楚预见到,这种骇人听闻的不公平再也不能继续下去了。……对,你们这回要出钱了,不过不是出于乐善好施,而是出于公平合理;并不是因为你们心甘情愿,而是你们必须这样做。"[②]"第三等级的全部特殊捐税必须废除,对此不应该有任何怀疑,有这

---

① [法]瑟诺博斯.法国史[M].沈炼之,译.北京:商务印书馆,1964:240.

② [法]西耶斯.论特权——第三等级是什么?[M].冯棠,译.北京:商务印书馆1991:47.

么奇怪的国家：在那里，有从公共事务中受益最多者反而对此受益最少；在那里，有种种使人耻于承担的捐税，连立法者自己都斥之为使人堕落的捐税。"①第三等级颠覆性的要求，立即遭到了王国与贵族的不满，巴黎高等法院拒绝第三等级要求双倍代表名额的请愿书，查封各种小册子。在雷恩，1200 名贵族代表集会，宣誓要为维持传统方式而斗争。1789 年 7 月 7 日，第三等级干脆将三级会议改为"国民议会"，把批准税收的权力直接赋予第三等级。对此，路易十六还是采用了传统的套路——关闭第三等级的会议大厅。随后，第三等级发动了著名的"网球场宣誓"。1789 年 7 月 9 日，第三等级将国民议会改名为"国民制宪会议"。面对着紧张的政治局势，国王路易十六在王后及部分宫廷贵族的鼓动下，向凡尔赛和巴黎四周调派军队企图加强对局势的控制，结果激起了普通民众强烈的不满，并迅速演化成一场社会动乱，法国大革命因此爆发，法国专制王权也因此结束。

18 世纪法国三级会议的召开是财政危机下妥协的结果。这些妥协已经是国王走投无路的一种象征，因为税收已经是国家的命脉。"财政亏空是王朝的慢性病，也是导致法国大革命的主要直接原因。"② 政治危机是旧制度财政问题一个恒定不变的衍生物。法国农民虽然只有很小的可能性参与法国政治过程，但对于法国何去何从，他们有很多话要说，他们也干得漂亮。

（三）税收立宪与现代税收制度形成

税赋是必要的恶，没有税收的国家不是现代国家，但是税收必须控制在合理的范围之内。而要想把征税控制在合理的范围内，唯一的途径就是纳税人成为税收的主人，实现现代税收制度。战胜王权的法国第三等级并没有停下革命的脚步，为了避免税收带来的灾难，成为税收的主人，进而维护人生而具有的权利。1789 年，法国召开制宪会议，发布了著名的《人权宣言》。《人权宣言》规定"私有财产是神圣不可侵犯的权利，除非当合法认定的公共需求所显然必需时，且在公平而预先赔偿的条件下，任何人的财产不得受到剥削"。此次会

---

① ［法］西耶斯. 论特权——第三等级是什么？[M]. 冯棠，译. 北京：商务印书馆 1991：49.

② ［法］阿尔贝·索布尔. 法国大革命史 [M]. 马胜利，等译. 北京：北京师范大学出版社，2015：57.

议还决定制定法国宪法，用宪法约束国家的征税权，保护革命的成果。1791年，制宪会议再次召开，并通过了法国第一部宪法。1791年法国宪法以《人权宣言》为序言，宣称"所有公民都有权亲身或者由代表来确定赋税的必要性，自由地加以认可，有权注意其用途，决定规定税额、税率、客体、征收方式和时期。"这一规定是对"无代表则无税"的最终确认。宪法第五篇还以"赋税"为标题，进一步确认了议会财政权。此外，1791年法国宪法提出了税收平等原则，将对纳税人权利保护拓展到税的使用方面。至此，法国现代税收制度基本建立，法国的税收制度开始由邪恶之税转为正义之税。随着现代税收制度的建立，法国的国家权力得到了驯服，国家开始朝着民主化、现代化的方向前进。

第三节　美国复合式现代税收制度的发展历程

一、无代表不纳税与美国独立战争

英国在与法国、印第安人进行战争之前，其在美洲主要征收关税。战争结束之后，为了支付国债利息和使英国新领地的武装部队保持战争状态所需要的军费，善于理财的大臣乔治·格伦维尔成为英国的财政部部长后，开始加大对美洲殖民地的税务征收管理。格伦维尔上任之后发现，英国政府每年需要向美洲海关职员支付近8000英镑的薪金，但是海关每年所收的关税还不到2000英镑。按照1733年糖蜜条例的规定，每加仑糖蜜征收6便士计算，显然关税不止这么多，这意味着美洲殖民地的居民在逃税。于是，1763年10月，格伦维尔发布严格征收糖蜜税的命令，并下令英国海军在海上巡逻，缉拿走私犯。同月，英国议会在格伦维尔的建议下制定新的糖税法令。新的法令规定：糖税征收的目的是帮助英国支付其保卫美洲新领地时的开支，糖税的征收范围包括糖、靛蓝、咖啡、辣椒、酒和纺织品等商品；糖税的税率由6便士每加仑降低到3便士每加仑；为防止走私活动，法令规定每一艘进出殖民地港口的船，都要填写详细的正式文件存档备查；凡是违法规定的人员，均要受到没有陪审团参加的海事法庭的审查。与此同时，格伦维尔建议议会向美洲开征印花税。1765年3月22日，英国议会采纳了格伦维尔的建议并通过了《印花税条例》，并于1765年11月1日生效。1765年5月，英国议会在格伦维尔的建议下又通过了驻军条例，要求美洲人民为驻扎美洲的英军提供营房、燃料、蜡烛、醋、盐、被褥以及啤酒、苹果酒、糖蜜酒等。① 需要强调的是，在英国政府看开，这些税对美洲殖民地的英国人来说是合理的税收。目的主要是用于保护他们驻在当地边界的军队开支。况且，北美是几次军事胜利的受益者——法国威胁的消除、西部边境的开放，都使美洲人民大受其益，因此，由他们为其获得的利益承担相应的成本是无可厚非的。但是这些条例的颁布激起了北美人民的怒火，掀起了北美人民反抗税收的第一次高潮。他们革命的理由是什么呢？

英国政府侵犯了英属北美人民税收同意的权利。17 世纪第一批来到北美大陆定居者大部分人都参加过英国内战，现代税收制度意识已经深入其脑海。美洲殖民地的人民认为，英国代议制是保护人民权利的重要制度，英国议会和美洲各殖民地的议会代表都保卫着英国人的权利，特别是财产权。没有财产权，生命和自由就没有保障。征税权力是政府拿走人民财产的权力，如果未经本人同意或其代表的同意就被随意征税的话，任何人都不能说自己是自由的。而且他们到了美洲后，英国议会在殖民宪章中也明确规定，保证殖民地人民享有一切自由权，即他们享有陪审团审判的权利、不能被任意监禁的自由、税收同意的权利，以及英国君主在涉及他们的事项时所受到的约束，与处理国内事项时所受到的约束等相同的公民权利。而现在，英国议会不经过他们同意，通过《印花税条例》向其征收直接税，通过糖税法和驻军条例间接向他们征税，以及对违反糖税法和印花税法的人进行海事法庭审判，是对其作为英国人权利的剥夺。英国议会不经殖民地的同意而向殖民地征税的问题，已经不是简单的经济利益问题，而是涉及殖民地人民的自然权利问题。因此，这些法令的实施遭到了殖民地人民的反抗。弗吉尼亚代表指出："只有这些代表才可能知道人民负担得起什么样的税或征收这些税的最容易的方法，而且他们本人也必须受到向人民征收的每一项税的影响。"② 如果英国议会议员得到向殖民地的征税权，他们几乎会情不自禁地把自己及其选民纳税的负担转嫁到美洲。从殖民地每征收一

---

① [美]布卢姆，等.美国的历程：上册[M].杨国标，等译.北京：商务印书馆，1988：142.

② [美]布卢姆，等.美国的历程：上册[M].杨国标，等译.北京：商务印书馆，1988：147.

便士，就是从英国本土的人口袋中少收一便士，这就意味着英国议会税收专制。纽约议会议员称："人民只应自己的代表来课税，这是每个自由国家最重要的原则……人类的天赋权利。"[①]马萨诸塞议会议员指出：根据上帝和自然界的法则制定的英国宪法中包含着一些基本的权利，这也是人类共同的权利……未经本人同意，任何人不应夺取他人的财产。[②]

1765 年 10 月，在英属 13 个殖民地中有 9 个殖民地代表汇集纽约，召开了反对印花税的会议，通过了《权利和自由宣言》。在巨大的压力之下，英国议会被迫于 1766 年 3 月废除了《印花税法案》。但是，《印花税法案》的失败并未阻止英国议会对殖民地人民征税的欲望。1767 年，英国议会又通过了 4 项北美殖民地征税的法案，统称为《汤森税法》。但是此税法再次遭遇了北美人民的抵制，他们仍然要求取消英国政府的征税权。英国政府为保障糖税等税的征收，保障海关官员的性命，1768 年派了两团部队驻扎在波士顿，这对美洲人民来说无疑是一种税收暴政。1770 年 3 月 5 日，波士顿人民发动了暴动，迫使议会在新的财政部部长诺思的建议下修改法令。法令规定，凡是不利于美洲制造业发展的关税一律取消，而只保留对美洲不能生产的茶叶进行征税。之后，美洲人民因为英国议会征税权而引发了对英国议会有关美洲事务的立法权合法性讨论。最后，因为现代税收制度问题，英美双方矛盾越来越大。1773 年，美国独立战争爆发。英国在英属殖民地的统治结束，拉开了美国现代国家建构的序幕。

二、税收宪政与美国联邦制形成

独立战争胜利后，美国人民对"英国议会开始随意使用纳税人的钱，用税权很快就超越了纳税人的利益……英国政府也很快从节俭转变为奢侈，从保家卫国转变为无限制的军事冒险，转变为侵入人民生活的无限政府。自由已经退位了，已经向提高政府收入妥协了"[③]的情况深感忧虑，因此对税收法定产生

---

① [美] 布卢姆，等. 美国的历程：上册 [M]. 杨国标，等译. 北京：商务印书馆，1988：147.

② [美] 布卢姆，等. 美国的历程：上册 [M]. 杨国标，等译. 北京：商务印书馆，1988：147.

③ [美] 查尔斯·亚当·斯密. 善与恶——税收在文明进程中的影响（原书第二版）[M]. 翟继光，译. 北京：中国政法大学出版社，2013：443–444.

了怀疑，对议会权力过大产生了恐惧。为了避免国会税收权力的滥用、国会权力过大，1777 年，北美人民通过《邦联条例》规定，邦联是独立国家的自愿联合，各州拥有独立的征收权力，邦联国会没有征税的权力，邦联政府的财政由各州摊派。美国人民认为控制了邦联国会的征税权，就控制政府的财政权力，进而控制了政府的一切权力。《邦联条例》生效后的邦联政府只能依靠各州的拨款，并靠出售西部的土地、借款或发行债券来筹集资金。

令美国人民没有想到的是，理论和实践是有巨大差距的。依照邦联条例，邦联国会没有权力和能力约束各州按时足额地上缴摊派的税金，[①] 以致各州上缴邦联国会的财政不是数量不足，就是拖延时日。1781 年 10 月至 1784 年 1 月，邦联国会向各州征用财政税收所得收入 1466000 美元。[②]1781 年到 1786 年间，邦联平均每年的财政收入只有 50 万美元。没有征税权的邦联政府财政非常困难，政府几乎要破产。邦联国会为缓解财政压力，只好向国内外借款或发行信用货币来取得财政收入。但这只是暂时之计，不能从根本上解决财政困难。税收不仅是国家财政收入的主要来源，也是其国债制度得以实施的重要保障。邦联国会既没有足够的税收来稳定信用货币币值，也没有足够的税收来偿付借款，结果导致信用货币贬值严重，通货膨胀率触目惊心。缺乏财政支持的邦联政府权力十分弱小，导致严重的政治、经济、社会后果，差点葬送了美国独立革命的成果。

1781 年 8 月，汉密尔顿在署名为"大陆人"的二号文章中指出，邦联最大的弱点是"没有予以合众国财产"。没有征税权的邦联政府根本无法有效行使行政职能：1787 年，美国北方的制造业者、造船业者以及商人要求州州之间实行自由贸易，并要求邦联能提高关税以保护国内产业；南方种植园主则希望邦联海军能为其贸易出口提供强大的海上保护；西部的开拓者要求邦联为其对抗印第安人；邦联政府的债券持有者则希望邦联能保证兑现债券的价值。严酷的现实使美国人民终于意识到，如果国家是一个必要的恶，那么税收则是这个必要恶的根基，是必要恶的核心要件，因此也是必要的恶。税收对于现代政府来

---

①　Richardson JD. A Compilation of the Messages and Papers of the Presidents，1789—1902，Vol. I[M]. Washington DC：Bureau of National Literature and Art，1904: 9–18.

②　Davis Rich Dewey，The Financial History of the United States: 44–45.

说非常重要,没有征税权的邦联政府是个弱小的政府,是不能有效实现国家职能、有效保障公民权利的政府。"一个自由的国家的希望及目标绝不是完全废除税收,因为那样会造成极具破坏性的后果,所以这种极端的设想在政治上是极其荒谬的。而政府及其官员的正确理念被认为应当是:少数几个人根据其余大部分人的授权对公共事务进行掌管,以使人们能够更好地专心处理他们的个人事务,因此人们应当有义务贡献出一部分个人收入用以维持政府的运转,并作为政府官员的报酬,因为是政府及其官员在保护他们享有各自的财产。但是国王收入力图达到的目标是合理和适度。这两者不仅体现在对国王的授权上,也体现在募集必要的政府开支的方法上;通过设计出既最有利于国家的利益又与国民的经济情况相符合,并且不破坏国民自由权各项优点的方法。"[1]1783年2月,汉密尔顿给华盛顿的信中指出,邦联的财政状况非常严峻,如果不在短时间内想出办法,可能会引发战争。为了解决邦联政府财政困境,大陆会议呼吁召集会议纠正邦联条例,但最初只有几个州派代表参加。由于出席率不足,会议几近夭折。

祸不单行的是,"1785年至1786年间,美国在内忧外患中陷入了一场严重的经济萧条,经济十分混乱,工业品和农产品滞销,农民要购买西部土地付不出巨款,高利贷主们讨索债务,而各州政府还不断加重税收。……马萨诸塞州是全国性经济萧条中的重灾区。战后农产品严重滞销,农民断绝了主要收入来源,而政府又决议增加税收,对男女老幼一律征收50美元的人头税。当时一个四口之家的农民家庭年收入还不够50美元。除此之外,还有名目繁多的州税、县税、镇税、班税。"[2]许多自耕农因债务和税款而被关进监牢,还有许多人暂时卖身为佣以偿债务。农民要求政府给予救济,但是1786年马萨诸塞州上院否决了下院对农民实施救济的政策。1786年夏天,马萨诸塞州西部的1500个农民在丹尼尔·谢斯(Daniel Shays)的领导下进行了农民起义,要求制定宪法修正案,以遏制马萨诸塞州的税收和支出权力。马萨诸塞州向邦联政府求助时,

---

① [英]威廉·布莱克斯通.英国法释义:第一卷[M].游云庭,缪苗,译.上海:上海人民出版社,2006:337.

② [美]塞缪尔·埃利奥特·莫里森,等.美利坚共和国的成长[M].天津:天津人民出版社,1980:307.

政府一筹莫展。谢斯起义再次向北美人民昭示邦联政府征税权的必要性，华盛顿在一封信中写道："邦联国家必须拥有比目前更多的、更广泛的权力；合众国的每一部分都深深感到国会的无权和无能为力带来的影响。"① 最后，如同1765 年的印花税法案，谢斯起义使争执不休的各州再次联合起来。

为寻求建立一个更好的政治制度，1787 年 5 月 25 日，费城宪法会议召开，华盛顿担任了宪法会议的主席。在宪法会议上，代表们认识到《邦联条例》必须迅速放弃，联邦国会必须具有征税权，税收是现代国家保障公民权利之必需。汉密尔顿于1787 年写道："一个国家没有税收是不能长期存在的。如果没有这个重要的支柱，它就一定会丧失独立，降到一个省份的地位。没有一个政府会选择这条道路。"② 但是国会征税权必须有边界，即使代表人民利益的国会也不能随心所欲征税，毕竟国会的同意与全体公民的同意还是很有差距。一旦议会权力异化，由保护公民权利的权力异化为少数人追求自我利益的工具时，不受限制的议会征税权将沦落为税收的机器，直到毁灭公民财产，毁灭国家。税收法定如果没有更高的约束，则可能导致议会税收专制，税收暴政。"在议会至上思潮的冲击下，税收法定主义将不可避免地蜕变为议会的专断征税权，而这与中世纪限制征税权以及建立有限政府的努力南辕北辙。"③ 为防止出现"巴力门除了不能把男人变为女人、把女人变为男人之外，无所不能"④ 的局面，1787 年，各州代表在费城召开会议讨论联邦政府税权等问题。在会议中，大州与小州就国会是否享有征税权展开了激烈的辩论。小州代表希望联邦政府与各州共享征税权。大州代表弗吉尼亚州的麦迪逊则极力要求赋予联邦政府最高的、充分的征税权。最后罗德岛、新泽西等小州代表认为，除非他们在国会参议院拥有与大州同等表决权才同意国会有直接税的征税权。最后美国通过宪法规定国会征税权的权力边界，以防止国会税收专制、滥用税权、过度攫取民众的财产。

1787 年费城会议通过了联邦宪法，该宪法就国会的征税权给予了以下规定：

---

① George Washington to jabez Bowen, Mount Vernon , 29th jan.1987 , In writings of George Washington, vol 29. pp.138–139.

② [美]汉密尔顿，杰伊，麦迪逊，等.联邦党人文集[M].程逢如，等译.北京：商务印书馆，1980：62.

③ 王建勋.欧美征税权演变与政治文明[J].炎黄春秋，2014（6）.

④ [英]戴雪.英宪精义[M].雷宾南，译.北京：中国法制出版社，2001：119–120.

第一条第二款："众议员人数及直接税税额，应按联邦所辖各州的人口数目比例分配，此项人口数目的计算法，应在全体自由人民——包括订有契约的短期仆役，但不包括未被课税的印第安人——数目之外，再加上所有其他人口之五分之三。"

第一条第七款："有关征税的所有法案应在众议院中提出；但参议院得以处理其他法案的方式，以修正案提出建议或表示同意。经众议院和参议院通过的法案，在正式成为法律之前，须呈送合众国总统；总统如批准，便须签署，如不批准，即应连同他的异议把它退还给原来提出该案的议院，该议院应将异议详细记入议事记录，然后进行复议。倘若在复议之后，该议院议员的三分之二仍然同意通过该法案，该院即应将该法案连同异议书送交另一院，由其同样予以复议，若此另一院亦以三分之二的多数通过，该法案即成为法律。"

第一条第八款："国会有权规定并征收税金、捐税、关税和其他赋税，用以偿付国债并为合众国的共同防御和全民福利提供经费，但是各种捐税、关税和其他赋税，在合众国内应划一征收。"

第一条第九款："对于现有任何一州所认为的应准其移民或入境的人，在1808 年以前，国会不得加以禁止，但可以对入境者课税，惟以每人不超过 10美元为限。……除非按本宪法所规定的人口调查或统计之比例，不得征收任何人口税或其他直接税。对各州输出之货物，不得课税。任何有关商务或纳税的条例，均不得赋予某一州的港口以优惠待遇；亦不得强迫任何开往或来自某一州的船只，驶入或驶出另一州，或向另一州纳税。除了依照法律的规定拨款之外，不得自国库中提出任何款项；一切公款收支的报告和账目，应经常公布。"

第一条第十款："未经国会同意，各州不得对进口货物或出口货物征收任何税款，但为了执行该州的检查法律而有绝对的必要时，不在此限；任何州对于进出口货物所征的税，其净收益应归合众国国库使用；所有这一类的检查法律，国会对之有修正和监督之权。未经国会同意，各州不得征收船舶吨位税"。

联邦宪法最后经各州——同意后于 1789 年生效。另外，1789 年第一届国会在纽约召开，国会议员们经过讨价还价、相互妥协，最后通过了十条宪法修正案，后来称为"权利法案"，其中第四条和第五条修正案对私人财产权进行了的规定，从此保护私有财产权成为宪法的一部分；另外，此次国会还批准了《司法法案》。

由此可知，联邦政府为偿付过去债务、提供社会福利、建立国家防卫的公共需要，有权收取各种税金和捐税，有权在联邦内征收统一的直接税、货物税和进口关税，特别规定联邦直接税或人头税的缴纳者是各州自由人。联邦宪法提出了私有财产神圣不可侵犯，要求联邦政府税权分立并且相互制衡。联邦政府设立参众两院、总统和最高法院，立法、行政、司法三权分立与相互制衡。税收法律的制定按照严格的程序进行，最高法院拥有违宪审查权，对议会制定的税收法律拥有独立的审查权。实现税收宪政，防止议会税收专制、税权滥用。对于关税问题，宪法也有详细规定，联邦政府有征收进口税的权力，各州进口税和出口税的设定需要国会同意且税额归国库所有。联邦宪法给予联邦政府各种主权以约束州政府的权力，以保障和实现联邦整体利益。

三、关税的博弈与政党制度的调整

（一）1789 年关税法诞生：联邦党人初步获胜

1789 年联邦宪法经各州的同意而正式生效。按照宪法规定，联邦政府拥有直接征税权，拥有对全国进口商品统一征收关税的权力。以前关税权属于各州，基本上各州都有自己的关税法，各州根据自己的需要来征收关税，有的州征收高税率的关税以保障其经济安全，有的州则对进口商品免征关税而实行自由贸易政策。不同的关税法的实施在给每个州带来基本的财政收入的同时，也极大地影响着各州经济的发展，进而影响了整个国家经济的发展，甚至影响了国家的社会秩序与政治稳定。因此，关税实际上是一种非常重要、非常敏感的税收。独立战争后，美国的工业有了一定的发展，但是随着英美和平条约的签订和自由贸易的恢复，英国大量的廉价而优质的商品涌入美国，这对美国刚刚兴起的制造业造成了严重的打击。为了保护美国幼稚的制造业，也为了迅速化解联邦财政危机，联邦党人要求国会制定关税法。1789 年，第一个关税法案提交国会讨论，托马斯·杰斐逊、詹姆斯·麦迪逊等民主共和党人与汉密尔顿等联邦党人对关税法案进行了激烈的辩论，最后以汉密尔顿等人为代表的联邦党人取得了初步的胜利。1789 年 7 月，国会通过第一个关税法，该法对关税的征收进行了详细的规定："在 81 种列举征税的商品中，对 30 种以上产品征收特种税，其余的征收 7.5%~15% 的计价税。对许多没有列举的进口物品则征收 5% 的计价税……平均税率不到 8.5%。"① 尽管因为方方面面的因素，这次的关税税率设计得还是很低的，所以关税的征收既没有大幅度增加国家的财政收入，也没有较好地保护国家"幼稚产业"的发展，没能实现汉密尔顿对关税职能的定位要求：实现政府的财政收入和保护国内制造业发展的功能。但是第一个关税法的通过使得关税的征收成为一个既成事实，以后的关税之争就不再是开征与否的问题，而是税率高低的问题。这是美国国会税收法定权的第一次实践，意味着现代税收制度的初步胜利，也意味着美国现代国家的建构取得了一定的成功。

（二）国会否决汉密尔顿《关于制造业的报告》：民主共和党的胜利

独立后的美国虽然在政治上已经摆脱了母邦英国的统治，但在经济上仍然严重依靠英国。在 18 世纪末，美国进口的产品中有 90% 的产品来自英国，出口的商品中将近一半销往英国。例如，1790 年，美国已缴纳关税的 1500 万美元的进口商品中有 1300 万美元进口商品来自英国，而美国出口的 2000 万美元的商品中，有 900 万美元的商品销往英国。这种情况对美国来说十分不利。如果美、英之间发生战争，一旦经济往来中断，美国的经济就可能崩溃。② 为了使美国经济独立，1791 年 12 月，汉密尔顿把《关于制造业的报告》提交给了国会。他指出建国后的美国是个新兴的农业国家，而不是制造业国家，由此造成美国经济不独立的现实。基于此，汉密尔顿提出制造业是一个国家独立与安全的基础，要求通过高额关税来保护美国制造业的发展，从而建立国家自主的经济体系，摆脱对其他国家工业产品的依赖。但是此报告遭到了以杰斐逊为代表的民主共和党人的强烈反对。杰斐逊等人受英国古典自由贸易主义思想的影响，反对高关税，提倡自由贸易。杰斐逊认为，与世界上一切地区进行自由贸易是北美人民的一项自然权利。③ 高额的关税不仅将会严重损害美国人民的自由选择权，造成消费者利益的损失，而且将不利于本国商品市场的发展，因此美国商业贸易

---

① 福克纳.美国经济史：上卷 [M].王锟，译.北京：商务印书馆，1989：199.
② 福克纳.美国经济史：上卷 [M].王锟，译.北京：商务印书馆，1989：200.
③ 杰斐逊集 [M].北京：生活·读书·新知三联书店，1993：114.

的大门必须敞开，"他提出的体系是与自由相对立的原则"①。汉密尔顿辩驳道，提高关税是为扶持本国制造业成长之措施，在这个过程中，本国的制造品的价格会比外国高，但是等到本国制造业发展后，国内制造品的价格将会回落，甚至变得更加便宜。而众议院议长詹姆斯·麦迪逊代表民主共和党进一步指出，汉密尔顿的计划一旦实施将会使联邦政府权力集中代表工业阶层的利益，不利于南方种植园主的利益，将损害国家的整体利益。麦迪逊指出，美国毕竟是一个农业大国，随着南部种植园经济的迅速发展，南部的农产品依赖外国市场，美国一旦提高工业制成品关税，他国将会采取报复行为，这样农场主的利益将会受损。另外，重关税一旦实施，对外贸易定将萧条，这将严重损害北方专门从事贸易活动者的利益。在民主共和党人的强烈反对下，国会否决了《关于制造业的报告》。这次关税之争以民主共和党人的胜利而告终，其实质直接反映的是美国现代税收制度的进一步发展，并将美国现代国家的建构进程稳步推进。

（三）1816 年关税法的制定：联邦党人与民主共和党关税之争结束

建国之后，美国邦联政府和各州欠的债务和利息共 7700 多万美元，1791 年联邦政府的财政收入仅为 440 万美元。②为了能够偿还国债，联邦政府开始逐渐完善国家税收体系。到 1795 年，美国的财政收入增至 640 万美元；1801 年美国的财政收入便达到了 1300 万美元，不过中间发生了一件影响比较大的事件。③1791 年，国会通过了一项主要针对酿酒征税的国产货物税法。这一税收不仅是为了增加财政收入，加强联邦对内地的权力，也是为了减少全国的酒类消费，减少酗酒现象。但 1794 年，宾夕法尼亚州西部的民众对货物税法进行了强烈的抗议，发动了"威士忌酒暴动"。这次暴动虽然很快被镇压，但是美国政府认识到美国人民对国内税是极度不认同的。之后消费税逐渐被取消，关税成为美国财政收入的主要来源，关税问题成为国内斗争的主要问题。

1803 年，英法发生冲突，美国成为最大的中立运输国，成为欧洲食品的主要供应商。1805 年，英法又发生商战，他们都对与另一方发生贸易的美国船只进行封锁与扣押，使美国商业遭到了前所未有的打击。更令美国人愤怒的还有

---

① 杰斐逊集 [M]. 北京：生活·读书·新知三联书店，1993：1127.

② 福克钠. 美国经济史（上卷）[M]. 王锟，译. 北京：商务印书馆，1989：200.

③ 杜明才. 亚历山大·汉密尔顿与美国的现代化启动 [J]. 襄樊学院学报，2000（8）.

1807 的切萨皮克事件，这一事件严重损害了美国人的权益。美国国会为此颁布《禁运法令》，禁止国内所有船只离开美国港口。禁运政策意在打击英国，但是此运动没有对英国造成任何影响，因为英国可以从其他国家进口粮食等农产品。相反，因为禁运运动，美国的航运事业损失惨重，特别是商业发达的新英格兰出口航运在 1807—1808 年下降了 80%，对新英格兰的商业造成了毁灭性的打击。而美国西部和南部的农民的剩余谷物、肉类和烟草因为禁运运动无法出售到海外导致价格一落千丈，最后整个美国经济几乎全面瘫痪。1812 年，英美战争爆发。在此期间，英美贸易中断，英国工业品进口锐减，美国制造业因此赢得了一种"真空"环境，开始走上工业发展的道路。不过，这时美国的制造业还基本上以手工作坊和手工工场为主，与英国的大机器制造业相比，显得格外的弱小。1812 年美英战争结束后，英国商人叫嚣要把美国幼稚的制造业扼杀在摇篮当中，向北美以低于成本价倾销商品。"1814 年 1—9 月，美国的进口额才 1300 万美元，而 1815 年，美国的进口额陡然增至 1.47 亿美元。"[1] 英国商品的卷土重来，给脆弱的美国工业以沉重的打击，许多小规模的工厂纷纷倒闭。在这样的背景下，代表种植园园主利益的麦迪逊总统放弃了贸易自由观念。1815 年 12 月 5 日，他在年度咨文中，提出加强国防，建造海军快速战舰，增加正规军，以及为美国的幼稚产业建立具有保护机制的关税。1816 年新的《关税法案》在众议院 88 ：54、参议院 54 ：48 票数通过。新的《关税法案》规定平均关税提高到 25%，其中进口棉麻产品和铜铁等金属制品的关税为 20%，棉花和羊毛等原料进口的关税为 25%，对需要特别保护的工业原料进口征收特别关税。新关税法的实施不仅使联邦税收大增，而且对美国的制造业给予了一定程度的保护，使美国正式走上了贸易保护主义之路，结束了联邦党人与民主共和党人之间的关税之争。此后，随着国内市场经济的逐渐形成，北部的制造业和商业因为交通运输业的改造，逐渐把西部农业生产者联合到一起，这样慢慢形成了北方利益联盟。北部工商业与南部种植园之间的利益冲突则逐渐凸显出来。

[1] Edward Stan Wood. American Tariff Controversies in the Nineteenth Century，vol.1[M]. Boston：Houghton Mifflin，1903:131.

（四）关税南北斗争与州对国会法令废止权问题

1819 年，美国发生了空前的金融危机，整个美国商品价格一夜之间暴跌，经济一片萧条。沮丧的城市工人举行政治游行，要求放宽信贷，扩大内需；农民叫嚷着要求降低进口商品的关税；西部拓荒者则要求降低土地价格并反对国家银行监禁欠债者。针对这一社会现状，辉格党人亨利·克莱提出了著名的"美国制度"方案，提倡国家主义原则，强调扩大联邦权力，实行高关税，发展北部制造业，改善国内交通，将西部粮食运往北部和南部等地区。

围绕着关税问题，美国出现了北部关税联盟与南部关税联盟。北部的钢铁制造业、棉纺织业和毛纺织业的制造者们分别在不同城市召开了会议，并选派代表去华盛顿游说议员提高关税，保护制造业的发展。而西部农场主意识到，随着欧洲粮食生产能力提高，欧洲市场逐渐靠不住了，因此需要提高关税，以保障国内市场的开拓与培育；此外，提高关税还能增加联邦政府的财政收入，从而使联邦有更大的能力改善西部的基础设施建设。北部工业区和西部农业区在立法过程中达成了共识，一致要求提高关税，形成北部关税联盟。在南方，随着棉花脱粒机器的改革和棉花品种的更新，南部棉花产量迅速提高，形成了棉花王国。南部棉花经济的繁荣极度依赖欧洲市场，联邦政府提高关税对南部来说绝对不是好事情。联邦政府提高关税，其一，可能刺激欧洲国家也提高进口关税进行报复，进而影响南部棉花的海外销售；其二，即使他们不进行报复，进口关税的提高最后也会导致南方种植园区为北方工业发展埋单；其三，关税的提高也损害了以大西洋贸易为生的新英格兰的商人集团和银行家的利益，他们与欧洲有着紧密的经济联系，主要依靠大西洋贸易为生，保护性关税将触动他们的利益。因此，南部种植园区和新英格兰部分贸易区形成了关税利益联盟。斗争的结果则是北方关税同盟取得胜利，1824 年新的关税法案在国会中通过。

《美国法令大全》中指出，新的关税法把美国的进口关税提高到 40%，并在基础上增加了 70 多种产品目录。这次新的关税法通过反映了以制造业为代表的关税联盟的力量已经胜过南部关税联盟。在这种格局之下，1828 年一项更高税率的关税法案继续在国会通过。该法案将羊毛制品的关税提高到 45%，"大麻从 35 美元 / 吨提高到 45 美元 / 吨，且每年增加 5 美元 / 吨，直到最后关税达到 60 美元 / 吨；铸铁从 56 美分 / 百千克提高到 62 美分；方形铁从 90 美分 /

百千克提高到 112 美分……"① 高额的关税严重抑制了美国的商品进口,保护了美国制造业,增加了联邦的财政收入;但是极大地损害了南部关税联盟者的利益,对南部各州而言这是可憎的关税。高额的关税使南部种植园主们明显地感觉到北部利益联盟为了保护其利益而强迫牺牲南部利益,是一种通过国会将所有税收负担转嫁给南部的行为。令他们担忧的是,高额关税还会继续带来更深层次的问题,即高额关税的征收必将会进一步增强联邦政府的财政能力,而以强大财政能力为后盾的联邦权力必然会对各州权力构成威胁。"多数南卡来纳州的白人,对他们的困境解释得很简单,他们说造成困境的原因,不是地力的耗竭,也不是西南部的竞争,而是高关税和联邦歧视性的立法。"② 他们深刻地认识到,这种不平等的现象能够产生的根本原因是联邦权力过大。鉴于高额的关税对南部关税联盟日益形成的经济、政治的威胁,南部关税联邦提出要保护南部各州的利益,重新审视联邦权力与州权力的关系,提出各州有权废止国会法令。于是南卡罗来纳州、北卡罗来纳州等先后宣布新关税法违宪,特别是南卡罗来纳提出《南卡罗来纳的立场和抗议》一书,强调宪法公约论,认为联邦建立于各州之间所订立的公约之上,是州创立了联邦,因此当联邦权力超越宪法规定的权力而侵犯各州的自由时,各州有权做出自己的决定。

1828 年的关税法引发了一场联邦国会权与州议会权之间的联邦宪政危机。为了化解危机,1830 年 1 月,国会对联邦国会权与州议会权展开了激烈的辩论。在国会上,代表北方关税联盟利益的丹尼尔·韦伯斯特同代表南部关税联盟利益的罗伯特·卡尔霍恩展开了激烈的辩论。韦伯斯特驳斥了卡尔霍恩的废止国会法令权的论调,提出联邦并非各州之间的同盟,是人民而非各州创立了联邦。联邦应对人民负责。如若国会超越了其权力,应由最高法院来决定其有无效力。这种权力不能授予一个州或者几个州,否则联邦会瓦解,各州会陷于无政府状态。他指出,美国人民的自由同保持联邦的统一是不可分割的,没有联邦,便没有

---

① Taussig F W. The Tariff History of the United States[M]. New York: G P Putnam's sons, 1931:11.

② [美] 卢布姆,等.美国的历程:上册 [M].杨国标,译.北京:商务印书馆,1988:375.

自由。在国家分裂面临危险之时，杰克逊总统（1829—1837）呼吁国会降低关税税率。经过各利益主体再次激烈的辩论、商议与妥协，国会于 1832 年 7 月通过了新的关税法案，将关税税率降到了 1824 年关税法的水平上。但南卡罗来纳还是不同意，并于 1832 年 11 月在卡尔霍恩的号召下召开州议会，宣布 1828 年和 1832 年关税法是违反宪法的法律，州议会决定废止这两部法律，废止国会法律的决议将于 1833 年 2 月生效。

对于南卡罗来纳州分裂国家的行为，杰克逊总统一方面发布声明予以谴责，另一方从国会获得授权，在必要时动用武装力量以确保海关关税的征收。在关键时刻，参议员亨利·克莱再次向国会提出了关税妥协案，要求国会通过法令规定在 10 年内把关税税率降到 20%。随后，国会仓促通过了关税妥协法案，而南卡罗来纳州也撤销了废除国会法令的公告，接受了新关税法，至此，南部与北部的关税之争暂时告一段落。同时，正是通过现代税收制度，各方利益主体代表围绕国家税收问题展开民主讨论，审慎对待税收立法，从而推动着美国经济的稳步发展，缓解了各利益主体之间矛盾，从而进一步推动着美国向现代民主国家迈进。

（五）关税的政党间斗争

在约翰·昆西·亚当斯（1825—1829）担任总统期间，民主共和党开始分裂。约翰·昆西·亚当斯和国务卿克莱宣称自己为国民共和党人，代表北方制造业和金融集团的利益，提倡加强联邦权力，加强内地开发，废除奴隶制度，实行保护制造业的高关税税率制度。1833 年国民共和党更名为辉格党。以安德鲁·杰克逊为代表一派则继续称为民主共和党，代表南部种植园主、西部农场主等农业资产阶级的利益，1828 年更名为民主党。1837 年美国发生经济危机，经济陷入萧条状态。为了保护制造业，1842 年，在辉格党控制下的美国国会成功地将关税税率提高到 32.5%。1846 年，随着英国《谷物法》的取消，美国中西部粮食通过东北部的商人源源不断地送往欧洲市场，于是中西部农场主逐渐放弃了"保全国内市场即可"想法，要求国家降低关税，实行贸易自由。此时美国总统詹姆斯·波尔克和财政部部长都是民主党人。沃尔克在国会说："自耕农（farmers）和大种植园主（planters）因为高关税的限制而只能购买国内的高价物品，这实际上是对制造业者的双重补贴和对自耕农和种植园主的双重剥削……我们有如此肥沃的土地，可以为全世界提供衣食，国内市场是不够的，我们需要更广阔的世界市场。"①1846 年在自由贸易主义者沃尔克和国会中的民主党议员的共同努力下，国会通过了《沃尔克关税法》。该法案使美国关税降低到了 23%。

19 世纪 50 年代中期，奴隶制问题上升为美国国内的主要问题。1854 年，在总统皮尔斯的支持下，美国国会通过《堪萨斯—内布拉斯加法案》，允许这两州公开蓄奴，结果引发美国政治的变化，即除了引发堪萨斯州内战外，还使美国各政党重新分化组合，美国政党制度因此逐渐形成。南方辉格党人因为支持此法案而与北方的辉格党人分裂。在民主党内，一部分北方民主党人也反对该法案，最后导致 1854 年 7 月 6 日共和党的诞生。共和党主要代表北方工业资产阶级的利益。1854 年，共和党参加国会选举时就获得了北部的多数席位，此后，共和党和民主党成为美国两个主要的全国性政党，美国的政党制度基本形成，而美国关税民主斗争也主要表现在民主党和共和党在国会中的斗争。

皮尔斯总统在位期间，代表民主党利益，要求降低关税，实行自由贸易政策。在总统的支持下，国会中降低关税的法令虽遭到共和党人的坚决反对，但是民主党控制下的国会还是通过了法令，成功将关税降低到 20% 以下。1861 年，共和党人林肯当选为美国总统，共和党统治下的政府开始实行高税税率的关税政策。1861 年随着莫里尔关税法的面世，美国重新回到高关税的道路上。1864 年美国关税法的通过，更是把美国关税的平均税率提高到了 47%。而且共和党长期占据参众两院及总统职位，1864 年美国关税法 "在几十年里一直是美国关税制度的基础"②，美国关税税率后来一直都在 45% 左右。

到了 19 世纪 80 年代，高关税已经使联邦国库有了积余，同时美国的制造业也迅速发展了起来，降低关税、实行贸易自由的时机似乎成熟。1884 年，民主党派的克利夫兰成为美国总统，为维护民主党派利益，对共和党发起了降低关税的挑战。1887 年，他把旨在降低关税的《米尔斯法案》提交给了国会，却被共和党人控制的参议院给否定了，克利夫兰试图降低关税的计划失败了。在 1888 年总统竞选中，关税问题是两党争论的主要问题之一，共和党提高关税的

---

① 李巍.走向贸易保护主义——社会联盟与美国 19 世纪关税政策 [J]. 美国问题研究, 2009(7).
② [美] 福克纳.美国经济史：上卷 [M]. 王锟，译.北京：商务印书馆, 1964：248.

竞选纲领得到成长起来的工业资产阶级的鼎力支持，共和党人哈里森竞选胜利。1890 年，共和党控制下的国会通过了《1890 年麦金莱关税法》，把进口商品的关税由 38% 提高到了 50%，使一些外国商品完全不能进入美国市场。该法令的实施引起美国物价上涨，引起了群众的不满，农场主和工人称其为富人的关税。这种不满情绪直接推动了民主党人克利夫兰于 1892 年再次当选总统。1894 年，民主党控制下的众议院通过了降低关税的《威尔逊—戈尔曼关税法》，但是该法在共和党控制的参议院中被增加保护关税的内容后才通过。1897 年，共和党人威廉·麦金利入主白宫后，国会通过了《丁利关税法》，其关税税率超过了50%。总体而言，1870—1897 年的美国关税平均高达 45%[1]，直到 1913 年《安德伍德—西蒙斯关税法案》的颁布才使关税降低了 10% 左右。由此可知，现代税收制度推动了美国现代政党和政党制度的形成，而现代政党产生之后的主要斗争内容是税收。美国政党和政党制度的发展使美国现代民主制度得到进一步发展。

四、1894 年所得税法的违宪审查与现代税收制度发展

（一）联邦直接税的宪法规定

1787 年联邦宪法第一条第二款规定："众议员人数及直接税税额，应按联邦所辖各州的人口数目比例分配，此项人口数目的计算法，应在全体自由人民——包括订有契约的短期仆役，但不包括未被课税的印第安人——数目之外，再加上所有其他人口之五分之三。"第一条第八款规定："国会有权规定并征收税金、捐税、关税和其他赋税，用以偿付国债并为合众国的共同防御和全民福利提供经费，但是各种捐税、关税和其他赋税，在合众国内应划一征收。"由此可知，联邦拥有直接税的征收权，但是联邦直接税的征收在建国初期基本上没有出现过，为什么会这样？

从 1787 年联邦宪法制定过程来分析，联邦政府虽然具有了直接税的征收权，但是这种权力的获得是联邦党人与反联邦党人相互妥协的结果。汉密尔顿强调，联邦政府必须有全面的征税权，但是他认为，对于美国这个农业大国，农业无

---

[1]　钱乘旦.世界现代化历程·北美卷 [M]. 南京：江苏人民出版社，2012：338.

法征收过多税，"因此，必须要有税收。这个国家，税收若不能从商业提取，势必要以剥削的方式落到人民的头上"①。"除非开放所有税收来源，以供政府财政需要，否则，整个社会就会没有足够财源，无法获得国际尊重，无法保障自身安全。"②而联邦直接税权的拥有，遭到了反联邦党人的反对，"打算列入国内税的总名义下的税收，可分为直接税和间接税，虽然这两种都遭到反对，但是反对的论据似乎仅限于前一种"③。对此，麦迪逊等人指出，"我虽然对这种征税（人头税）极少好感，但我仍然深信，采用此税的权力应该存在于联邦手中。国家处于某种紧急状态时，在事务的正常情况下应该受到限制的一些权宜办法会成为对公共福利必不可少的东西"④。"诚然联邦将拥有并实施在整个联邦范围内的内税和外税：但是，这项权力有可能不使用，除非是为了提供收入；另一种选择方案，是交给各邦，在征收各邦自己的税之前，先提交他们的份额；在联邦政府的直接权力下，按规则，最后征收，一般会由各邦任命的官员来完成。"⑤因此，在内战爆发之前，联邦政府谨守当初立宪时的承诺，一直没有轻易征收直接税，更没有开征所得税。

（二）内战时期个人所得税的临时开征

1861年南北战争爆发，联邦政府财政窘迫，为扩大政府收入来源，政府急需开征新的税种，扩大税收收入。首先，议员萨蒙·蔡斯等人向国会提议开征紧急房地产税，但是遭到绝大部分议员的反对。议员们认为房地产税是直接税，按照联邦宪法，直接税要以人口为基础征收，而房地产税则以房产为征收基础，因此是违反宪法的。为迅速筹集税款，无奈之下国会转而向民众开征以人口为

---

① [美]汉密尔顿，等.联邦论——美国宪法速评[M].尹宣，译.南京：译林出版社，2010：79.

② [美]汉密尔顿，等.联邦论——美国宪法速评[M].尹宣，译.南京：译林出版社，2010：79.

③ [美]汉密尔顿，杰伊，麦迪逊，等.联邦党人文集[M].程逢如，等译.北京：商务印书馆，1980：173.

④ [美]汉密尔顿，杰伊，麦迪逊，等.联邦党人文集[M].程逢如，等译.北京：商务印书馆，1980：77.

⑤ [美]亚历山大·汉密尔顿，等.联邦论——美国宪法速评[M].尹宣，译.南京：译林出版社，2010：317.

基础的个人所得税。

1861 年 8 月 5 日，美国国会通过了《1861 年收入法案》。该法规定：凡年居民总收入超过 800 美元的那部分收入必须缴纳 3% 的税款。由于各种原因，此法律没有被执行。1862 年 7 月 1 月，国会颁布《联邦所得税法》，该法采用累进税制，规定年所得额在 600~10000 美元的居民须缴纳 3% 的所得税，年所得额超过 1 万美元者缴纳 5% 的所得税。1864 年，国会对《联邦所得税法》所得税档期和税率进行修改，规定年收入额在 600 美元至 5000 美元之间者缴纳所得税税率为 5%；年收入额在 5000 美元至 1 万美元之间者缴纳所得税税率为 7.5%；年收入额 1 万美元以上者缴纳所得税税率为 10%。

随着战争的进一步拖延，财政紧张的联邦政府继续提高所得税税率，1864 年 7 月，国会制定了紧急所得税法案，规定年收入额超过 600 美元以上者缴纳所得税税率为 5%，使得这一年所得税收入达到 0.73 亿美元（该年联邦政府收入为 4.9 亿美元）。所得税的开征为联邦政府带来了不小的财政收入，1862—1872 年十年间，联邦政府一共征收了 3.76 亿美元的所得税。但是战争结束之后，联邦政府的支出大大降低。所得税的继续征收遭到了人们的抗议，联邦政府再次将税收的主要来源集中于酒类和烟草这些被认为是"罪过享受"的商品上。1872 年，联邦取消了个人所得税，关税和消费税继续为联邦的主要财政收入。

（三）1894 年所得税法的违宪审查

19 世纪后期，伴随美国工业革命的顺利进行，美国的经济、政治、文化发生了巨大的变化。在经济领域，垄断公司迅速兴起并主宰经济生活。他们排挤竞争对手，利用关税来保护高价格，制造和销售假冒劣质产品，对整个社会都造成了很大的危害。在社会领域，社会财富分配越来越不公平，贫困、贫民窟正在各大城市蔓延，贫困的普遍化使人们开始重新审视美国的自由、平等，发现没有经济的自由，一切自由都显得苍白无力。

而随着社会贫富差距的扩大，工人运动频繁爆发，阶级对抗激烈。19 世纪 80 年代，在农民和工人之间开展了一场民粹主义运动，他们反对高关税，要求自由贸易。另外，随着工业化的进行，大量新移民不断涌入城市，城市的市政设施严重跟不上，城市化问题的解决迫在眉睫。在政治领域，公民政治参与意识淡漠，少数人暗箱操作、收买政客的现象不断发生，政治腐败盛行。垄断资本家特权专断，参议院成了名副其实的"百万富翁俱乐部"，政府沦为大资本家追逐利润的工具，直逼政府和总统的权柄，美国的民主制度受到了前所未有的挑战。在意识形态领域，爱德华·贝拉米、索尔斯坦·维布伦、理查德·伊利、莱斯特·沃德赫伯特·克罗利、西蒙·帕顿等人对自由放任主义、社会达尔文主义开始抨击，要求加强政府权力。在新闻界，19世纪末期起，黑幕揭露者们就在《论坛》《麦克卢尔》《麦克卢尔杂志》等刊物上连篇累牍地发表文章，揭露美国社会犯罪、腐败、贪污等各方面的重重黑幕。

面对这种社会状况，联邦政府必须有所作为，必须规范那些托拉斯企业，保证工业安宁；必须改变社会分配情况，关心"另一半人"的生活条件；必须让政府响应选民的辩论，建立一个更有行动力的政府来保护百姓免受经济垄断之渐长势力的侵害。而所得税的征收无疑是解决以上问题的一剂良药。国家通过所得税的征收，首先，可以迅速增加联邦政府的财政收入，增强联邦政府提供公共服务的能力，提高城市基础设施建设水平等；其次，可以对国民收入进行再分配，从而调节社会贫富差距，缓和社会冲突；最后，可以对市场经济进行有效的宏观调控，防止制造业等片面发展。因此，1894年美国国会通过联邦所得税法，宣告了"美国第一个国家的、非战的、直接针对美国公民个人所得税的诞生"①。但这部法律的制定立即引起了社会激烈的反抗。有人说这是"抢劫的温和形式"；有人说这是"因为富人富而惩罚他们"，"按照拦路抢劫的强盗为自己的行为辩护的方式来为自己辩护"；有人说所得税是"由教授用他们的课本设计的，由社会主义者用他们的阴谋设计的，由无政府主义者用他们的炸弹设计的"；还有人说，这是一部不公平的法律，税基实在太窄，"超过4000美元的所得按照2%的税率征税，1894年4000美元相当于今天的80000美元，结果98%的人免税的"。而富人们认为这是多数人对少数人财产权的侵犯，违反私有财产神圣不可侵犯的自然法则。②因此，法律公布不到一年，就在波洛克控诉农场主贷款和信托公司一案中被摆到了最高法院的面前。

---

① Elizabeth Faue, Gary B Hash, general editor. Encyclopedia of Volume Ⅶ, The emergence of modern American history, America：1900 to 1928[M].New York：Facts on File, 2003.

② [美]查尔斯·亚当斯.善与恶——税收在文明进程中的影响[M].翟继光，译.北京：中国政法大学出版社，2013：370.

这个案件在最高法院看来极其重要，"我们这个法庭中没有一个人可以获得足够长的时间以至于他能聆听一个其所涉及问题的重要性超过这个案件的另一个案件，它所涉及的问题是保护基本的财产权和法律面前的公平权，保护美国人民依赖《宪法》保护的能力……如果现在不保护，以后就再也不保护了"①。最高法院认为这部法律的根本问题是：一种特别的税收是否可以直接针对一个国家内的少数群体征收，从长远来看，它的后果是相当严重的。"正如一位律师所说，如果今天的税率是2%，明天就可能变成20%，没有人预测它明天可能变成91%；这种观点有可能被嘲笑为荒谬。但是，能够带来巨额税收收入的税法就有变成荒谬的倾向。另一位律师说：'我们所讨论的基本原则是美国是否是一个税收公平的乐土。'因为，一旦你决定多数人可以对少数人征税，再倒退回来就已经不可能了。"②菲尔德法官就公平问题发表了看法，他说："这种偏袒没有体现出任何公平；它缺乏合法税收立法的外表……根据睿智和合宪的立法，每一个公民都应当贡献出他的一份财产来支持政府，无论这一份的数额是多么小，怂恿我们公民中的任何人逃避这一义务都不仁慈。"③在法庭中，多数法官还认为，这个案件的技术问题是所得税是否是直接税，因此是否应当根据人口在各州之间进行分配。对不动产征收的税收是直接税，因此对不动产征收的所得税也应当是直接税，这样就使整部税法违反宪法。而大法官约翰·哈伦发表了不同意见，支持这一税种，认为该税种不是直接税。他认为4000元的免征额不是没有道理的，但是他认为，如果它失去控制变成了在税收伪装之下的立法者的脚手架，它就是不能成立的。哈伦说，免除义务是危险的，也是最容易招致反对的。④基于各种原因，1895年，美国最高法院判决1894年所得税法案违反宪法而必须取消。

---

① ［美］查尔斯·亚当斯.善与恶——税收在文明进程中的影响[M].翟继光，译.北京：中国政法大学出版社，2013：370.

② ［美］查尔斯·亚当斯.善与恶——税收在文明进程中的影响[M].翟继光，译.北京：中国政法大学出版社，2013：372.

③ ［美］查尔斯·亚当斯.善与恶——税收在文明进程中的影响[M].翟继光，译.北京：中国政法大学出版社，2013：372.

④ ［美］查尔斯·亚当斯.善与恶——税收在文明进程中的影响[M].翟继光，译.北京：中国政法大学出版社，2013：372.

（四）《宪法第十六条修正案》的通过

随着 1894 年所得税法的取消，在 1896 年至 1910 年间，关税成为联邦政府的主要收入来源。由于政府职能扩大，联邦政府面临财政紧张的压力，增加税收也就成为势在必行的行动。在此背景下，南部和西部地区的农场主担心政府转而征收财产税，特别是土地税以缓解财政压力，于是代表农场主利益的国会议员向国会提出了重新开征所得税的法案。在国会上，代表农场主利益的国会议员与代表制造业的国会议员为此展开了激烈的辩论，最后的结果是：1913 年所得税的支持者通过州立法机关推动了《宪法第十六条修正案》的通过，"国会有权对任何来源的收入规定和征收所得税，无须在各州之间按比例进行分配，也无须考虑任何人口普查或人口统计"。《宪法第十六条修正案》是联邦所得税合法诞生的重要标志。1913 年 10 月，国会立即通过了新的个人所得税法。自此，个人所得税成为联邦税制体系中的一个永久性税种，并且随着所得税制的逐渐完善，美国用单一的所得税种替代了名目繁多的税种，建立了以所得税为主体税种的税收制度。联邦政府所得税制的实施，增强了公民的现代税收制度意识。之后，美国现代税收制度进一步发展，联邦政府被要求建立现代预算制度，联邦财政支出受到严格约束。1923 年，美国国会制定了《预算与会计法案》，此法案把政府的预算和会计进行分离，两者各自建立了独立的体系，从而使美国建立了独立的审计体系，美国的现代税收制度因此而越来越完善。

五、本章小结

在现代国家建立之前，英国国王拥有双重身份和双重收入：首先，国王是封建领主的领主。国王主要靠自己的领土收入生活，作为封建领主的领主有权利要求封建领主保护国王分封的领土和人身安全，要求封建领主服军役和缴纳协助金和事件金。其次，国王是国君。作为国君，拥有保护国民财产安全的使命，即当国家处于紧急情况的时候，国王有权征税，但是必须获得封建领主的同意。随着商品经济的发展、战争的爆发、王权的加强，国王已经无法依靠自己的收入来满足庞大的国家需要，于是王国必须频繁地把手伸进国民财富的口袋里，税收征收的范围和频率必须扩大与增多，国家税收体系必须建立，国家由领主财政走向税收财政。这意味着国王逐渐摆脱封建领主的控制，征税由取得贵族大会的同意走向取得议会同意，由个别同意转为共同同意。议会同意与贵族会议同意的不同之处在于：议会所代表的利益和需要已经不仅仅是国王与贵族的利益，而是整个王国的共同利益和需要。议会不仅是国王和平获得财政支持的场所，还是贵族、骑士阶层以及城市市民维护自我利益的场所。最初，议会地位不独立，基本上还是王朝财政体系中的一个附属机构，议会税收统一是王权主导下的税收统一，国王不仅控制着税收立法权和使用权，而且控制着议会的召开与解散，议会只能就国王的税收立法表示同意，即使议会不同意也奈何不了国王。但是随着国王对税收的需求越来越大，议会的后盾越来越强大，议会的力量也因此越来越强。最后，在与国王的较量与斗争中，议会取得了独立的政治地位。现代议会税收同意产生，使得王在议会中转变为王在议会之下，议会获得了税收立法权与税收使用监督权，并且推动了代议制的出现、政府预算制度的形成发展和现代税收制度的完全确立。① 由此可知，英国现代税收制度建立的过程是由王权主导下的议会税收同意走向现代议会税收同意的过程。每一次议会税收同意之后，议会的使命并没有停止，议会总是在努力地、清楚地告诉国王，既然羊毛来自羊身上，国王就得为牧羊人服务；既然国王的钱来自纳税人，而不是国王的领土收入，那么税收立法权就由纳税代表机构议会所享有，国王税收的支出就应主要用于公共支出，而不仅仅是宫廷需要。英国现代税收制度建立的过程，实际上是议会用钱获取政治权力和保障公民权利免受侵犯的过程，即现代税收制度的建立直接推动了英国现代国家的建立与完善。

　　封建时期的法国，国王靠自己的收入生活，国内四分五裂，封建领主势力强大。依据封君封臣的契约精神，国王征税必须出于紧急情况，且必须取得应税人的同意。法国在现代国家建构的过程中，战争不断，特别是英法百年战争的进行，导致国王靠自己的收入已经完全不能满足财政的需求。为获得税收同意，争取财政收入，三级会议召开了。三级会议召开早期，会议的代表们想通过税收同意换取政治权力，要求国王进行政治改革，但是这样的愿望终究没有实现。原因何在？国王对强大的封建贵族进行妥协，给予了贵族们人头税等直接税的免税权；而获得免税的贵族在三级会议上思想已经倾斜到国王一边了，已经没有强烈的动力就税收问题和国王讨价还价。百年战争的爆发不仅使法国国王以

---

　　① 魏建国.宪政体制形成与近代英国崛起[M].北京：法律出版社，2006：108.

战争为由可以不断地征税，而且长期的战争使法国军队主力——贵族骑士损失殆尽，从此再也没有大的封建诸侯能与国王对抗。百年战争结束，国王不仅建立了常备军，而且因此具有不经三级会议同意就可以开征新税的永久性税收的权力，这为绝对王权下的税收专制奠定了坚实的基础，使国家成为税收国家。绝对主义很大程度上是国家税收的产物。之后，三级会议虽然没有废除，但是基本上不召开了。在大革命爆发之前，法国经济得到快速发展，但是经济的发展给国家带来的税源赶不上国家战争费用的增长速度。为解决财政问题，国王一面通过税收专制疯狂征税，一面卖官鬻爵，同时又给贵族税收免税权。这样的税收制度相当于对穷人的征税制度，后果是国王已经无法通过增开新税来解决财政问题了。

到路易十六时，国王已经认识到问题的严重性了。为从根本上解决王国的财政问题，国王主动进行现代税收制度改革，开始对富人等一切人征税。这等于动了王国大厦的根基，遭到了贵族特别是法院的红袍贵族的强烈抗议。最后出于妥协，国王同意红袍贵族的要求，在1789年再次召开三级会议。这次召开的三级会议，就完全不同于历史上的三级会议了。各种力量在三级会议上激烈搏斗，各怀不同目的，已经无法妥协。三级会议的召开，导致了法国大革命的爆发。大革命爆发后，法国国会形成，人权宣言诞生，法国宪法产生，法国现代税收制度基本建立并逐渐完善，同时法国现代国家建构基本获得成功。

美国在现代国家建构之前，现代税收制度思想已经在北美英属殖民地人民心中生根发芽。当母邦英国对其所属的13个殖民地进行不经过他们同意就擅自征税时，北美人民以无代表不纳税为理由进行了强烈反抗。而当母邦一而再再而三地继续不经过他们代表同意就征税时，北美人民揭竿而起，发起了独立战争，也可称税收革命。通过税收革命，北美十三州人民取得了政治上的独立。在独立初期，北美人民鉴于英国议会独大而造成税收专制的行为，实行了釜底抽薪法，不给松散的邦联征税权，其财政由各州分摊，而各州议会享有独立的征税权的制度。后来的实践证明，没有征税权的邦联政府根本无法正常运转，邦联政府只能靠借债以及发行信用货币来勉强维持生存。没有稳定收入来源的政府最后陷入了财政危机，甚至差点葬送了革命的成果。在这个关键时刻，北美人民意识到了税收是联邦政府之必需，但是令他们困惑的是如何摆脱英国议会税收专制的问题呢？如何在联邦国会拥有征税权的情况下使其税权不滥用？为此，他们想到了通过宪政以保障现代税收制度的顺利实现。1787年，他们召开国会，制定《联邦宪法》，规定了国会征税权的边界、税权的横向分立与纵向分立、税收使用目的、各州议会的征税权边界等。1789年宪法经各州同意后生效了。按照宪法与当时美国的具体国情，联邦政府成立初期，关税对于当时的联邦政府而言是最好的税种。因为关税不仅可以使联邦政府获得财政收入，还可以实现贸易保护，从而保障了美国现代工业体系顺利建立。

然而，在国会内部，围绕着关税税率各派别进行了讨价还价。但是随着英国廉价工业品的刺激，以及国家财政需求的增加，联邦政府内部各派达成一致，关税税率不断提高，以致最高税率达到45%。以种植园经济为主的南方各州对联邦政府的关税立法表示了不同意，最后因为关税意见不统一，爆发了美国内战。由此可以看出，美国内战爆发的根本原因是南部种植园践行现代税收制度，对联邦税收立法行使税收不同意权而引发的。因此，美国内战也可称为现代税收制度革命。美国内战之后，随着南部奴隶制种植园制度的瓦解，关税获得全国统一同意，制造业得到高速发展，使美国经济高速发展，美国逐渐成为世界经济强国，于是关税的使命也就结束了，之后美国进入了以所得税为主的税制时期。

围绕着所得税的制定，各利益主体充分表达自己的利益诉求，反复博弈，最后于1913年《宪法第十六条修正案》获得通过，所得税入宪。至此，美国现代税收制度体系基本建立，现代国家也基本建成。

回顾美国现代国家的建构过程，现代税收制度一直是美国国家建构中的主要问题。随着美国对税收及其国家征税权的认识不断加深，美国的现代税收制度不断完善。美国现代税收制度发展的历程使我们明白：税收是国家存在的基础，现代税收制度的首要前提便是公民必须纳税，现代税收制度并不是拒绝纳税，而是政府征税以及用税要取得纳税人的同意，即要控制政府的征税权和税收使用权。现代税收制度的关键政府税种的设定、税率的设定、税收的支出使用必须经纳税人同意。美国现代税收制度的设计，既是自然（风俗）的产物，更多的是人为制造的产物。伴随美国现代税收制度的发展与完善，美国的税收征收与税收支出制度的制定也就更加谨慎，从而为美国现代国家建构提供了有力的物质保障和高质量的公共产品，也为美国现代国家的发展奠定了基础。与此同时，美国现代税收制度的发展，推动着美国选举制度、政党制度等政治制度的发展，从而推动了美国的全面发展。因此，可以这样说，美国正是在现代税收制度的发展过程中，逐渐发展成为现代国家。现代税收制度既是美国现代国家建构的推动力，也是现代国家建构的核心内容。

由此可知，一国之现代化必须拥有稳定的财政基础，而税收就是一种源源不断的、稳定性较强的财政收入形式。税收是私人财产的转让，一国在现代化过程中要想最大限度地获取税收收入，应该实行现代税收制度。因此，现代税收制度是现代国家建构的核心内容，或者说，一国在由传统走上现代的过程中，现代税收制度是其成功的关键因素。现代税收制度的发展对整个国家而言，不仅可以实现国家税收收入的最大化，使国家摆脱封建财政模式，还能实现对政治权力的有效约束。正如加布里埃尔·阿尔当曾说："在某种意义上，赋税的历史就是实体国家缓慢建设的历史，是各个国家努力使自己摆脱封建政权的依赖机制和束缚机制的历史。它是统治者克服前进道路上障碍的历史，是统治者面临的抵制自己野心的历史。"[①] 总而言之，英、法、美这三个国家在现代税收制度建立的过程中走上了现代国家行列。

---

① [美]玛格利特·利瓦伊.统治与收入[M].周军华,译.上海:上海人民出版社,2010:100.

结　语

现代税收制度的建立是现代文明的范畴，伴随着现代国家的建构而产生。本书分三章，就现代税收制度与现代国家建构的关系进行了梳理与论证，阐述了从传统国家走向现代国家的推动力，税收、税收国家与现代国家的关系；现代税收制度的内涵，现代税收制度的基本制度支撑；现代税收制度的理论基础，现代税收制度对现代国家建构的意义，英法美等欧美国家的现代国家建构与现代税收制度的关系。通过上述各章的论述，我们可以得出以下基本的结论。

一、现代国家建构必须有现代税收制度

有国家存在就需要财政。不同性质的国家获取财政收入的途径不一。传统国家是家财型财政国家，其财政收入主要依靠直接占有生产资料等来获取。这是一种落后的财政汲取方式，其财政汲取能力较为弱小，不仅使得国家财政收入极为有限，而且使得国家总体职能因为缺乏财力支持而难以有效施行，最后造成国家对社会的整体渗透力、控制力等国家能力极为脆弱。因此，传统国家比较容易陷入财政危机病，进而引发政治危机。

传统国家为了从根本上解决财政危机，必须实现财政转型，即由家财型财政转为税收型财政，从而推动现代国家的形成。第一，国家财政转型为税收型财政，促使国家财政能力与国家权力得到加强。传统国家在财政转型过程中为最大可能地获取税收，努力培养税源，确认和保护产权，努力发展城市与市场经济。因此，市民的收入越来越多，贡献的税收收入也就越来越大，从而使国家摆脱了对传统势力的依赖，为国家转型成为现代民族国家奠定了基础。第二，传统国家财政转型为税收型财政，促使国家官僚机构得到发展。税收的征收不是一个简单的命令，是基于对社会信息的精准阅读，基于对税额、税种、税率设定以及纳税人税负精准的计算，是一种技术性、专业性极强的活动。因此，

税收的征收需要专门化的税收队伍，需要以训练有素的专业人员为基础的行政机构的设立。而随着国家财政的增强，国家职能也在增强，现代国家其他官僚机构也因此产生。第三，传统国家财政转型为税收型财政，能够增强国家对社会的控制力与渗透力，促进国家主权统一。国家税收的汲取需要以公平、合理、有效的税收制度为基础，而公平、科学的税收制度的制定需要国家努力增强阅读社会的能力。为此，国家必须建立比较科学的信息管理体系，如人口普查制度、全国性统计机构、统计年鉴等。而阅读社会能力的增强，推动了国家对社会的渗透，使地方的民情等能有效传达到国家层面，从而使国家实现了对社会的有效管控。而国家对社会管控的加强又使得国家制度能落实到国家领土范围的每一个角落，使得国家主权得到统一。

现代国家以税收作为国家财政收入的主要来源。在税收国家，税收是国家与社会之间的纽带，一端连接着国家公权力，另一端连接着公民私权利。对公民而言，税收来自私人财产的让渡。公民之所以让渡部分财产给国家，是为了使国家能满足人们的公共需求，提供公共产品，保障人权的实现，即税收是文明的对价，是公民获得公共产品的对价。因此，当国家以税收的名义把私人财产的一部分转为公共财产后，公共财产权事实上仍然属于公民。税收是维持国家存在、实现国家职能的物质基础。总体而言，国家职能是围绕税收征收与税收使用展开的。由此可知，税收是国家与公民的一种契约，国家税的征收与使用必须获得人民的同意。也就是说，税收国家的税收和过去传统国家的税收已经不同了，税收的性质已经发生了根本性的转变，是现代意义上的税收。税收的性质之所以能发生转变，是因为在税收国家中，国家对税收极度依赖，迫使国家必须与纳税人就税收问题进行讨价还价，从而使现代税收制度成为必然。

税收国家是现代税收制度的前提，没有税收国家，就不可能有保障以私有财产自由为中心的现代税收制度。而现代税收制度又是税收国家的题中应有之义，税收国家也需现代税收制度来保障。"租税国家，须依赖国民经济支付能力供养，故不得摧毁其支付动机，削弱其支付能力。租税国家须尊重纳税人之纳税意愿，并保持其经济能力。否则超过此界限，纳税意愿及纳税能力减退，势将枯竭租税之源泉，势必崩坏租税之基础，终至租税国家之灭亡。"[①] 在税

---

① 葛克昌．租税国家界限 [M]// 财税法论丛：第 9 卷．北京：法律出版社，2007．

收国家，税权是国家的重要权力，是国家主权的体现。然而，税权是一种非常容易被滥用的权力。如果税权不受约束，国家要么容易过度征税，过度伤害公民的财富，要么容易随意使用税，使民众付出的税收换不回相应的公共产品与服务。因此，为了防止国家权力以税收名义过度侵犯公民的财权权利，防止国家权力不保障公民权利，以及为了实现国家税收最大化，从而维持国家的政权运转与国家职能得以有效实现，以实现国家税权与公民权利的良性互动为核心内容的现代税收制度就成为现代国家建构的必然要求。质言之，在税收型财政、现代税收制度的推动下，传统国家必然转型为现代国家。

二、现代税收制度是现代国家制度的重要组成部分

人生而自由，生而具有生命权、生存权、财产权等各种权利。而私有财产权是人们生存与发展的基础，是人权的基本内容，是自由之根基。因为社会中的任何人都必须先解决基本的生存问题，才能探讨其他方面的存在与发展。正如恩格斯在《马克思墓前讲话》中所说，"人们首先必须吃、喝、住、穿，然后才能从事政治、科学、艺术、宗教等"①。

财产权利和其他权利不能自我独立地存在，需要国家承认和需要国家提供公共产品来保障。但是国家不是虚幻的存在，国家本身不生产物质财富，权力的保障依赖税收。为了筹集国家的基本日常费用和满足国家购买公共产品的需要，人民需要以税收的形式让渡自己的部分财产给国家，授予国家税权。税权作为一种可直接带来利益和进行利益分配的权力，是国家权力中的重要权力。但权力容易产生腐败，一旦人民把它委托给政府，就可能异化为过度侵犯人民利益的权力。同时，税收是人们私人财产的转让，一般没有人乐意纳税。税收问题是最容易触动人民利益神经的问题，围绕税收，人民会讨价还价，要求获取税收同意权，因此现代议会制度在现代国家建构中首先产生。现代税收制度是指税收征收与税收使用须经人民同意。这首先意味着国家要不要征税、向谁征税、征什么税、征多少税、怎样征税等税收事务需要人民来做主。"非赞同，毋纳税"，没有民众的同意，政府就无权征税。其次，意味着税收使用方向必须由人民规定，没有人民同意使用的税款不可随意使用。而人民只要控制了政

---

① 马克思恩格斯选集：第 3 卷 [M]. 北京：人民出版社，1972：574.

府的税权，就控制了政府的财权，也就控制了其他权力的行使。现代税收制度不仅强调产权明晰，承认私人合法财产权，也强调税收是国家存在以及其基本职能实现的基础。因此，现代税收制度不仅是保障人民财产的根本，而且是保障人民其他权利实现的根本。人民只有具有税收同意权，才能控制国家征税权力，人民主权方能真正实现。因此，现代税收制度为现代国家制度奠定了坚实的基础，是现代国家制度的重要组成部分。

三、现代税收制度将催生税收政治

现代税收制度形塑现代国家，催生税收政治。第一，现代税收制度以产权明晰、承认私有合法财产权为前提，强调税收既是公民的基本义务，更是公民的基本权利，这为界定政府权力边界，为国家权力与公民权利平衡发展，为加强现代国家政治统治的合法性提供了基础。第二，现代税收制度意味着税收制度是人民自己政治选择的结果，人民由被动缴税变成自主缴税，因此有利于增强公民对税收的认同与遵从度，从而减少国家征税难度，进而有利于化解国家与纳税人之间潜在的矛盾，减少税收抗争。同时，这不仅有利于实现国家税收收入的最大化，而且有利于政治的稳定、国家与社会关系的和谐。第三，现代税收制度有利于国家实现社会分配正义。现代国家通常运用税收来实现分配正义。而正如罗尔斯所言，正义的首要条件是制度的正义。因此，现代国家要通过税收来实现分配正义的首要条件是实现征税制度与用税制度的正义。而要制定正义的征税与用税制度最好的办法就是现代税收制度。

现代税收制度不仅催生税收政治，而且催生税收政治学的发展。现代国家是税收国家。税收、税收国家蕴含着现代税收制度。只有通过现代税收制度，税收才能成为良税，才能实现税收的价值，反映税收的本质，进而反映国家的本质。因此税收、税收国家、现代税收制度是三位一体的关系，是现代国家的核心命题。透过他们，人们便能剖析一个国家政体的性质。也就是说，要看清一个国家的本质，它们具有全息性；要分析一个国家制度的优劣，它们是最佳的分析元；要预知一个统治政权的寿命，它们是最重要的判定标准。既然如此，税收、税收国家、现代税收制度理应成为政治学的重要内容。

参考文献

一、中文著作

（一）译著

[1] 马克思恩格斯文集：第 1 卷 [M]. 北京：人民出版社，2009.

[2] 马克思恩格斯全集：第 2 卷 [M]. 北京：人民出版社，1958.

[3] 马克思恩格斯全集：第 6 卷 [M]. 北京：人民出版社，1961.

[4] 马克思恩格斯全集：第 21 卷 [M]. 北京：人民出版社，1965.

[5] 马克思恩格斯选集：第 1 卷 [M]. 北京：人民出版社，1972.

[6] 马克思恩格斯选集：第 2 卷 [M]. 北京：人民出版社，1972.

[7] 马克思恩格斯选集：第 3 卷 [M]. 北京：人民出版社，1972.

[8] 马克思恩格斯选集：第 4 卷 [M]. 北京：人民出版社，1972.

[9][古希腊] 亚里士多德 . 政治学 [M]. 吴寿彭，译 . 北京：商务印书馆，1965.

[10][意大利] 马基雅维里 . 君主论 [M]. 北京：商务印书馆，1997.

[11][英] 霍布斯 · 利维坦 [M]. 黎思复，等译 . 北京：商务印书馆，1985.

[12][英] 约翰 · 洛克 . 政府论（下册）[M]. 叶启芳，翟菊农，译 . 北京：商务印书馆，1964.

[13][法] 让 · 雅克 · 卢梭 . 社会契约论 [M]. 何兆武，译 . 北京：商务印书馆，1980.

[14][法] 孟德斯鸠 . 论法的精神（上）[M]. 张雁深，译 . 北京：商务印书馆，1961.

[15][法] 孟德斯鸠 . 罗马盛衰原因论 [M]. 婉玲，译 . 北京：商务印书馆，

2005.

[16][英] 密尔 . 代议制政府 [M]. 汪瑄，译 . 北京：商务印书馆，1982.

[17][美] 汉密尔顿，等 . 联邦党人文集 [M]. 程逢如，等译 . 北京：商务印书馆，1980.

[18][美] 汉密尔顿，等 . 联邦论——美国宪法速评 [M]. 尹宣，译 . 南京：译林出版社，2010.

[19][美] 潘恩 . 潘恩选集 [M]. 马清槐，等译 . 北京：商务印书馆，1981.

[20][法] 托克维尔 . 旧制度与大革命 [M]. 北京：商务印书馆，1992.

[21][法] 古斯塔夫·勒庞 . 乌合之众 [M]. 冯克利，译 . 北京：中央编译出版社，2005.

[22][美] 塞缪尔·埃利奥特·莫里森，等 . 美利坚共和国的成长 [M]. 天津：天津人民出版社，1980.

[23][美] 加里·沃尔顿，休·罗考夫 . 美国经济史 [M]. 王珏，等译 . 北京：中国人民大学出版社，2011.

[24][美] 福克纳 . 美国经济史（上卷）[M]. 王锟，译 . 北京：商务印书馆，1989.

[25][美] 杰斐逊 . 杰斐逊集 [M]. 北京：生活·读书·新知三联书店，1993.

[26][德] 马克斯·韦伯 . 经济与社会（上卷）[M]. 林荣远，译 . 北京：商务印书馆，1997.

[27][美] 约塞夫·斯托里 . 美国宪法评注 [M]. 毛国权，译 . 上海：上海三联书店，2006.

[28][美] 费正清 . 剑桥中华民国史 [M]. 北京：中国社会科学出版社，1993.

[29][日] 植村邦彦 . 何谓"市民社会"——基本概念的变迁史 [M]. 赵平，译 . 南京：南京大学出版社，2014.

[30][日] 广松涉 . 文献学语境中的《德意志意识形态》[M]. 彭曦，译 . 南京：南京大学出版社，2005.

[31][美] 罗纳德·德沃金 . 至上的美德——平等的理论与实践 [M]. 南京：江苏人民出版社，2012.

[32][美] 罗纳德·德沃金 . 认真对待权利 [M]. 信春鹰，等译 . 北京：中国大百科全书出版社，1998.

[33][美]约翰·罗尔斯.正义论[M].何怀宏,何包钢,等译.北京:中国社会科学出版社,1988.

[34][英]戴雪.英宪精义[M].雷宾南,译.北京:中国法制出版社,2001.

[35][英]阿克顿.自由与权力[M].侯健,范亚峰,译.北京:商务印书馆,2001.

[36][英]埃德蒙·柏克.法国革命论[M].何兆武,等译.北京:商务印书馆,2009.

[37][英]埃德蒙·柏克.美洲三书[M].缪哲选,译.北京:商务印书馆,2003.

[38][美]E·博登海默.法理学——法哲学及其方法[M].邓正来,等译.北京:华夏出版社,1997.

[39][美]孟罗·斯密.欧陆法律发达史[M].姚梅镇,译.北京:中国政法大学出版社,1999.

[40][法]邦雅曼·贡斯当.古代人的自由与现代人的自由[M].阎克文,刘满贵,译.北京:商务印书馆,1999.

[41][德]康德.法的形而上学原理[M].沈叔平,译.北京:商务印书馆,1991.

[42][德]鲁道夫·冯·耶林.为权利而斗争[M].胡宝海,译.北京:法律出版社,2012.

[43][美]丹尼斯·朗.权力论[M].陆震纶,等译.北京:中国社会科学出版社,2001.

[44][美]约翰·肯尼斯·加尔布雷斯.权力的分析[M].陶远华,译.石家庄:河北人民出版社,1988.

[45][美]穆雷·罗斯巴德.自由的伦理[M].吕炳斌,等译.上海:复旦大学出版社,2008.

[46][英]安东尼·吉登斯.现代性的后果[M].田禾,译.南京:译林出版社,2000.

[47][德]埃利亚斯.文明的进程——文明的社会起源和心理起源的研究:第二卷 社会变迁文明论纲[M].王佩莉,袁志英,译.北京:生活·读书·新知三联书店,1999.

[48][美] 玛格利特·利瓦伊 . 统治与收入 [M]. 周军华，译 . 上海：上海人民出版社，2010.

[49][英] 迈克尔·曼 . 社会权力的来源：第二卷 [M]. 陈海宏，等译 . 上海：上海人民出版社，2007.

[50][美] 查尔斯·蒂利 . 强制、资本和欧洲国家（公元 990—1992 年）[M]. 魏洪钟，译 . 上海：上海人民出版社，2007.

[51][英] 安东尼·吉登斯 . 民族—国家与暴力 [M]. 胡宗泽，等译 . 北京：生活·读书·新知三联书店，1998.

[52][英] 乔尔·米格代尔 . 社会中的国家：国家与社会是如何相互改变与相互构成 [M]. 李杨，郭一聪，译 . 南京：江苏人民出版社，2013.

[53][美] 托马斯·埃特曼 . 利维坦的诞生：中世纪及现代早期欧洲的国家与政权建设 [M]. 郭台辉，译 . 上海：上海人民出版社，2016.

[54][德] 尤尔根·哈贝马斯 . 包容他者 [M]. 曹卫东，译 . 上海：上海人民出版社，2002.

[55][德] 尤尔根·哈贝马斯 . 公共领域的结构转型 [M]. 曹卫东，等译 . 上海：学林出版社，1999.

[56][美] 亚历山大，邓正来 . 国家与市民社会：一种社会理论的研究路径 [M]. 上海：上海人民出版社，2006.

[57][美]缪塞尔·亨廷顿 . 变化社会中的政治秩序 [M]. 王冠华，刘为，等译 . 北京：生活·读书·新知三联书店，1989.

[58][德] 韦伯 . 韦伯作品集 V：中国的宗教　宗教与世界 [M]. 康乐，简惠美，译 . 桂林：广西师范大学出版社，2004.

[59][美] 西摩·马丁·李普塞特 . 政治人：政治的社会基础 [M]. 聂蓉，译 . 北京：商务印书馆，1993.

[60][美] 丹尼尔·贝尔 . 资本主义文化矛盾 [M]. 赵一凡，蒲隆，任晓晋，译 . 北京：生活·读书·新知三联书店，1989.

[61][美] 迈克尔·桑德尔 . 正义诸领域——为多元主义与平等一辩 [M]. 褚松燕，译 . 南京：译林出版社，2009.

[62][法] 西耶斯 . 论特权——第三等级是什么？ [M]. 冯棠，译 . 北京：商务印书馆，1991.

[63][美]布卢姆，等.美国的历程（上册）[M].杨国标，等译.北京：商务印书馆，1988.

[64][美]查尔斯·比尔德.美国宪法的经济观[M].何希齐，译.北京：商务印书馆，1984.

[65][美]穆雷·罗斯巴德.权力与市场[M].刘云鹏，等译.上海：新星出版社，2007.

[66][美]查尔斯·亚当·斯密.善与恶——税收在文明进程中的影响（原书第2版）[M].翟继光，译.北京：中国政法大学出版社，2013.

[67][英]卡尔·波普尔.开放社会及其敌人：第一卷[M].郑一明，等译.北京：中国社会科学出版社，1999.

[68][英]弗里德里希·奥古斯特·哈耶克.自由宪章[M].杨玉生，冯兴元，等译.北京：中国社会科学出版社，1999.

[69][美]阿瑟·库恩.英美法原理[M].陈朝璧，译.北京：法律出版社，2002.。

[70][英]纳什，斯科特.布莱克维尔政治社会学指南[M].李雪，等译.杭州：浙江人民出版社，2007.

[71][英]安德鲁·海伍德.政治的常识[M].李智，译.北京：中国人民大学出版社，2014.

[72][美]萨拜因.政治学说史[M].盛葵阳，译.北京：商务印书馆，1986.

[73][英]亚当·斯密.国民财富的性质和原因研究：下卷[M].郭大力，王亚南，译.北京：商务印书馆，1997.

[74][英]凯恩斯.就业、利息和货币通论[M].徐毓枏，译.北京：商务印书馆，1983.

[75][美]詹姆斯·汤普逊.中世纪经济社会史：上册[M].耿淡如，译.北京：商务印书馆，1961.

[76][美]詹姆斯·汤普逊.中世纪晚期欧洲经济社会史[M].徐家玲，译.北京：商务印书馆，1996.

[77][美]道格拉斯·诺斯.经济史上的结构和变革[M].厉以平，译.北京：商务印书馆，1992.

[78][美]道格拉斯·诺斯.理解经济变迁的过程[M].钟正生，邢华，等译.北

京：中国人民大学出版社，2012.

[79][美]曼瑟·奥尔森.权利与繁荣[M].苏长和，嵇飞，译.上海：上海人民出版社，2014.

[80][美]史蒂芬·霍尔姆斯，凯斯·桑斯坦.权利的成本——为什么自由依赖于税[M].毕竞悦，译.北京：北京大学出版社，2004.

[81][奥]凯尔森.法律与国家的一般理论[M].沈宗灵，译.北京：中国大百科全书出版社，1996.

[82][日]金子宏.日本税法[M].战宪斌，等译.北京：法律出版社，2004.

[83][日]北野弘久.税法学原论[M].陈刚，等译.第4版.北京：中国检察出版社，2001.

[84][日]井手文雄.日本现代财政学[M].陈秉良，译.北京：中国财政经济出版社，1990.

[85][英]威廉·布莱克斯通.英国法释义：第一卷[M].游云庭，缪苗，译.上海：上海人民出版社，2006.

[86][美]菲利普·库珀，等.21世纪的公共行政：挑战与改革[M].王巧玲，李文钊，译.北京：中国人民大学出版社，2006.

[87][美]小罗伯特·李，罗纳德·约翰逊，菲利普·乔伊斯.公共预算制度[M].扶松茂，译.第七版.上海：上海财经大学出版社，2010.

[88][美]艾伦·希克.国会和钱：预算、支出、税收[M].苟燕楠，译.北京：中国财政经济出版社，2012.

[89][美]阿伦·威尔达夫斯基.预算过程中的新政治学[M].邓淑莲，魏陆，译.第4版.上海：上海财经大学出版社，2006.

[90][美]艾伦·鲁宾.公共预算中的政治：收入与支出，借贷与平衡[M].叶娟丽，马骏，译.北京：中国人民大学出版社，2001.

[91][美]杰克·瑞宾托马·林奇.国家预算与财政管理[M].丁学东，等译.北京：中国财政经济出版社，1990.

[92][美]詹姆斯·布坎南.制度契约与自由：政治经济学家的视角[M].王金良，译.北京：中国社会科学出版社，2013.

[93][澳]布伦南，[美]詹姆斯·布坎南.宪政经济学[M].冯克利，冯兴元，秋风，等译.北京：中国社会科学出版社，2004.

[94][美]布罗代尔.资本主义论丛[M].北京：中央编译出版社，1997.

[95][加]查尔斯·泰勒.公民与国家之间的距离[M]//汪晖，陈燕谷.文化与公共性.上海：上海三联书店，2005.

[96][英]坎南.亚当·斯密关于法律、警察、收入及军备的演讲[M].陈福生，陈振骅，译.北京：商务印书馆，1982.

[97][美]保罗·萨缪尔森，威廉·诺德豪斯.经济学[M].萧琛，等译.第16版.北京：华夏出版社，1999.

[98][英]阿克顿.法国大革命讲稿[M].秋风，译.贵阳：贵州人民出版社，2004.

[99][法]瑟诺博斯.法国史[M].沈炼之，译.北京：商务印书馆，1964.

[100][美]丹尼斯·缪勒.公共选择理论[M].杨春学，译.北京：中国社会科学出版社，1999.

[101][法]亨利·勒帕日.美国新自由主义经济学[M].李燕生，译.北京：北京大学出版社，1985.

[102][法]托马斯·皮凯蒂.21世纪资本论[M].巴曙松，译.北京：中信出版社，2014.

[103][美]亚当斯.英国宪政史[M].哈尔滨：黑龙江科学技术出版社，1997.

[104][美]罗斯托.经济增长的阶段——非共产党宣言[M].郭熙保，王松茂，译.北京：中国社会科学出版社，2001.

[105][美]保罗·肯尼迪.大国的兴衰[M].梁于华，等译.北京：世界知识出版社，1990.

[106][法]费尔南·布罗代尔.文明史纲[M].肖昶，等译.桂林：广西师范大学出版社，2003.

[107][美]汤普逊.中世纪经济社会史：下册[M].耿淡如，译.北京：商务印书馆，1963.

[108][美]斯塔夫里阿诺斯.全球通史（1500年以后的世界）[M].吴象婴，等译.上海：社会科学院出版社，1999.

[109][比]亨利·皮朗.中世纪欧洲经济社会史[M].乐文，译.上海：上海译文出版社，1964.

[110][英]菲利普·诺顿.英国议会政治[M].严行健，译.北京：法律出版社，

2016.

[111][美]菲利浦·T.霍夫曼，凯瑟琳·诺伯格.财政危机、自由和代议制政府（1450—1789）[M].储建国，译.上海：格致出版社，上海人民出版社，2008.

[112][美]格瑞特·汤姆森.洛克[M].袁银传，等译.北京：中华书局，2002.

[113][法]基佐.法国文明史：第3卷[M].沅芷，伊信，译.北京：商务印书馆，2009.

[114][英]伯恩斯 J H.剑桥中世纪政治思想史（350年至1450年）：下册[M].郭正东，等译.北京：生活·读书·新知三联书店，2009.

[115][法]弗朗索瓦·傅勒.思考法国大革命[M].孟明，译.上海：上海三联书店，2005.

[116][法]阿尔贝·索布尔.法国大革命史[M].马胜利，等译.北京：北京师范大学出版社，2015.

[117][美]保罗·肯尼迪.大国的兴衰[M].刘晓明，译.北京：世界知识出版社，1990.

（二）中国学者著作

[1] 孙中山.孙中山选集[M].北京：人民出版社，1981.

[2] 熊伟.法治、财税与国家治理[M].北京：法律出版社，2015.

[3] 熊培云.重新发现社会[M].北京：新星出版社，2010.

[4] 葛克昌.国家学与国家法——社会国、租税国与法治国的理念[M].台北：月旦出版社股份有限公司，1996.

[5] 葛克昌.税法基本问题[M].台北：月旦出版社股份有限公司，1996.

[6] 葛克昌.所得税与宪法[M].台北：翰芦图书出版有限公司，2003.

[7] 黄俊杰.纳税人权利之保护[M].北京：北京大学出版社，2004.

[8] 黄俊杰.税捐基本权[M].台北：元照出版有限公司，2006.

[9] 黄俊杰.财政宪法[M].台北：翰芦图书出版有限公司，2005.

[10] 杨元杰.税收学[M].北京：经济管理出版社，2002.

[11] 严振生.税法[M].北京：北京大学出版社，1999.

[12] 许善达 . 国家税收 [M]// 谭光荣 . 税收学 . 北京：清华大学出版社，2013.

[13] 侯梦蟾 . 税收经济学导论 [M]. 北京：中国财政经济出版社，1991.

[14] 郑学檬 . 中国赋役制度史 [M]. 厦门：厦门大学出版社，1999.

[15] 张晋藩 . 中国法制史 [M]. 北京：中国政法大学出版社，1999.

[16] 金鑫，刘志城，王绍飞 . 中国税务百科全书 [M]. 北京：经济管理出版社，1991.

[17] 谭光荣 . 税收学 [M]. 北京：清华大学出版社，2013.

[18] 刘剑文 . 重塑半壁财产相当规模——财税法的新思维 [M]. 北京：法律出版社，2009.

[19] 刘剑文 . 财税法专题研究 [M]. 第 2 版 . 北京：北京大学出版社，2007.

[20] 北京大学财经法研究中心 . 税醒了的法治：刘剑文教授访谈录 [M]. 北京：北京大学出版社，2014.

[21] 钱俊文 . 国家征税权的合宪性控制 [M]. 北京：法律出版社，2007.

[22] 李建人 . 英国税收法律主义的历史源流 [M]. 北京：法律出版社，2012.

[23] 刘丽 . 税权的宪法控制 [M]. 北京：法律出版社，2006.

[24] 唐清利，何真 . 财产权与宪法的演进 [M]. 北京：法律出版社，2010.

[25] 黄坍森，沈宗灵 . 西方人权学说：上卷 [M]. 成都：四川人民出版社，1994.

[26] 杨晓东，等 . 当代西方多维视角下的权利问题 [M]. 天津：天津社会科学出版社，2016.

[27] 戴维斯,等.公共权力的制约与监督机制研究[M].银川: 宁夏人民出版社，2007.

[28] 童之伟 . 法权与宪政 [M]. 济南：山东人民出版社，2001.

[29] 程燎原，王人博 . 权利论 [M]. 桂林：广西师范大学出版社，2014.

[30] 沈炼之 . 法国通史简编 [M]. 北京：人民出版社，1990.

[31] 陈曦文，王乃耀 . 英国社会转型时期经济发展研究 [M]. 北京：首都师范大学出版社，2002.

[32] 阎照祥 . 英国史 [M]. 北京：人民出版社，2014.

[33] 朱丘祥 . 分税与宪政——中央与地方财政分权的价值与逻辑 [M]. 北京：知识产权出版社，2008.

[34] 辛波 . 政府间的财政能力配置问题研究 [M]. 北京：中国经济出版社，2005.

[35] 中国战略与管理研究会 . 战略与管理：税源监控 [M]. 北京：台海出版社，2016.

[36] 马克尧 . 英国封建社会研究 [M]. 北京：北京大学出版社，1992.

[37] 钱乘旦，许洁明 . 英国通史 [M]. 上海：上海社会科学院出版社，2002.

[38] 钱乘旦 . 世界现代化历程：北美卷 [M]. 南京：江苏人民出版社，2012.

[39] 刘新成 . 英国都铎王朝议会研究 [M]. 北京：首都师范大学出版社，1995.

[40] 刘建飞，等 . 英国议会 [M]. 北京：华夏出版社，2002.

[41] 黄艳红 . 法国旧制度末期的税收、特权和政治 [M]. 北京：社会科学文献出版社，2016.

[42] 黄仁宇 . 万历十五年 [M]. 上海：上海三联书店，1997.

[43] 魏建国 . 宪政体制形成与近代英国崛起 [M]. 北京：法律出版社，2006.

[44] 周志初 . 晚清财政经济研究 [M]. 济南：齐鲁书社，2002.

[45] 楼继伟 . 新中国 50 年财政统计 [M]. 北京：经济科学出版社，2000.

[46] 孙毓棠 . 中国近代工业史资料汇编：第一辑 [M]. 上海：上海三联书店，1958.

[47] 林尚立 . 当代中国政治形态研究 [M]. 天津：天津人民出版社，2000.

[48] 林尚立 . 走向现代国家：对改革以来中国政治发展的一种解读 [M]// 黄伟平，汪永成 . 当代中国政治研究报告 Ⅱ . 北京：社会科学文献出版社，2004.

[49] 陈少克，陆跃祥 . 税制结构的性质与中国税制改革研究 [M]. 北京：经济科学出版社，2013.

[50] 曹锦清 . 黄河边的中国 [M]. 上海：上海文艺出版社，2013.

[51] 李建新，李锦顺 . 近代中国的议会与宪政 [M]. 兰州：甘肃人民出版社，2005.

[52] 胡盛仪 . 中外选举制度比较 [M]. 北京：商务印书馆，2001.

[53] 杨云彪 . 公民的选举 [M]. 北京：中国大百科全书出版社，2008.

[54] 张守文 . 税法原理 [M]. 北京：北京大学出版社，2001.

[55] 张守文 . 财税法学 [M]. 北京：中国人民大学出版社，2007.

[56] 王绍光，胡鞍钢．中国国家能力报告 [M]．沈阳：辽宁人民出版社，1993．

[57] 马骏，等．公共预算：比较研究 [M]．北京：中央编译出版社，2011．

[58] 王利明．法治：良法与善治 [M]．北京：北京大学出版社，2015．

[59] 潘杰伟．现代政治的宪法基础 [M]．上海：华东师范大学出版社，2001．

[60] 刘隆亨．以法治税简论 [M]．北京：北京大学出版社，1989．

[61] 胡代光．西方经济学说的演变及其影响 [M]．北京：北京大学出版社，1998．

[62] 谷钟秀．中华民国开国史 [M]．上海：上海泰东图书局，1917．

[63] 马长山．国家、市民社会与法治 [M]．北京：商务印书馆，2002．

[64] 中华民国工商税收史料选编：第一辑　综合类 [M]．南京：南京大学出版社，1996．

[65] 李明发．安徽大学法律评论：总第 13 辑 [M]．合肥：安徽大学出版社，2008．

[66] 赵俪生．中国土地制度史 [M]．济南：齐鲁书社，1984．

[67] 臧知非．秦汉赋役与社会控制 [M]．西安：三秦出版社，2012．

[68] 李文治，江太新．中国地主制经济论——封建土地关系发展与变法 [M]．北京：中国社会科学出版社，2005．

[69] 付志宇．近代中国税收现代化进程的思想史考察 [M]．成都：西南财经大学出版社，2010．

[70] 刘玉峰．资政通鉴——中国历代经济政策得失 [M]．济南：泰山出版社，2009．

[71] 王美涵．中国财政风险实证研究 [M]．北京：中国财政经济出版社，1999．

[72] 谢昱航．当权力没被关进笼子 [M]．广州：南方日报出版社，2014．

[73] 杨肃昌．中国国家审计：问题与改革 [M]．北京：中国财政经济出版社，2004．

[74] 李金华．中国审计 25 年回顾与展望 [M]．北京：人民出版社，2008．

[75] 文硕．世界审计史 [M]．北京：中国审计出版社，1990．

[76] 华世平．西方人文社科前沿：政治学 [M]．北京：中国人民大学出版社，

2007.

[77] 汪翔，钱南 . 公共选择理论导论 [M]. 上海：上海人民出版社，1993.

[78] 编写组 . 新中国 50 年财政统计 [M]. 北京：经济科学出版社，2000.

[79] 张馨 . 公共财政论纲 [M]. 北京：经济科学出版社，1999.

[80] 李宏图 . 从"权力"走向"权利"——西欧近代自由主义思潮研究 [M]. 上海：上海人民出版社，2007.

[81] 菅从进 . 权利制约权力论 [M]. 济南：山东人民出版社，2008.

[82] 何志鹏 . 权利基本理论：反思与构建 [M]. 北京：北京大学出版社，2012.

[83] 杨仁忠 . 公共领域论 [M]. 北京：人民出版社，2009.

二、中文论文

[1] 张长东 . 税收与国家建构：发展中国家政治发展的一个研究视角 [J]. 经济社会体制比较，2011（3）：195–201.

[2] 郭圣莉 . 货币、税收与军事暴力：西欧绝对主义国家的形成 [J]. 复旦政治学评论，2009（1）：134–146.

[3] 任剑涛 . 从帝制中国、政党国家到宪制中国：中国现代国家建构的三次转型 [J]. 学海，2014（2）：76–94.

[4] 张龙平 . 国家、财政与社会：当代中国国家构建历史的新解读 [J]. 江汉论坛，2010（2）：25–29.

[5] 李乐为 . 健全的公民社会：现代国家建构的社会基础 [J]. 吉首大学学报（社会科学版），2008，29（1）：38–42.

[6] 王建勋 . 欧美征税权演变与政治文明 [J]. 炎黄春秋，2014（6）：36–44.

[7] 李强 . 后全能体制下现代国家的构建 [J]. 战略与管理，2001（6）：83–86、88–91.

[8] 徐勇 . 现代国家建构与农业财政的终结 [J]. 华南师范大学学报（社会科学版），2006（2）：20–25.

[9] 郭忠华 . 吉登斯对于民族国家的新思考 [J]. 开放时代，2007（6）：35–43.

[10] 刘守刚 . 家财型财政的概念及其运用 [J]. 经济与管理评论，2012（1）：123–127.

[11] 刘守刚. 现代"家财型财政"与中国国家构建 [J]. 公共行政评论，2010，3（1）：35-54.

[12] 刘守刚. 现代国家是税收国家，不是财产国家 [N]. 南方周末，2011-07-21.

[13] 刘守刚，刘雪梅. 从家财型财政到公财型财政——中国财政转型的案例分析 [J]. 经济与管理评论，2009，25（4）：108-113.

[14] 姚轩鸽. 建设完备型税收国家 [J]. 炎黄春秋，2014（8）：50-53.

[15] 熊芳芳. 从"领地国家"到"税收国家"：中世纪晚期法国君主征税权的确立 [J]. 世界历史，2015（4）：24-36.

[16] 丛中笑. 税收国家及其法治构造 [J]. 法学家，2009，1（5）：90-99.

[16] 李炜光，任晓兰. 从"税收国家"到"预算国家"[J]. 理论视野，2013（9）：41-44.

[17] 李炜光. 公共财政的宪政思维 [J]. 战略与管理，2002（3）：16-25.

[18] 李炜光. 公共支出的归宿在哪里 ?[J]. 中国储运，2013（8）：34-34.

[19] 李炜光，丁东. 财政·税收·纳税人意识与政治体制改革 [J]. 社会科学论坛，2008（7）：100-105.

[20] 李炜光. 论税收的宪政精神 [J]. 财政研究，2004（5）：2-5.

[21] 王婷婷. 国家课税权力的边界研究——基于政治国家与市民社会关系的视角 [J]. 学术交流，2015，255（6）：109-115.

[22] 马骏. 中国财政国家转型：走向税收国家 ?[J]. 吉林大学社会科学学报，2011（1）：18-30.

[23] 马骏. 中国预算改革的政治学：成就与困惑 [J]. 中山大学学报（社会科学版），2007，47（3）：67-74.

[24] 葛克昌. 租税国家界限 [J]. 财税法论丛，2007（1）：69-84.

[25] 葛克昌. 租税国——宪法之国体 [J]. 经社法制论丛，1989（4）：145.

[26] 葛克昌. 社会福利给付与租税正义 [J]. 台大法学论丛，1996（2）.

[27] 廖钦福. 财政民主原则的虚幻与崩落——以促进经济发展目的之立法为例 [J]. 月旦财经法杂志，2010（6）：169-201.

[28] 刘剑文. 宪政下的公共财政与预算 [J]. 河南省政法管理干部学院学报，2007（3）.

[29] 彭礼寿 . 我国税收民主的理论源泉和实现途径 [J]. 吉林财税高等专科学校学报，2005（4）：14-17.

[30] 陈洪贵 . 现代税收制度研究 [D]. 长沙：中南大学，2009.

[31] 饶方 . 论税收法定主义原则 [J]. 税法研究，1997（1）：37-39.

[32] 丁作提 . 税的政治——基于权利与权力的解读 [J]. 月旦财经法杂志，2007（8）.

[33] 陈敏 . 宪法之租税概念及其课征限制 [J].（台湾）政大法律评论，1981（24）：40.

[34] 王列 . 国家的文化意识形态职能 [J]. 文史哲，1994（6）：51-56.

[35] 姚大志 . 打开"无知之幕"——正义原则与社会稳定性 [J]. 开放时代，2001（3）：51、65-70.

[36] 邓正来，景跃进 . 建构中国的市民社会 [J]. 中国社会科学季刊，1992（1）：60.

[37] 郑如霖 . 略论英国中世纪城市的特点与作用 [J]. 华南师范大学学报（社会科学版），1984（1）：97-104.

[38] 黄艳红 . 试析法国旧制度末年的教会免税特权 [J]. 世界历史，2009（2）：46-56.

[39] 杜明才 . 亚历山大·汉密尔顿与美国现代化的启动 [J]. 湖北文理学院学报，2002，23（4）：92-96.

[40] 李巍 . 走向贸易保护主义——社会联盟与美国 19 世纪关税政策 [J]. 美国问题研究，2009（1）：162-184、226-228.

[41] 丁冬汉 . 王权专制下的财政危机与法国大革命——法国大革命起因的又一种解读 [J]. 理论界，2013（11）：119-122.

[42] 豆星星，胡明 . 人大预算审议的宪政基础与制度完善 [J]. 江西财经大学学报，2011（4）：116-123.

[43] 王雨生 . 编制预算之原则及其应用之资料 [J]. 中国经济评论，1939（1）.

[44] 冯华德 . 吾国国地财政划分之理论与实际 [J]. 浙江财政月刊，1936（9）：89-90.

[45] 中美税收立法研讨班 佚名 . 美国税收立法及启示 [J]. 国际税收，1997（4）：27-30.

[46] 任超 . 英国财税法史研究 [D]. 上海：华东政法学院，2006.

[47] 陈少英 . 可持续的地方税体系之构建——以税权配置为视角 [J]. 清华法学，2014（5）.

[48] 宋槿篱 . 税收调控的合法化与私权的保护 [J]. 河北法学，2008，26（12）：27–32.

[49] 熊伟 . 税收法定原则与地方财政自主——关于地方税纵向授权立法的断想 [J]. 中国法律评论，2016（1）：38–43.

[50] 陈立刚 . 台湾预算审议制度问题及改革方向 [J]. 海外财政与金融，2003（10）.

[51] 孙琳，汤蛟伶 . 税制结构、"财政幻觉"和政府规模膨胀 [J]. 中央财经大学学报，2010（11）：1–4.

[52] 王绍光，马骏 . 走向"预算国家"——财政转型与国家建设 [J]. 公共行政评论，2008，1（1）：1–37.

[53] 王鸿貌 . 从税收国家到预算国家的理论发展与制度转型 [J]. 法治论坛，2008（3）：50–80.

[54] 王桦宇 . 论人大预决算审查监督权的实质回归 [J]. 法学评论，2017（2）：99–113.

[55] 王源 . 落实税收法定原则的中国路径 [J]. 法制与社会，2016（23）：155–156.

[56] 李冬梅 . 经济危机中化解地方财政困境已成当务之急 [J]. 生产力研究，2010（3）：73–75.

[57] 华国庆 . 预算法基本原则与中国预算法的完善 [J]. 美中法律评论，2005（5）：46–54.

[58] 刘剑文 . 法治应该是税收的一个新常态 [N]. 中国税务报，2015–01–28.

[59] 刘剑文 . 财税法治是通往法治中国的优选路径 [N]. 法制日报，2015–07–16.

[60] 刘剑文 . 落实税收法定原则的意义与路径 [J]. 新理财（政府理财），2017（9）：24–28.

[61] 李炜光 . 论税收的宪政精神 [J]. 财政研究，2004（5）：2–5.

三、外文文献

[1] Cousense. Context and Politics of State–building[C] // Proceedings of the 101st Annual Meeting.Washington DC：American Society of International Law, 2005.

[2] Saylor R. State Building in Boom Times: Commodities and Coalitions in Latin America and Africa[M].New York: Oxford University Press, 2014.

[3]Frye T. Building States and Markets After Communism: the Perils of PolarizedDemocracy[M].New York: Cambridge University Press, 2010.

[4]Rudolf .Goldscheid, A Sociological Approach to Problems of Public Finance, in Classics in the Theory of Public Finance[M]. New York：ST. Martin's Press, Inc, 1994.

[5]Joseph Schurnpter. The Crisis of the Tax State[M] // International Economic Papers. New York: Macmillan, 1958.

[6]Campbell John. The state and Fiscal Sociology[J].Annual Review of Sociology, 1993, 19: 163–185.

[7]Paul Samuelson. Economics[M]. New York: McGraw–Hill Book Co.1976.

[8]Michael Oakeshott. Rationalism in Politics[M]. London: Metheun, 1962.

[9] John Tiley. Studies in the History of Tax Law[M]. Oxford: Hart Publishing, 2004.

[10]Moore M. Revenues State Formation and the Quality of Governance in Development Countries[J]. International Political Science Review, 2004, 25（3）.

[11]Robin Fleming. Domesday Book and the Law:society and Legal Custom in the Early Medieval England[M]. Cambridge: Cambridge University Press, 1998.

[12] Elton G R. The Tudor Constitution[M].Cambridge: Cambridge University Press, 1982.

[13] Sydney Knox Mitchell. Taxation in Medieval England[M]. Hamden: Archon Books, 1971.

[14] Elizabeth Brown. Taxation and Morality in the Thirteenth and Fourteenth Centuries: Conscience and Political Power and the Kings of France[J]. French Historical Studies, 1973.

[15] Paul L H, Robert F F. Crown and Parliament in Tudor–Stuart England[M]. New York: Literay Licensing LLC, 1959.

[16]Lacey Baldwin Smith. This Realm of England 1399 to 1688[M]. Lexington: D C Heath, 1996.

[17] Maitland F W. The Constitutional History of England:A Course of lectures Delivered[M]. Cambridge: Cambridge University Press, 1919.

[18]Edward James. The Origins of France:from Clovis to the Capetians 500—1000 [M]. London:The Macmil–lan Press LTD, 1982.

[19] Guy Chaussinand–Nogaret. The French Nobility inthe Eighteenth Century: From Feudalism to Enlightenment[M]. Cambridge: Cambridge University Press, 1985.

[20]John Bell Henneman. Nobility, Privilege and Fiscal Politicsin Late Medieval France[J]. French Historical Studies, 1983.

[21]Davis Rich Dewey. Financial History of the United States[M]. New York: Longmans Greenandco, 1936.

[22]Edward Stanwood. Amercan Tariff controversies in the Nineteenth century[M]. Boston: Houghton Mifflin, 1903.

[23]Taussig F W. The Tariff History of the United States[M].New York: G P Putnam's sons, 1931.

[24] Rawski T. Economic Growth in Prewar China[M]. Berkeley:University of California Press, 1989.

[25]The Word Bank, China: Economic Structure in International Perspective. Annex 5 to China: Long–term Issues And Options. (A Word Bank Country Study) [R]. Washington DC: The Word Bank, 1985.

[26]Campbell J L. An Institutional Analysis of Fiscal Reform in Post–communist Europe[M]// John C, Ove KP, Eds. Legacies of Change. New York: Aldine De Gruyter, 1996.

[27]Schick A. Capacity to Budget[M].Washington: The Urban Institute Press, 1990.

后　记

　　此时此刻，我喜悦而感动。提及此稿的完成，我心中感慨万千，有千言万语要说，可这一切最后归为一点：没有随随便便的成功，任何一件成功的事情后面一定深藏着无数的辛酸与不易，正所谓：不经历风雨，怎能见彩虹？

　　此书的写作花费了我大量的心血，其所涉及的内容对我而言实属不易。现代税收制度正如书中所言，更多的是经济学或者财政管理领域的学者们在研究，作为一个政治学方向的学者去碰此类问题，需要极大的勇气和努力。事实而言，在书稿的写作过程中，我碰到了不少因为跨学科所带来的新鲜问题。此类问题也许对于经济学或者财政学领域的学者而言是极其简单的，但是我需要花费很长的时间去苦苦追索才能找到答案。不过，正所谓任何事情都具有两面性，正是在我的幼稚和新奇的探求中，我发现了新的问题。当书稿完成之时，我有点如释重负之感。我对自己说，我真的尽力了，两三年日日夜夜的苦读与写作，终于换来了今天这份成稿，我觉得终于对自己有个交代了。同时，我也觉得终于对我的家人、对我所尊敬的老师们有个交代了，对关心我的单位同事和领导们有个交代了。在此书的写作过程中，他们给予了我极大的支持，没有他们的帮助，就没有此书稿的按时完成，我发自内心地感谢他们。

　　最后，我还想表达的是，此书能够顺利出版实属不易。此刻，我同样要真心感谢出版社负责此书出版的所有工作人员和领导的厚爱，谢谢你们！

陶欢英

2022 年 3 月